从人民中走来

史全伟 ◎ 著

毛泽东的平凡故事

人民文学出版社

图书在版编目（CIP）数据

从人民中走来：毛泽东的平凡故事/史全伟著.--北京：人民文学出版社，2024（2025.9重印）
　　ISBN 978-7-02-018373-9

Ⅰ.①从… Ⅱ.①史… Ⅲ.①毛泽东（1893-1976）-传记-青少年读物 Ⅳ.①A751-49

中国国家版本馆CIP数据核字（2023）第239009号

责任编辑　汪　徽
责任印制　张　娜

出版发行　人民文学出版社
社　　址　北京市朝内大街166号
邮政编码　100705

印　　刷　河北延风印务有限公司
经　　销　全国新华书店等

字　　数　321千字
开　　本　710毫米×1000毫米　1/16
印　　张　22.5　插页1
印　　数　20001—23000
版　　次　2024年1月北京第1版
印　　次　2025年9月第4次印刷

书　　号　978-7-02-018373-9
定　　价　88.00元

如有印装质量问题，请与本社图书销售中心调换。电话：010-59905336

目　录

乐于助人的少年 / 001

在湖南新军中当了半年兵 / 005

第一次看到世界地图，才知道世界那么大 / 007

与众不同的师范生 / 010

在北京，曾经8人"大被同眠" / 017

建立中国产业工人的第一个党支部 / 022

三湾改编 / 026

亲手创制《三大纪律　八项注意》/ 032

充分利用一切客观物质条件干革命 / 038

"对伤病员照顾周到是一项政治任务" / 044

多次检讨要打小弟毛泽覃的"家长作风" / 050

偿还欠群众的"债" / 052

先人后己 / 056

提出"贪污和浪费是极大的犯罪" / 061

身居高位却极平易近人 / 065

模范执行党的民族政策 / 072

红军的领袖却似普通战士 / 080

"无论如何也要走出去！" / 085

三个夜晚经历了着火 / 095

行军路上 / 102

送给侄女和侄子的临别赠言 / 106

华侨领袖眼中的穷人领袖 / 112

"我穿衣服的标准简单，不露肉、不透风就行" / 118

饮食上的最高享受 / 125

不愿做"特殊公民" / 135

从"骂声"中改进工作 / 143

得知张思德牺牲发了脾气 / 148

枣园的一户居民 / 153

让长子学到书本上学不到的知识 / 159

"你为我服务，我也可以为你服务嘛！" / 170

"瓜田不纳履，李下不整冠" / 173

"进京赶考" / 178

紫云轩主人 / 185

长子的婚事 / 191

痛批"吃喝风" / 196

家庭阶级成分，该是什么就是什么 / 202

要求子女与工农子弟画等号 / 205

两天就给群众回了30多封信 / 214

举荐了第一位参加志愿军的战士 / 217

"四不主义" / 229

"不分彼此"也须"一切按正常规矩办理" / 231

念亲、济亲，但不为亲徇私情 / 235

目录

做事论理、论法，私交论情 / 242

"苟富贵，毋相忘" / 249

恋旧，但不为旧谋利 / 253

喜爱下雪 / 256

"我可以同蒋介石握手，也不愿意摸钱" / 260

"大元帅？你靠边站吧！" / 262

只有一次主动提出过生日 / 266

生活上也要算大账 / 275

"我们做领导的可不能高高在上啊！" / 281

"吾人唯有主义之争，而无私人之争" / 287

"凡是有群众的地方都要停车" / 291

在中南海搞"小整风" / 294

"不是为了吃世界，而是为了改造世界" / 298

"我是农民的儿子" / 304

"我是土包子，她是洋包子" / 312

与全国人民共渡难关 / 317

屡戒不掉的烟茶嗜好 / 321

"家丑不可外扬" / 328

礼品交公 / 334

还债10年 / 341

工资和稿费的用途 / 345

"丰厚"的遗产 / 349

主要参考文献 / 352

乐于助人的少年

  1893年12月26日,湖南省湘潭县韶山冲农民毛贻昌家生了一个男孩儿,取名"泽东",字"咏芝"。他们家的头两胎婴儿都在襁褓中夭折了。母亲文素勤生怕这个男孩儿也不能长大成人,便抱他到娘家那边的一座石观音小庙叩拜一块巨石,认作干娘,还取了一个小名,叫"石三伢子"。

  毛泽东出生时,韶山冲的环境同旧中国其他闭塞而贫穷的乡村没有什么两样。祖父毛恩普是个老实厚道的庄稼人,因为家境窘迫,不得不把祖传的一些田产典当给别人。父亲毛贻昌17岁开始当家理事,因为负债,被迫在湘军里当了兵,长了不少见识,也积累了一些银钱,还乡后,赎回了毛恩普典当出去的田地,又买进了一些,使家里的田产增加到22亩,每年能收80担稻谷,自己家吃不完就卖出去,并在附近镇上一爿米店入了股,还曾卖猪贩牛,忙不过来时就雇个长工,农忙时还得请短工。慢慢地,毛家成为当地数得着的殷实人家。

  在旧中国,靠自身奋斗摆脱贫困的农民大多克勤克俭,精明刚强。父亲毛贻昌的这种性格自然对从小目睹这一切的毛泽东产生了影响。在毛泽东6岁的时候,父亲就带他下地学习诸如送秧苗、除杂草等简单的农活了。父亲插秧,他管送秧苗;父亲耕田,他管除杂草;父亲割禾,他拾谷穗……犀水、撒肥等什么活都干。他还负责放牛。尽管毛泽东干活认真、起劲,牛也喂养得健壮有膘,父亲却从不轻易表扬他,后来,他明白这是父亲在培养他吃苦耐劳的品格。

毛贻昌有一次跟别人打官司，本来理在自己这边，却因为自己文化有限，被擅长捉刀弄笔又能说会道的对方打输了，这使毛贻昌决心让儿子读书识字、学习文化，以便以后家里做买卖，有人会算账；打官司，有人会写状子说理。在毛泽东8岁那年，毛贻昌把他送到私塾上学，盘算即使不能使儿子以后做个有知识、有文化的人，至少也要让他知书达礼，会算账、记数。毛泽东听从父亲的话，认真读书，同时开始学习珠算，为家里记账。空闲时，他还帮助家里干一些农活，以缓解家里劳力不足的困难。

毛泽东自幼就生活在农民中间，贫苦农民受剥削、受压迫的悲惨生活，在他幼小纯朴的心灵上留下了深深的烙印。他对农民的苦难遭遇深切同情，在陕北时，他曾总结："我这个人平时不爱落泪，只有几种情况下流过泪：一是我听不得穷苦老百姓的哭声，看到他们受苦，我忍不住要掉泪……"从小，毛泽东就乐于帮助穷苦的农民，宁愿自己挨骂、自己家受损失。

1919年春，毛泽东同母亲文素勤和弟弟毛泽民（左二）、毛泽覃（左一）在长沙合影。

在私塾念书时，由于离家不远，毛泽东本来可以不带中午饭，但发现有个家里很穷的名叫"黑皮伢了"的同学离家最远，却不带午饭，而一些离家较近的同学都带了午饭，便向母亲提出带午饭的要求。母亲感到奇怪，就问："你带饭干什么？（回家吃午饭）就是几脚路，还怕迟到吗？"毛泽东解释说："中午带了饭自然好些，一放下饭碗就读书写字，不会耽误工夫。"父亲在一旁听了，对儿子这样肯用功读书感到十分高兴，马上表示赞成，接着补充了一句："记着！我们莫和那些人家比阔气，不要带什么荤菜，只带点儿酸菜子，再加点儿剁辣椒就是。"尽管父亲这样要求，但母亲还是瞒着丈夫，每次都夹带一点儿荤菜埋在米饭下面，好让儿子吃得好一点儿。没料到，几天下来，毛泽东放学回来总是嚷肚子饿，一到吃晚饭时就狼吞虎咽，好像中午没有吃过东西似的。母亲感到奇怪，就问儿子。毛泽东如实地告诉了母亲：班上有个叫"黑皮伢子"的同学，离家远，家里穷，没饭带，自己就把带的饭菜分一半给他吃了。母亲听后，慈爱地笑笑，赞许地说："你这样做当然好，就是不应该瞒着我，早应告诉我，我好给你一个大篮子，每天带两个人的中午饭，免得你们两伢子都吃不饱。"

一次，在上学路上，毛泽东遇到一个穷苦少年。少年身上只穿了一件单衣，在风雪中冻得直打颤。毛泽东非常同情他，同他边走边谈，了解到他家境贫寒，于是脱下自己身上的夹衣送给了他。第二年，母亲给毛泽东晒衣服时，发现少了一件，询问起来，毛泽东才把实情告诉了母亲。

秋收时节，家家户户都在晒新谷。一天下午，吹了几阵风后，忽然乌云密布，暴风雨即将来临。毛泽东正要去抢收自己家里的谷子，突然发现在邻居的晒谷场上只有毛四阿婆一人收谷子，他立刻赶去帮忙，抢在下雨前把谷子收好了。当他回到自己家的晒谷场时，瓢泼大雨哗哗地下了起来，自己家快晒干的稻谷被淋湿了，还被雨水冲走了一些。父亲对此十分惋惜，向浑身水淋淋的毛泽东发火，责问他跑到哪里去了。毛泽东回答在下面禾坪里帮毛四阿婆收谷子。父亲听后非常生气，大声说："哼！自己的谷子流到沟里去了，你倒好，胳膊肘往外拐，帮人家去收！"说着，扬起手来就要打毛泽东。毛泽东站在原地一动不动，理直气壮地说："人家是佃了别个的田，要交租，冲走一点儿都了不得；我们是自己的，又比人家的多些，冲走了一些也不太要紧……"父亲气得不得了，吼道："你说不要紧，你还吃饭不吃饭？"毛泽东倔犟地说："好喽！我一餐少吃一口，这总可以了吧！"这时，母亲赶来劝解，还在生气的父亲也就不作声了。

有一次，邻近一家农民把一口大猪卖给了毛泽东家，说好了价格，并交了预定金。过了六七天，猪价上涨了，父亲毛贻昌叫毛泽东带钱把猪赶回来。毛泽东到了农民家，一个衣衫褴褛、面容憔悴的老阿婆唉声叹气，直埋怨自己运气不好，说："唉！该你们家赚钱啰！"毛泽东问是怎么回事，老阿婆说："我家的猪订给你们时，价钱低，现在猪价涨了。"她还进一步说，"有钱人家损失这几块钱算不了什么，我家少收几块钱就是一个大空缺啊！"毛泽东听了这番话，很同情她，便说："我不赶你家的猪了，你卖给别人吧。"父亲见毛泽东空着手回到家，就急问是怎么一回事，毛泽东只好照实讲了。父亲生气地骂他有钱不赚是傻子，是败家子！后来经过母亲的一番劝解，才算了事。

在毛泽东11岁那年，父亲毛贻昌要买进堂弟毛菊生赖以活命的7亩田产。毛泽东联合母亲一起反对这桩买卖，觉得应该设法周济毛菊生一家，并在年关时节悄悄送去了白米、腊肉。而毛贻昌认为用钱买田天经地义，自己家不去买，别人家也会去买的。母子二人劝说无效，最后还是父亲说了算。这件事在少年毛泽东的脑海里留下了极其深刻的印象。新中国成立后，毛菊生的儿子毛泽连来到北京，毛泽东曾几次给他讲这件事，说："旧社会那种私有制，即使是兄弟间也不顾情面。我父亲和二叔是堂兄弟，到买二叔那7亩地时，就只顾着自己发财，什么劝说都听不进去。后来我想，只有彻底改造这个社会，才能根绝这类事，于是便下决心要寻找一条解救穷苦农民的道路。"

在湖南新军中当了半年兵

1911年10月，辛亥革命爆发。正在湘乡驻省中学读书的毛泽东得知这个消息特别兴奋。当时，他对革命已经有了一个初步的认识，内心极力赞成革命党人推翻清政府、建立民国的主张。面对如此汹涌澎湃的革命浪潮，自己怎能袖手旁观呢？经过仔细考虑，他下定决心去当兵，因为他认为革命就要打仗，当兵是干革命最直接的途径。

正当他准备去武昌参加革命军的时候，湖南也响应武装起义，宣告独立，并招募新兵援助武昌。这样，毛泽东就打消了去武昌当兵的想法，在长沙投入了新军。10月底，毛泽东成为长沙新军二十五混成协五十标第一营左队的一名列兵。

从学生突然转变为一名军人，对毛泽东来说，周围环境有了巨大的变化。军营里的操练采用的是日本和德国的步兵操典，每天三操两讲，点名训话，生活过得很呆板。在这里，一切以长官意志为转移，稍有辩解，就会遭到打骂。毛泽东很不喜欢这种生活，但是，为了援助湖北革命党人，在实际的革命斗争中贡献力量，毛泽东做好了克服困难、艰苦奋斗的思想准备。

在平时的训练中，毛泽东不怕苦、不喊累，一丝不苟地严格要求自己，军营勤务也做得井井有条。一段时间后，毛泽东把军队里的那套基本训练课目掌握得非常熟练。

在革命军里，毛泽东不但学会了一些军事技能，而且增强了体质，增进了吃苦耐劳的能力。毛泽东所在的新兵连驻扎在长沙城的东区，军营里的饮水要到离驻地五六里的湘江和白沙井去挑,新兵们都是按日被派出到这两个地方挑水。由于道路远,往返有时需要半天时间。毛泽东开始时不大习惯这样远距离挑水,特别是肩膀长时间承受重压,有点儿吃不消,但他一声不吭,坚持挑了几次就挺过来了。后来,他说:"挑水也是对人的锻炼,你坚持下来了,就会觉得轻松、不费力气了。"

毛泽东参军后,一如他童年的禀性:热爱劳动、勤俭节约、办事认真、待人忠厚。

当时,新军每月发给士兵7元的军饷。发饷之后,大家都很高兴,有的马上上街,或者大吃大喝、改善一下生活,或者买点儿自己喜欢的东西,或者看看演出、娱乐一下;有的拿出一部分钱寄回家,以解决家里的困难。毛泽东则与众不同,他从不乱花一分钱,除了花两三元钱吃饭和买水以外,其余的钱几乎都用来订阅报刊和购买书籍。时局的急剧变化使毛泽东十分注重研究社会政治问题,而报纸和书籍为他提供了大量这方面的信息。毛泽东从宣传革命的报刊《湘汉新闻》里第一次知道了"社会主义"这个名词,便积极地同其他士兵和学生讨论社会主义,并参阅了一些有关社会主义及其原理的小册子。后来,他才明白《湘汉新闻》里探讨的只是社会改良主义。

在新兵连里,毛泽东经常和来自农村的战友交流。这些战友大多不识字,毛泽东就常常替他们写家信,给他们讲时事、讲道理,和他们逐渐建立了深厚的感情。大家都觉得毛泽东有"大学问",是个值得信赖的朋友。

辛亥革命的烈火很快燃遍了大江南北,清王朝的反动统治土崩瓦解,但革命的胜利果实最终被反动军阀袁世凯篡夺了。清王朝被推翻了,革命的目的似乎达到了,可身边的一切却依然如故,毛泽东对此有些茫然。他觉得再待在军中已没有什么意义了,决定退出军队,继续求学和寻找新的出路。他将自己的打算一说,官长和士兵兄弟们纷纷挽留他,都劝说他当兵最有出路,最能升官发财,特别是像他这样难得的人才,在军中更是前途无量。毛泽东想的却不是这些,他毅然离开生活了半年的兵营,踏上了新的征程。

第一次看到世界地图，才知道世界那么大

毛泽东退出军队后，打算继续求学。他开始关注报纸上的招生广告，在专业的选择上举棋不定，先后报考了警察学堂、肥皂制造学校、法政学堂、公立高级学校，但都不满意。最后，他以第一名的成绩考入湖南全省高等中学校（后改名"省立第一中学"）。

毛泽东在这所学校里读了半年，深感这种学校中刻板的校规和有限的课程远不能使自己满足，觉得在这里读书还不如自学。毛泽东对他认定了的事是敢于采取哪怕惊世骇俗的行动的。1912年7月，他毅然决然地从湖南全省高等中学校退学，寄居在长沙新安巷的湘乡会馆，每天步行3里路到位于浏阳门外定王台的湖南省立图书馆自学。

湖南省立图书馆坐落在长沙古城的东南角。这里原来有一个土台子，是西汉年间景帝之子刘发用国都长安运来的泥土堆积起来的。每每思念家乡和母亲，刘发就会站在这个台子上远眺长安。刘发死后被封为"定王"，这个台子就被百姓称为"定王台"。清朝时期，这个土台就荡然无存了，只有通过这个名字，人们才能了解到当年这里还有过这样一段历史。辛亥革命爆发后，湖南省政当局采纳一些文化人的建议，利用旧址上一座两层的楼房办起了湖南省立图书馆。

图书馆的楼上为书库，放置各类中外书籍和报纸杂志；楼下大厅是阅览室，接待前来借阅的读者。图书馆因为开办时间不长，加上地点比较偏僻，周围树木葱茏，环境很是幽静，在这熙熙攘攘的长沙城里还真是一个

难得的读书场所。

毛泽东制定了一个庞大的自修计划。每天图书馆一开门，他总是第一个进来，一声不响地到书架上取了书，静静地伏在阅览桌前聚精会神地阅读，直到关门的时间到了，才站起身来依依不舍地离去。天天如此，风雨无阻，从不间断。他在图书馆里一坐就是一整天，只有中午肚子饿了才到街上买点儿吃的，这也算是他唯一的休息时间。

初进图书馆时，毛泽东真是又惊又喜，恨不得一口气把这些书全都读完。中国的经史子集，外国的文学、哲学、经济、历史、地理，他无不涉猎。特别令他大开眼界的是译成中文的世界名著以及古希腊、古罗马的文艺作品。他兴趣最大、收获最多的是西方18世纪和19世纪资产阶级民主主义和近代科学的著作，如卢梭的《民约论》、达尔文的《物种起源》，特别是严复翻译的书，如亚当·斯密的《原富》、孟德斯鸠的《法意》、赫胥黎的《天演论》、斯宾塞的《群学肄言》等，他几乎一一读过，可以说相当集中地接受了一次较为系统的西方近代思想文化的启蒙教育。毛泽东如饥似渴地阅读，深入细致地思考，并联系社会实际进行比较、分析和研究，获得了大量的知识，受到了空前的启示。毛泽东后来回忆这一段自学生活时说："那时进了图书馆，就像牛进了邻人的菜园，尝到了菜的味道，就大口大口地拼命吃。"

省立图书馆的一面墙上挂着一张很大的"世界坤舆地图"，这是毛泽东第一次见到的世界地图。每次经过这里，他都要在地图前站立很久，怀着极大的兴趣仔细观看。由此，他才知道世界原来这么大，中国只是其中的一小部分，湘潭县在地图上根本没有显示出来。他感慨地说："我小的时候，以为韶山蛮大；后来出了门，又认为湘潭县大，湖南省更大。中国自古以来称天下，自然是大得了不得，哪想到今天一看地图，原来世界有那么大！"这个发现对一个走出乡关才一年多的知识青年来说，感受该是多么新鲜和强烈！

通过这幅大地图，毛泽东想到，世界如此之大，人口一定很多，人生在世，都希望过得幸福一些，但是从自己的经验出发，联系在湘乡、韶山来，夏夜山上蚊子多，毛泽东是用报纸挡好睡觉。这种露宿活动既锻炼了他的耐力，也为他节约了住宿开支。

毛泽东在学生时代的锻炼是多方面的，不仅有身体的锻炼，也有意志的锻炼、能力的锻炼、品格的锻炼，为他日后参加革命实践、南征北战和参加二万五千里长征打下了坚实的基础。他曾经豪迈地写道："与天奋斗，其乐无穷！与地奋斗，其乐无穷！与人奋斗，其乐无穷！"

就读湖南第一师范学校时，毛泽东常对同学说，读书，不但要善于读"死的书本"，而且要善于读"活的书本"；不但要会读"有字之书"，而且要会读"无字之书"。这"活的书本"，这"无字之书"，便是群众，是社会实际和社会实践。

1917年的一天，毛泽东从《民报》上看到一则报道，说有两个青年决心徒步周游全中国，并已到达西藏附近的打箭炉（今四川康定）。他看了很羡慕，也很钦佩，很想效仿这种做法，只可惜一没有钱，二没有闲，不能马上去做。后来他想：没钱，可以借"游学"这种旧形式来解决；时间不够，就先从湖南境内游起吧。这时正赶上学校放假，好朋友们几乎都离开了学校。7月中旬，毛泽东邀请当小学教员的朋友萧子升进行了一次"游学"。

所谓"游学"，本是旧社会一些有志于读书的人用来寻师求学的一种方式，但也有一些落魄文人利用"游学"给人家写字、作对联谋生。当时，许多人看不起这种行为，认为只有没出息的读书人才做这种事。毛泽东则不以为然，他是借此进行农村社会考察，了解农民的生产、生活情况以及各地的历史变迁、地理概貌、风土人情、风俗习惯，学习书本上学不到的东西，力求"周知社会"。

他们身上几乎分文未带。为了解决旅途中的食宿问题，他们遇到学校、商店、大户人家，就用红纸写两副喜庆的对联给人家送去，人家就会给他们饭吃，或给他们几个钱，或留他们住宿。他们有时也根据别人的需要，帮助抄写一些文字，以得到旅途中所需要的盘缠。毛泽东曾诙谐地对萧子升说："穷秀才有穷秀才的办法。"

在炎热夏天的中午，同学们常常分散在寝室、自修室或操场树荫下午休，有的看书，有的聊天，有的睡午觉。毛泽东却独自走到学校后面的山上，脱去衬衣，赤膊在太阳底下走来走去。这是他进行日光浴的一种形式。他时常到湘江里游泳，然后躺在平软的沙滩上休息，让太阳晒遍全身，晒10多分钟后，又跳到水里，然后再回到沙滩上散步、晒太阳，这是他进行日光浴的又一种形式。

冬天，北风呼啸。毛泽东会乘时走到校外空旷的地方，或爬到校后的妙高峰上，脱掉棉衣，只穿薄薄的衬衫，让寒风直吹，并且迎着寒风做跑跳运动。他把这种活动称为"风浴"。

毛泽东在锻炼身体的同时，还十分注意锻炼意志和胆量。

一个盛夏的夜晚，狂风大作，电闪雷鸣，暴雨倾盆。岳麓山下的蔡和森家突然响起了敲门声。蔡母一听，心顿时提到了嗓子眼儿——这个时候来人，准是有什么急事！她连忙去开门。门开了，从外面闪进一个人，浑身透湿，头发和衣服都沾到了身上，脚底下一会儿就流了一大摊水。在这电闪雷鸣之夜，毛泽东顶狂风、冒暴雨，独自一人爬上岳麓山顶，又跑下山，来到蔡和森家。蔡母忙问出了什么事。毛泽东不慌不忙地说，此行只是为了锻炼自己的毅力和胆量，体会《书经》中"纳于大麓，烈风雷雨弗迷"的意境。

野外露宿对于毛泽东来说也是锻炼勇敢和胆量、克服困难、磨炼意志的好途径。他经常邀集朋友到学校后山的君子亭，岳麓山的爱晚亭、白鹤泉和湘江中的橘子洲头等处露宿。有一年暑假，毛泽东与蔡和森、张昆弟住在岳麓山爱晚亭里，各自只带一条毛巾、一把雨伞和随身的衣服，每天只吃一顿蚕豆饭，既废朝食，也无晚餐，每天除了锻炼，就是读书、看报及讨论、思考问题。当夜幕降临、百鸟归巢的时候，他们还在那里高谈阔论，直到夜深人静、都疲倦了，才各自找地方，相隔一定距离露宿到天明。有一天清晨，几个游人来到岳麓山，见庙旁露天的一条长凳上睡着一个人，头和脚都用报纸盖着，觉得奇怪并议论起来。游人的声响吵醒了睡着的人。只见他动了动，坐起来，收拾好报纸，起身就走了。此人正是毛泽东。原他仍然坚持，从未间断。

同学们问他为什么这样。毛泽东回答，洗冷水浴好处多：第一，有益健康，冷水浴可以促进血液循环，增强抵抗力，有助于筋骨的强健；第二，有助于勇猛精神的培养。冬天里拿一桶一桶的冷水往身上冲，没有勇气的人是办不到的。有几个同学曾跟着毛泽东洗冷水浴，但天气一冷，有的同学就不来了，最终没有一个人像他那样坚持到底。有同学不解地问："天寒地冻，我们把冷水往身上泼，觉得很难受，你是否也感觉难受呢？"毛泽东答："洗冷水浴最初感觉是难受的，但是不下决心是过不了这个关的，因而也就收不到洗冷水浴的乐趣和实际效果。这个过程是由勉强到不太勉强，再由不太勉强到不勉强，坚持不懈地做下去，久而久之，就会习惯成自然，不会感到难受和怕什么困难了，人的意志就会得到锻炼了。"毛泽东青年时代养成的冷水浴习惯，数十年如一日地坚持下来，直到晚年，他也坚持不用热水洗澡。他说："冷水浴对锻炼身体的确有很好的效果。我虽年纪大，不能搞冷水浴，但每天洗澡不用热水，只在冷水中加一点儿热水，使水温达到微温的程度，也不坐在浴盆里洗，只用水淋到身上，再用毛巾使劲擦洗。我觉得这样洗澡比一般洗澡的办法好得多。一般洗澡的办法只有清洁的作用，我这样洗澡的办法，除有清洁的作用外，还有锻炼身体的作用。"

在第一师范学校，毛泽东除了坚持每天早晨洗冷水浴，还经常进行其他形式的锻炼，以磨炼自己的意志。风浴、雨浴、日光浴就是其中几个项目。

在第一师范学校后面的山上有一个运动场，那是毛泽东和同学们用勤劳的双手、花费了很长时间开辟出来的。这个运动场可以用来踢球、赛跑和进行其他体育活动。有一次，大家正玩儿得高兴，忽然天降大雨。大家纷纷四处找地方避雨，只有毛泽东一个人没有走。他脱去上衣，站在运动场上让大雨淋。在雨中，他一边挥臂做伸展运动，一边不断拭抹脸上影响视线和呼吸的雨水。毛泽东不止一回这样做。有一次，当同学们问他这样做有何意义时，毛泽东回答："这是天雨浴，可以增进一个人抵抗风雨侵袭的能力。"

毛泽东的这种俭朴的生活习惯不仅体现在衣着方面，其他方面莫不如此。每个星期天，学生回校赶不上吃饭的，可以去厨房自由补餐。厨房里有剩饭剩菜，但都是冷的。一般情况下，晚归的同学总是三五相邀去吃炒菜，只有毛泽东打点儿冷饭冷菜，一人单坐一桌，悄悄地吃完。

在第一师范就读期间，毛泽东非常注重锻炼身体，磨炼自己吃苦耐劳的坚韧品格。

学校的浴室旁边有一眼清凉的水井，毛泽东常来这里洗冷水浴。清晨，当学校几百名学生还沉浸在梦乡的时候，毛泽东早早就起来，穿好衣服，带上罗布浴巾，来到水井边。他用井架上的两个吊桶一桶接一桶地打上井水，倒在身上，接着用毛巾使劲地擦拭全身，擦后又淋，淋了再擦，反复一二十分钟，直到皮肤发红、发热为止。穿上衣服后，他接着做一些简单的运动活动身体，直到天色发白了，才回教室学习。

毛泽东最初洗冷水浴是在夏天。到了冬天，纵然天空飘雪、池水结冰，

1918年3月，湖南省立第一师范学校第八班合影。四排右二为毛泽东。

与众不同的师范生

1913年春,毛泽东进入湖南省立第四师范学校预科读书。1914年二三月间,湖南省立第四师范学校合并于省立第一师范学校,毛泽东被编入预科第三班。毛泽东在预科读了半年,直到这一年秋季才被编入本科第八班。毛泽东在湖南省立第一师范学校学习了4年多,1918年6月毕业。

毛泽东在师范学校学习期间,不讲究吃,不讲究穿,从来不坐人力车,不上戏院看戏,不到馆子里吃东西。他的俭朴在学校是出了名的。

那时,师范学校学生的膳宿等费用都由学校供给。毛泽东在长沙师范学校的这几年总共只用了160元钱,其中有三分之一是花在订报上(当时订阅费是每月1元),用剩余的钱买了许多书籍和杂志。初入省立第四师范学校时,学校发了一套青色呢制服,这套衣服,他穿了好几年,直到褪了色、破了洞也没舍得换掉,总是补一补又穿上。除制服外,他常穿一件灰色布长袍和一条白布单裤。冬天,他就在外衣里面加穿一套旧夹袄;夏天,他减去里边的旧衣裤,而那条白布单裤几乎四季都穿。一些和他关系很熟的同学打趣地说:"你的算术运用得好,冬天用加法,夏天用减法。"后来,毛泽东在长沙从事革命活动时仍然穿这件灰布长袍。毛泽东从入师范学校到毕业就用了一套蓝色的旧被褥,那是湖南一般农家用的大布套被,棉絮又旧又硬。毕业后,这套被褥又伴随他到北京、上海绕了几个圈子,最后跟他回到长沙,一直用到完全破烂、一点儿不保暖、无法再用了为止。毛泽东的鞋袜也很破旧,夏天没有袜子穿,布鞋也是破的。

一带的所见所闻，觉得一般人的生活过得并不好。这是不合理的现象，要改变这种现象，就要革命，革命靠谁？就靠青年。毛泽东深深感到自己和所有的青年都肩负着改造中国、改造社会的历史使命，任重而道远。

正当毛泽东海绵吸水般地汲取新知识的时候，他的自修道路上又出现了新的问题：父亲不支持他这种似乎漫无目的的读书生活，拒绝继续供给他费用；同时，他寄居的湘乡会馆也被占了，住进了一些被遣散的湘乡籍士兵，经常滋事打架。不能再在这里住下去了，毛泽东必须另找栖身之所。

就这样，毛泽东结束了半年多的白天到图书馆看书、晚上回湘乡会馆寄宿的艰苦而清贫的自修生活。在这半年多时间里，他学到了许多古今中外的知识，自认为是"极有价值"的。

有一次，他们看到远处有一家店铺。毛泽东对萧子升说："到那里去送副对子，餐把饭总会搞得到手。"已经饿得饥肠辘辘的萧子升懒懒地说："哎呀！我是一步也起（走）不得了……这样吧，在这里把对子写好，我来写，你去送，搞点儿吃的来，有了精神，我们再赶路。"于是，萧子升大笔一挥，写了一副"老套子"对联："生意兴隆通四海　财源茂盛达三江"。毛泽东笑了笑，捧着对联走了。

过了一会儿，萧子升看到毛泽东空着双手回来，便问："怎么搞的，没有找到施主？"

原来，这是一家药铺。老板是个郎中，铺子的招牌是"益民药铺"，他要悬壶益民，可送去的对子是要人家发财致富的。毛泽东和老板谈了几句，觉得不合适送这副对联，就回来了。

萧子升听后乐了："看来世界上的事情还真有点儿复杂咧！好！那就另写一副：'慈心济世　妙手回春'，怎么样？"毛泽东说："也还好。我们先去药铺吧，那位老板答应请我们吃餐饭呢。"

来到药铺，老板先让他们写个"益民药铺"的招牌试试。写完一看，字写得很好，老板又拿出几张上好的宣纸，请他们写几张条幅和几副对联。写出来，老板一看更高兴了，决定索性把药铺里面的大牌匾全都换了。花了一两个小时，一切都弄妥帖了，老板才让毛泽东和萧子升进去吃了几碗冷饭，给了20个铜板。

他们在湖南安化县城查阅了安化县志，看了农民起义烈士墓，调查了清朝黄国旭领导的农民起义。他们还到一些贫苦农民家走访，到安化县劝学所拜访所长、当地的饱学之士夏默庵先生。夏先生喜欢吟诗作对，性格高傲，毛泽东两次求见都被拒之门外，但毛泽东并不灰心，当他第三次登门求见时，夏先生终于开门相见。夏先生挥笔写下："绿树枝上鸟声声，春到也，春去也。"放在桌上，以试来人学问深浅。毛泽东见后，随即写下："清水池中蛙句句，为公乎，为私乎。"夏先生看完，连声称赞，并留毛泽东长谈，最后还赠给毛泽东8块银元。

毛泽东和萧子升在"游学"过程中实在找不到食宿时，就吃山楂和野果,露宿在野地里或寺庙里。有一次,他们露宿河堤时,毛泽东风趣地说:"沙地当床,石头当枕,蓝天为帐,月光为灯。"并指着身边的一棵老树说,"这就是衣柜。"顺手将包袱、衣服挂在了树枝上。睡前,萧子升要去河边洗脚,毛泽东笑着说:"你还要保持绅士的习惯呀!你是一个要饭的绅士哩!"

萧子升有时放不下当教师的架子,每次向别人问路时,都要先咳嗽两声,整一整衣服,再上前问话。他在路途中借宿求食只愿意找大户和富户,不愿意去小户人家,因为有时会碰到尴尬的场面,甚至遭白眼。毛泽东却不管什么人家,都能态度谦和地上前打招呼。毛泽东热心访贫问苦,特别是对于贫苦的农民,更是深入地了解他们的生活。毛泽东曾回忆说:"农民给我们吃的,给我们地方睡觉,所到之处,都受到款待和欢迎。萧子升却放不下架子,只写对子,不送对子,我帮他听差,只好去送对子。人家拿钱,一块也好,一串也好,我总不争,不受对子、只拿钱的,我就不要。一共搞得光洋80多块。"

8月16日,他们回到长沙。为了纪念这次"游学"活动,二人特意穿着旅行时的衣服和草鞋照了一张相作为留念。这次"游学",毛泽东徒步走过五县城乡,步行近千里,历时月余,写下了许多笔记。湖南第一师范学校的师生们传阅了他的笔记,都纷纷称赞毛泽东"身无分文,心忧天下"。

在北京，曾经8人"大被同眠"

1918年6月，毛泽东从湖南省立第一师范学校毕业了。此时的中国正处在风起云涌的大变革前夜，中国的改造应该从何入手？新民学会应该如何发展？一直是毛泽东思索的问题。这个时候，在北京大学任教的杨昌济给毛泽东寄来一封信，告知北京大学校长蔡元培正筹建赴法国勤工俭学事宜，希望毛泽东等人能利用此次机会把湖南的勤工俭学活动搞起来。毛泽东看信后非常兴奋，马上召集蔡和森、萧子升、萧三、何叔衡、李维汉等新民学会会员开会，商讨"向外发展"的问题。大家一致认为，留学法国勤工俭学对学会的发展来说应该是一条积极的出路，学会应尽快准备，并由蔡和森"专负进行之责"。

蔡和森很快就来到北京了解情况。经杨昌济介绍，他拜访了蔡元培，然后及时写信把有关情况通报给了在湖南的毛泽东，信中还特别转达了杨昌济的意见："师颇希望兄入北京大学"，以打下"可大可久之基"。

8月15日，毛泽东同萧子升、罗学瓒、罗章龙等20多名青年由长沙出发，经过4天的长途奔波到达了北京。起初，毛泽东与杨昌济家里的看门人同住一间小屋，后来为了不过多地麻烦杨先生，同时也为了便于与其他赴法青年联络，他同蔡和森、罗学瓒等7人搬到了景山东街三眼井吉安东夹道7号居住。

这是一个窄小而破旧的四合院，北屋两端有配房。他们8个人像沙丁鱼一样挤在一间3米多长、2米多宽的小屋里，"隆然高炕，大被同眠"，而

"高炕"里没有生火。北京的冬天,寒风怒号,雪地冰天,奇冷无比。他们8个南方小伙子只有一件大衣,外出时只得轮着穿。到了这年年底,他们终于又搞到了3件大衣,但毛泽东仍没有为自己买一件御寒的大衣。毛泽东后来回忆道:"我自己在北京的生活条件很差,可是在另一方面,古都的景色是鲜艳而又生动的,这对我是一个补偿。我住在一个叫三眼井的地方,同另外7个人合住在一间小屋子里。当我们都挤在炕上睡觉时,挤得几乎透不过气。每逢我要翻身,往往得先同两旁的人打招呼。但是,在公园里和故宫广场上,我却看到了北方的早春。当北海仍然结着冰的时候,我看到白梅花盛开。我看到北海的垂柳,枝头悬挂着晶莹的冰柱,因而想起唐朝诗人岑参咏雪后披上冬装的树木的诗句:'千树万树梨花开'。北京数不尽的树木引起了我的惊叹和赞美。"

初到北京,毛泽东把主要精力用于赴法国勤工俭学的组织工作上。由于毛泽东等人来京之前已在湖南进行了大量的宣传和准备工作,随后陆续到达北京的湖南同学就有四五十人之多,但因为北京的华法教育会准备工作做得不充分,大家到京后一时无法成行,一部分人开始出现急躁情绪。毛泽东形容当时发起这个活动时"并未料到后来的种种困难",所以到京后,"会友所受意外的攻击和困难实在不少,但到底没有一个人灰心的"。

毛泽东一边和蔡和森等人安慰大家,一边频繁奔波,将湖南青年留学法国勤工俭学计划交有关方面协调,为筹措留学路费而四处奔走。新民学会会员罗学瓒在一封家信中说:"毛润之此次在长沙招致学生来此,组织预备班,出力甚多。"

毛泽东还与蔡和森、李石曾等一起制订计划,在北京大学、保定育德中学、长辛店等处办了留法预备班。这群来自湖南的青年虽然遭遇了不少意外困难和打击,但始终朝着救国目标勇往向前,没有一个人灰心。在此期间,毛泽东还曾两次到长辛店机车车辆厂,了解工人的工作和生活状况。

学员们分赴各预备班学习后,毛泽东留在了北京。出于某种原因,毛泽东没有如杨昌济希望的那样去报考北京大学。他后来回忆说:"北京的生活费用对我来说太高了。我是借了朋友们的钱来到首都的,到了以后,非马上找工作不行。我从前在师范学校的伦理教师杨昌济当时是国立北京大学的教授。我请他帮我找工作,他把我介绍给北大图书馆的主任。这个人就是李大钊,他后来成为中国共产党的一位创始人,以后被张作霖杀害。李大钊让我担任图书馆的助理员,我每月可以领到一大笔钱——8块大洋。"虽然助理员在北大是一个微不足道、被人瞧不起的职位,但这份薪水,对于改善毛泽东捉襟见肘的处境来说无疑是雪中送炭。助理员要做的事并不多,就是清理书架、登记阅览者姓名等。

在北大图书馆工作期间,毛泽东通过管理和阅读报刊、书籍,汲取了许多新知识,并认识了许多著名的新文化运动代表人物。他还利用工作之便,再次研读了李大钊的《庶民的胜利》《布尔什维主义的胜利》等文章。

北大在校长蔡元培"循自由思想原则,取兼容并包主义"的办学思想指导下,思想十分活跃,各种学术团体举办的活动都很频繁。毛泽东在工作之余,常有机会去参加这些学术团体的活动。他加入了北大哲学研究会和

1920年1月18日,毛泽东(左四)同进步团体辅社成员在北京陶然亭合影。左六为罗章龙,左七为邓中夏。

新闻学研究会,还时常到教室里去旁听,因为他有"听讲半年"的证明书。其间,毛泽东结识了陈公博、谭平山、张国焘、邓中夏、邵飘萍等知名人士。邓中夏当时是北大革命学生的骨干、李大钊先生的助手。《京报》邵飘萍社长是一个有远大理想的人,品质优良,在新闻工作的业务知识方面给了毛泽东许多帮助。

1919年春,毛泽东要回湖南,原因是母亲病势危重。再则,湖南赴法勤工俭学的青年们结束了半年预备班的学习,就要启程留学了。3月12日,毛泽东离开了北京。这时,他的心情是复杂的。在北京,色彩缤纷的新世界一下子涌现到他的面前,他也许还不能立即同它融为一体,接触到的种种新思想一时也还来不及完全消化,但这些毕竟大大打开了他的眼界,使他迈出了从湖南走向全中国的第一步。

当时,留法已经成为很热烈的运动,长沙的报纸不断地对其吹捧,教育界也大力推动,湖南的勤工俭学运动达到了高潮。1919年至1920年,全国各地赴法勤工俭学的学生有1600多人,湖南籍的学生就有430人之多。在湖南,不仅年轻人要去,连教了20多年书、已经43岁的徐特立和已年过半百的蔡和森的母亲葛健豪也要漂洋过海去当"老学生"。作为湖南青年赴法计划的组织者,毛泽东是完全有条件出去的,但他没有迈出国门。许多赴法会友都曾恳邀他同行,一些会友到了法国后,还来信劝他出洋,但是,毛泽东仍然留了下来。他当时怎么解释已不得而知,稍后,他写信给同班同学周世钊谈及此事时有过明确的说法。他说留在国内探索有许多好处:第一,"看译本较原本快迅得多",这不仅不影响吸收西方知识,还有利于在"较短的时间求到较多的知识"。第二,"世界文明分东西两流,东方文明在世界文明内,要占个半壁的地位。然东方文明可以说就是中国文明。吾人似应先研究过吾国古今学说制度的大要,再到西洋留学才有可资比较的东西。"第三,"吾人如果要在现今的世界稍为尽一点儿力,当然脱不开'中国'这个地盘。关于这地盘内的情形,似不可不加以实地的调查及研究。这层工夫,如果留在出洋回来的时候做,因人事及生活的关系,恐怕有些困难。不如在现在做了。"在留学成为时尚乃至时髦的风气中,毛泽东坚持首先要深入了解中国实际国情，才能更好地研究和学习外国，并且对西方文明和东方文明都采取分析的态度，确有其不同流俗之处。这也许是他以后能将马克思主义中国化的一个重要契机。

  1919年4月6日，毛泽东带着许多刚刚学到的新的思想和活动经验回到长沙，住在修业小学。经在修业小学任教的周世钊推荐，校方聘请毛泽东担任历史教员，每周上6节课。工资不多，毛泽东觉得这样也好，可以有更多的时间同长沙的新民学会会员加强联系，直接投身社会活动之中。

建立中国产业工人的第一个党支部

1921年秋,毛泽东来到安源煤矿,了解工人情况,向工人进行宣传。安源煤矿自1898年清政府开采以来,官僚买办和德、日资本家在这块"黑金"宝地留下了一部残酷剥削与压迫中国工人的历史,安源煤矿和株萍铁路的17000名工人过着地狱一般暗无天日的生活。中共一大确定了工人运动作为此时工作的重点,毛泽东首先选择到安源开展工人运动。当时,他担任中共湖南支部书记、中国劳动组合书记部湖南分部主任。由于安源位于江西、湖南两省交界处,所以安源工人运动属于湖南党组织领导。毛泽东利用湖南第一师范学校附属小学主事的身份作掩护,住在安源八井方44号的老乡毛紫云家里。这位润之先生待人很和气,所以,周围的人都很尊敬他。

到安源煤矿不久,毛泽东就要去矿井里参观。他换掉教书先生的打扮,穿上一身青布衣裤,提着一盏油灯,跟随领路的人猫腰爬进了矿洞口。这里是另外一个世界,一片黑暗,越往里走,通道就越潮湿,也越狭窄。领路的人说:"润之先生,就看到这里吧。里面很矮,有的地方要伏着身子才能过去。要是遇上冒顶、穿水、瓦斯爆炸,那就更危险了。"毛泽东瞧了瞧旁边正背着煤艰难爬行的工人,说:"工友们天天在这里做工都不怕,我看看还有什么好怕的。"这样,毛泽东在一位工人的引导下,来到了工人最集中、环境最恶劣、危险最大的采煤掌子面(坑道施工中的一个术语,即开挖坑道时不断向前推进的工作面)。此时,毛泽东已是浑身煤灰,满头大汗,可他毫不在意。通过闪烁的煤灯，毛泽东看到了奴隶般的"煤黑子"们个个赤身裸体、瘦骨嶙峋，身上沾满了煤灰，汗水从头上往下流淌。有几个工人正在挖煤，每一镐下去，煤炭大块大块地往下掉，巷道里顿时灰尘四起，呛得人直咳嗽，眼睛也睁不开⋯⋯

毛泽东关切地问一位工友："你们为什么不穿衣服呀？"那位工人叹了一口气，说："穿什么衣服！劳工三尺布，又当帽子、又当裤。在井下，我们用这块布当包头和矿帽，出了井就围在下身当遮羞布。"

工人们得知毛泽东是一位教书先生，都感到很新鲜，又见他的态度如此和蔼可亲，都纷纷放下手上的活儿，凑到毛泽东的周围。

"你们在井下一天干多长时间？"毛泽东问。

"天没亮下井，天黑了上去，少说也有12个钟头。"

"一天挣几个钱？"毛泽东又问。

"毛先生，我们工人是做牛马活呐，整日在井下拼死拼活地干，一天只能赚到12个毫子，有时只有8个毫子，工头却总找茬子，想方设法扣我们的工钱。这点儿钱只够吃猪狗食的。"工人们你一言、我一语地抱怨说，"我们像牛马一样干活，还经常挨洋人、把头的皮鞭子。""少年进炭棚，老来背竹筒，病了赶你走，死了不如狗。真不是人过的日子！"⋯⋯

毛泽东听了直摇头，感叹地说："你们的生活真苦，真是世上少有啊！"

有位年长的工人叹口气，绝望地说："毛先生，是咱命苦呀！"

毛泽东拍着这位老人的背说："不是命苦。受苦不是命里注定的，而是洋人、老板、把头剥削我们的结果。"见工人们对"剥削"这个词非常陌生，毛泽东就向他们解释，"比方说，你们一个人一天挖30筐煤，卖掉后，洋人、老板和工头都把钱拿走了，只给你们不到半筐煤的钱，这就是剥削。他们不劳动，为什么能吃好的、穿好的呢？这就是因为剥削了工人的挖煤钱。"

工人们听后交头接耳，议论纷纷，似乎悟出了一点儿道理。有工人问："毛先生，那我们的苦命能改变吗？"

望着这一双双渴求解放的眼睛，毛泽东坚定地说："能啊！只要工友们团结起来。"看见工人们又是满脸疑惑,毛泽东随手捡起一块小石子,耐心地解释说,"比如说吧,路上有一颗小石子,老板一脚就可以把它踢到边上去。如果把许多小石头掺进石灰,粘成一块大石头,就会像磐石一样坚固,不要说小老板,就是大老板、洋人也搬不动了。只要我们捏成团,就比大石头更难对付了。"

一席话,既生动,又通俗,工友们听了,心中豁然开朗。在毛泽东的启发教育下,工人们看到了自己的力量,破除了迷信,萌动了要斗争、要革命的思想。

这一天,毛泽东在井下待了整整6个小时。傍晚,毛泽东走出矿井,来到了"工人餐宿处"。这里是一排排鸽子笼似的小房,房间里挤放着一行行3层木床。床上臭虫成堆,气味熏人。就是这样的小房间,平均每间要住80个工人。毛泽东爬上3层床,揭开工人油渣似的破被子查看。他还尝了工人们吃的霉米饭。一天的参观下来,毛泽东耳闻目睹了工人们的深重苦难。

为了把工人发动起来,毛泽东下工地、钻矿井,经常出入于工人之间,和他们谈心、交朋友,了解他们的思想和生活。当时的大多数工人都没有什么文化,缺少知识,迷信思想也很重,不知道自己受压迫、受苦难的根源是什么,只是埋怨自己命苦、"八字"不好。毛泽东了解这些情况后,决定开办工人夜校,一面教工人学些文化知识,一面向他们讲解革命道理,启发他们的阶级觉悟。

毛泽东经常到夜校给工人们上课。他善于联系工人们的生活和思想,用生动形象的话语讲明大道理,工人们都能听懂,而且印象很深刻。一次,毛泽东去长沙人力车工人夜校讲课。他首先在黑板上写下"工人"这两个大字,然后转过身对工人们说:好些工友埋怨自己命苦,说工人没出息,其实,工人的力量最大。大家不是说"天"最大吗?什么是"天"?大家看,"工"和"人"两个字连起来就是"天"。毛泽东边说边把"工"和"人"两个字连起来写出了一个"天"字。工人们听了毛泽东生动的讲述,顿时心中明亮,课堂气氛也活跃起来。

12月,毛泽东和李立三等人再次来到安源,住在一个十分简陋的小店里。在这里投宿的尽是逃荒谋生、挑炭糊口的苦劳力。白天，毛泽东、李立三深入各处访问工人，晚上约一些工人到客店里座谈。他们关切地询问工人们的生活、家庭等情况，向工人们深入浅出地讲述革命道理。他们启发说：矿是资本家开的吗？煤是资本家挖的吗？不是，全是我们工人！工友们流汗出力、创造财富，却一无所有，这合理吗？毛泽东鼓励工人们：什么都不要怕。只要工友们团结一心，什么天翻地覆的事都能做出来。五四运动，各地工人举行大罢工，反对《二十一条》，反对卖国贼，曹汝霖、章宗祥、陆宗舆3个卖国贼不是都被打倒了吗？为了说明团结的重要性，毛泽东顺手拿起饭桌上的筷子说：一根筷子一折就断，一把筷子就不容易折断；一个人的力量算不得什么，团结起来才有力量。工人们听后，纷纷要求组织起来。毛泽东向工人们讲述了组织起来的具体办法，提议要以解除工人所受压迫与痛苦为宗旨，将路矿两局全体工人组成一个团体，并给这个团体取名为"安源路矿工人俱乐部"，并当即商定由李立三常驻安源指导一切。

1922年2月，中国共产党在产业工人中的第一个支部——中共安源路矿支部成立，有党员6人，李立三任书记。5月1日，安源路矿工人第一次在党支部的领导下举行盛大集会和游行，纪念"五一国际劳动节"，宣告工人俱乐部成立，李立三任俱乐部主任。在全国1923年工运低潮中，安源党组织坚决执行了毛泽东制定的"弯弓待发"的策略，使安源路矿工人俱乐部不仅巍然独存，而且取得了新的胜利和发展。安源成为当时党组织聚集和保存干部的堡垒、培养人才的学校、创造经验指导工人运动的基地。这样显著的成绩，是和毛泽东的正确指导分不开的。

三湾改编

1927年9月17日，毛泽东同苏先俊率秋收起义部队第三团辗转到达浏阳孙家塅，与卢德铭、余洒度率领的第一团会合。当天，毛泽东主持召开中共湖南省委前敌委员会会议，讨论军事行动问题。会议决定退往湘南。会后，第一、第三团分两路向文家市前进。

两天后，第一、第三团和第二团余部会师文家市，这时，秋收起义部队只剩下1500多人了。晚上，毛泽东主持召开了前敌委员会会议，讨论部队的行动方向问题。会议经过激烈的争论，否定了余洒度等坚持的"取浏阳直攻长沙"的意见，在总指挥卢德铭等人的支持下，通过了毛泽东关于放弃进攻长沙的主张，决定转向敌人统治力量薄弱的农村和山区，寻求落脚点，以保存实力，再图发展。

9月21日，毛泽东同卢德铭、余洒度率领秋收起义部队由文家市出发，沿罗霄山脉南下，向江西萍乡、莲花前进，开始向敌人力量薄弱的农村和山区进军。国民党反动派闻讯后极为恐慌，急忙调集湘赣两省的反动军队围追堵截，妄图消灭这支部队。在毛泽东的指挥下，秋收起义部队边打边走，迅速前进。9月25日凌晨，在萍乡芦溪，部队遭到敌人偷袭，损失很大，卢德铭为掩护主力向莲花县方向撤退而英勇牺牲。

在连日的行军中，由于天气炎热、水土不服，一些官兵病倒了。从文家市出发，官兵带的粮食很少，加上沿途的老百姓不了解这支部队，一看见部队到来就四处躲藏，所以，部队的给养日渐困难。面对这种情况，毛泽东不顾极度疲劳，今天到这个连，明天到那个连，和战士们谈心，做思想工作。最初，有些同志不认识他，以为他是老百姓，便要拉他挑担子。毛泽东笑着说："我给你们挑了好几天了，今天，你们连长叫我休息休息。"一位认识他的战士听后说："他是中央派来的毛委员呀！"拉他挑担子的战士们都惊奇地围住朴素得如同普通老百姓的他，纷纷向他诉说自己的想法。

每到一地，毛泽东不是找当地群众了解情况，就是到学校和士绅家里找来报纸，细心地研究全国的形势和斗争动态。广大指战员见毛泽东对革命前途这样信心十足，又和战士们同甘共苦，吃一样的饭、睡一样的铺，都很受鼓舞。

9月27日，部队吃了午饭，便从莲花县城出发，老乡们都出来欢送这支纪律严明的军队。此时，毛泽东的脚十分疼痛，行动很不方便，战士们多次劝他坐担架，但他始终坚持与大家一起行走。

1937年5月，毛泽东和参加秋收起义的部分同志在延安合影。

部队刚走出不远，忽然，从后面追来某烈士的两个孤儿——七牯和八牯。他们抬着一个捆了两根竹竿的睡椅，上气不接下气地跑到毛泽东面前。

一位战士高兴地对毛泽东说："毛委员，人家抬了'轿子'来，这下你坐吧！"

毛泽东摇摇头，风趣地说："革命的路是靠脚板走出来的，还是用双脚走路好。"

八牯急得满脸通红，恳切地说："毛委员，我早就看到你走路有拐（瘸）了，还能走呀？"

毛泽东爽朗地笑起来，忍着疼痛跺了一下脚，故作轻松地说："这不是好好的嘛！"

那位战士也恳求说："毛委员，坐上吧！你不坐，大家都心里难过呀！"

七牯兄弟挡着路，不让毛泽东走，倔犟地说："我们有的是力气！请毛委员快上'轿'吧！"

毛泽东指指后面，说："好吧，既然这样，就请你们把'轿子'抬给伤员坐吧，他们的腿确实走不得。"说完，毛泽东便从旁边绕过"轿子"，一跛一拐地向前走去。

那位战士无可奈何地摇摇头，把七牯、八牯带到伤病员面前，可伤病员都说要向毛委员学习，谁也不肯上"轿"。七牯、八牯急了，不管三七二十一，抱起一位伤员就放在"轿子"上，高高兴兴地抬起来，紧跟毛泽东上路了。

第二天，部队继续向永新三湾方向前进。从文家市转兵以来，一路上战斗频繁，伤员不断增加，加上疟疾流行，病号增多，有的伤病员因缺医少药而失去生命。部队中的干部大多是投笔从戎的知识分子，由于连续行军、长途跋涉，有的人表现出了怕苦怕累的情绪，有的人在一连串的挫折面前、在危险而艰苦的斗争面前惊慌失措、灰心动摇，甚至有的人离开部队自寻出路。一部分从平江、浏阳参加起义的农军害怕远离家乡，产生了消极的思想，不断发生逃亡事件。此时，部队只有约1000人，且军纪松弛、军心涣散，有的团和营还出现了官多兵少、枪多人少的情形。

9月29日，部队进驻永新县三湾村。在这种恶劣的形势下，面对这样一支疲惫之师，毛泽东感到革命要靠自觉，不能勉强。当晚，他召集人员开了前敌委员会扩大会议，讨论部队现状及其措施，决定对部队实行整顿和改编。

9月30日早晨，部队全体指战员集合在三湾枫树坪，等待宣布会议的决定。只见师长余洒度没精打采地走到队伍面前，拉长了脸宣布改编的命令，而且发了一通牢骚："我们的部队好像打了几十个败仗的样子……现在人员减少了，部队要缩编，从一个师改编为一个团；一个团还不足，就改编为两个营……"

大家越听越泄气，越听越不耐烦。忽听人群中有人喊："请毛委员给我们讲话！请毛委员给我们讲话！"这时，新任团长陈浩不失时机地提出请毛泽东讲话。

毛泽东以和蔼的神态走到队伍面前。他蓄着两三寸长的头发，身穿一件破棉袄，腿上打着绑腿，脚上穿着草鞋，站到一块大石头上，用坚定的目光看向大家。会场立刻安静下来。他朗声说："同志们，敌人只会在我们后面放冷枪，这有什么了不起？大家都是娘生的，敌人有两只脚，我们也有两只脚……贺龙同志两把菜刀起家，现在当军长，带了一军人，我们现在不止是两把菜刀，我们还有两营人，还怕干不起来吗？你们都是暴动出来的，一个可以当敌人10个，10个可以当他100（个）。我们现在有这样几百人的部队，还怕什么？……没有挫折和失败，就不会有成功！"

大家的情绪立刻被鼓动起来了，有的说："对呀！枪林弹雨都闯过来了，我们还怕什么？"有的说："等我们到了井冈山，那里鸡鸣狗叫听两省，敌人更拿我们没办法喽！"还有的说："毛先生都不怕，我们还怕什么？贺龙同志两把菜刀能够起本，我们几百人还不能起本吗？"

等大家安静下来，毛泽东又宣布了革命自愿的原则。他说："我毛泽东干革命，一不图升官，二不图发财，三不图养家糊口，只图天下劳苦大众得到解放。此行前去，山高水长，任重道远，你们跟着我去开创井冈山革命根据地，可能会很艰苦、很危险，但是也很光荣。人各有志，不能相强。

有愿意跟我走的,请站到左边来,我热烈欢迎;有愿意回家的,请站到右边去,我热烈欢送,并且发给路费。"

大浪淘沙,不坚定的走了,留下的才是金子。最后,部队经过组织和整顿,将一个师缩编为一个团,称"工农革命军第一军第一师第一团"。部队经过整编,人员虽然减少了,但战斗力大大增强了,成为一支坚强团结的人民军队。

整编后,毛泽东就着手在部队中建立党的各级组织,班、排有小组,连有支部,营、团建立党委,在连以上各级设置了党代表,并且成立了前敌委员会。部队由毛泽东任书记的前敌委员会领导,重要问题都要经党委讨论决定,从而确立了党对军队的绝对领导,为部队注入了灵魂。

为了彻底清除诸如干部打骂士兵、官兵待遇不平等等旧军队里的不良作风和习气,毛泽东亲自领导部队进行了民主改革,确立了士兵委员会等集中指导下的民主制度。毛泽东指示在每个连队都要建立一个士兵委员会,设主任一人,委员5人至7人,均由全连官兵选举产生。士兵委员会既是民主组织,又是监察机关,有什么事,士兵委员会就召集大家一起讨论,上自各级干部,下到伙夫,都有充分发表自己意见的权利,有批评,有表扬,赏罚严明,部队的领导和普通士兵一视同仁,谁也没有一丝一毫的特殊。

"三湾改编"后的第二天,当地的老百姓看到毛泽东日夜辛劳,便给他送来一些鱼和鸡蛋,给他滋补身体。炊事班和士兵委员会一商量,觉得这是群众的一片心意,便收下了鱼和鸡蛋,给毛泽东做了四菜一汤。

不料,毛泽东一看,马上集合各连的党代表开会,说明干部要带头执行军内民主制度、要与战士同甘共苦、决不能搞特殊的道理。随即,他和党代表们把四菜一汤逐桌分给了战士们;分完,他带着党代表们领了一盆用三湾产的苦瓜做成的饭菜,津津有味地吃起来。战士们看到这种情景,无不热泪盈眶,纷纷把分到的菜送到毛泽东和其他党代表的饭桌上。一位战士情不自禁地走上前去,激动地说:"毛委员,苦瓜味道苦。你不吃鱼,不吃蛋,吃些南瓜总行吧!"

毛泽东一听，哈哈大笑，说："同志们，现在条件艰苦，物资困难，干部吃苦瓜，让战士吃南瓜，这是很对的嘛！"毛泽东从饭桌旁站了起来，左手叉在腰间，右手一挥，"先吃苦瓜，后吃南瓜，这叫先苦后甜嘛！我们革命也一定会先苦后甜，最终取得胜利的！"

亲手创制《三大纪律 八项注意》

《三大纪律 八项注意》是以毛泽东为代表的老一辈无产阶级革命家亲手创制的。早在南昌起义军攻入广东汕头时，贺龙总指挥就发布了一个"安民布告"，内容是："照得本部各军，富于革命精神。此次南昌起义，原为救国救民。转战千里来粤，只求主义实行。对于民众团体，保护十分严谨。对于商界同胞，买卖尤属公平。士兵如有骚乱，准其捆送来营。本军纪律森严，重惩决不姑循。务望各安生业，特此郑重声明。"

朱德和陈毅也十分重视我军的组织纪律建设。朱德说，只有加强铁的纪律，才能建立铁的红军。他和陈毅领导的南昌起义军在江西信丰专门进行了纪律整顿。在全体军人大会上，陈毅宣布了革命纪律，并当场严惩了3个严重违反群众纪律、损坏部队声誉的士兵。

这些都为毛泽东后来完整提出《三大纪律 八项注意》积累了经验。

毛泽东十分重视对部队进行革命纪律教育。在向井冈山进军的路上，在沿边界分兵游击的过程中，毛泽东经常向部队官兵讲述遵守纪律的重要性。他要求大家对人民群众说话要和气，买卖要公平，不打人骂人，不拉夫，请来夫子要给钱等。经过毛泽东的教育，部队执行纪律的情况有了很大改进，但是，在革命条件十分艰苦的岁月里，官兵肚子饿了，拿老百姓一个红薯、一个鸡蛋的事仍时有发生。针对这些情况，毛泽东总结军队初创时期的实践经验，着手制定了革命军队的纪律。1927年10月24日，毛泽东在荆竹山动员部队上井冈山时，要求官兵一定要和山上的群众及王佐部

亲手创制《三大纪律 八项注意》

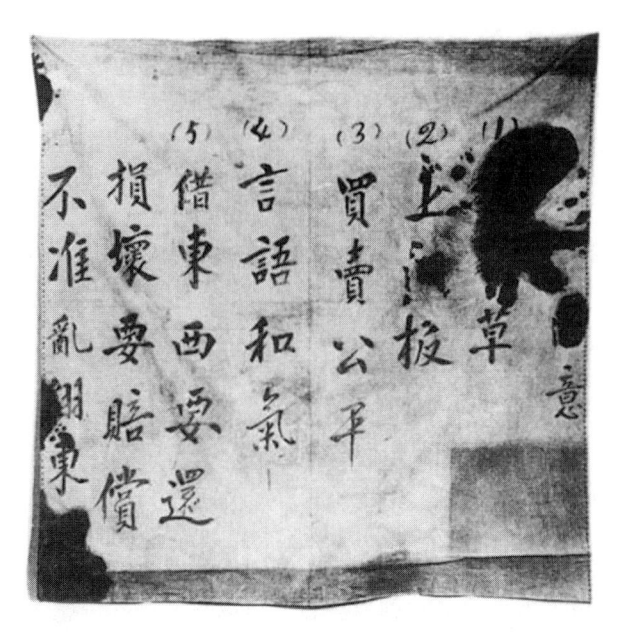

井冈山时期,毛泽东为红军制定了《三大纪律 六项注意》(后发展为《三大纪律 八项注意》),作为红军的行动守则。图为红军战士写在包袱布上的"六项注意"。

队搞好关系,做好群众工作。为此,他宣布了工农革命军的三项纪律:一、行动听指挥;二、不拿群众一个红薯;三、打土豪要归公。

1928年1月,工农革命军占领江西遂川县城后,立即分兵发动群众。毛泽东带领一支武装到遂川县城西面的草林圩,以班、排为小队开展宣传,发动群众。他亲自深入圩上中小商人之中,一面做调查研究,一面进行宣传。在调查过程中,他发现部队中有侵犯商人利益、没收小商贩货物的现象,还发现有的同志借了老乡的门板,部队开走时没有及时归还。1月25日,毛泽东布置部队再次从遂川县城分兵下乡,并对部队进行了纪律教育。部队根据第一次下乡的经验与教训,将群众的反映归纳起来,宣布了工农革命军最早的"六项注意":上门板;捆禾草;说话和气;买卖公平;不拉夫,请来夫子要给钱;不打人,不骂人。部队要求,每到一地都要检查"六项注意"的执行情况。

通过《三大纪律 六项注意》的约束和教育,部队纪律有了显著的加强,遵纪爱民的风气开始逐步形成,军民关系得到很大改善。但是,部队中的不良习气并不会立刻就被克服和消除,侵犯群众利益的不良行为仍时有发生。3月，毛泽东率部队进入桂东地区后，有一次在烧土豪劣绅的房子时，殃及了旁边穷苦百姓的住房；打土豪时，出现了将老百姓新媳妇的嫁妆当作土豪劣绅的财产加以没收的情形；老百姓因为怕当兵的怕惯了，看见军队就跑，结果工农革命军在抓土豪劣绅时，误抓了老百姓，还关了起来……所有这些都引起了当地群众的不满，加上土豪劣绅趁机造谣、胁迫和恐吓，使群众更加害怕工农革命军。3月30日，当毛泽东率领部队到达桂东县沙田圩时，这个有百来间店铺的小镇家家关门、户户落锁，绝大多数居民都躲进了深山老林。

毛泽东立即组织宣传队打着红旗四面出动，写标语、贴告示、进山喊话，宣传我军宗旨，释放被错关押的原农会骨干和无辜群众，对侵犯群众利益的行为进行批评教育。毛泽东说："烧房子有什么用？要消灭的是封建剥削阶级、反动势力。房子留下来，革命胜利以后，还可以用来办学校嘛。"与此同时，与地下党取得联系，要求他们配合做好工作。通过这些努力，地主豪绅诬蔑红军"见屋就烧，见物就抢，见人就杀"的谣言不攻自破，躲进深山的群众都陆续回来了。不仅如此，毛泽东还在沙田万寿宫召开部队干部会议，决定分兵深入附近乡村，广泛发动群众打土豪，搞分田试点，建立工农兵政府。

4月3日上午，毛泽东针对部队受"左"倾盲动错误影响发生违反纪律的情况，在沙田集合部队进行纪律教育，进一步宣布并解释了工农革命军的《三大纪律 六项注意》。"三大纪律"是：第一，行动听指挥；第二，不拿工人农民一点儿东西；第三，打土豪要归公。"六项注意"是：一、上门板；二、捆铺草；三、说话和气；四、买卖公平；五、借东西要还；六、损坏东西要赔。毛泽东扳着指头逐条逐句地解释其内容，并强调没有纪律就不成其为军队、没有统一指挥就不能打胜仗的道理，要求部队每个指战员一定要严格遵守。会后，工农革命军分班、排进行了讨论和学习，并根据毛泽东的讲解做了对照检查。为了记住《三大纪律 六项注意》，有的战士还将其写在驻地的墙壁上。

毛泽东很重视《三大纪律 六项注意》，每到一地，都要亲自检查部队的执行情况。《三大纪律 六项注意》的每句话都是老百姓的话,非常通俗易懂。在毛泽东的教育和影响下,广大官兵把《三大纪律 六项注意》牢牢记在心里,认真贯彻执行。部队有一个班进驻一个村时,官兵不愿给老百姓添麻烦,都集中住在堂屋里,地上铺着借来的稻草和门板。早晨起来,他们把稻草捆好,把借来的门板送还上好,把地打扫干净,还给老百姓挑水、扫地。在贯彻执行《三大纪律 六项注意》中,毛泽东还领导大家建立了纪律检查制度。即将离开桂东时,部队普遍进行了一次纪律检查,走后又留下纪律检查组,发现有违反纪律的现象,立即加以纠正。

毛泽东率领部队进入桂东这段时间,对贯彻落实《三大纪律 六项注意》做了大量深入细致的工作。如果说在荆竹山和遂川只是分别提出"三大纪律"和"六项注意",部队刚开始贯彻,那么在桂东时,就把两者合并了起来,并将其具体贯彻落实到了实际行动中。这时,不仅部队的纪律观念大大地提高了,而且遵守《三大纪律 六项注意》的自觉性有了明显的提高,有的士兵将其写在自己的包袱皮上天天对照。

1929年,红四军离开井冈山向赣南、闽西进军后,部队经过赣粤边三南地区(即龙南、定南、全南)向广东东江地区发展。这些地方比较闭塞,封建统治势力很强。红军来后,没有调查了解当地民情,还是按照过去的习惯到野外大小便,在沟里、林边洗澡,结果引起群众的强烈不满。毛泽东了解到这些反映,立即在"六项注意"中增加了"洗澡避女人"和"大便找厕所"两项。以后,随着战事频繁,俘虏越来越多,少数战士违反政策,搜了俘虏的腰包。针对这些现象,毛泽东又把增加的两项改成了"洗澡避女人"和"不搜俘虏腰包",发展成为《三大纪律 八项注意》。

关于"洗澡避女人"这一条,还有一个故事呢。

1929年12月,毛泽东和朱德率领红四军到福建新泉整训。新泉有一处温泉,当地人连饭都吃不饱,哪里还有钱来修筑泉舍?只好任其自然,享受露天温泉。起初,每有妇女到溪边挑水、洗衣,在温泉里赤身洗澡的男人还感到不好意思,但久而久之,即使妇女在溪边往返,洗澡的人也不在乎了。

毛泽东率领部队到来之后，不但关心新泉人民的翻身解放，关心在当地建立工农民主政权，而且关心当地的民风民情。

一天，毛泽东的警卫员小杨听说当地的温泉好，便想洗个澡，向毛泽东请假后，兴冲冲地来到温泉边，不料迎面见到了这样的情景：汤池内有十几个老百姓在赤身裸体地浸浴，而仅隔二三十步的泉眼处就有妇女在挑水、洗衣，来往穿行。年轻的小杨从未见过这个场面，脸唰地红了，哪还有心思洗澡，垂头丧气地回来了。

毛泽东见小杨这么快回来了，感到奇怪，就问："这么快就洗好了？"

小杨讲了汤池的情形，然后腼腆地说："算了，我还是擦一擦身吧。"

毛泽东爽朗地笑了："澡不可不洗。遇到困难，退却了？我们红军不光要打仗，而且要学会做群众工作。这里洗澡的风俗不好，我们就来提倡一下用咱们的规矩——洗澡避女人嘛。"

于是，红军战士拿来了篷布，群众送来了甘蔗叶，军民齐动手，在温泉边扎的扎、编的编，很快就扎起一堵隔墙。小杨干得很起劲，和几个战士在汤池边立了一根木杆，做了一个遮雨篷，吊了一个能防风的光灯子作为女红军战士洗澡时用的信号灯。一切就绪后，小杨和几个战士美美地洗了一回温泉澡。到了晚上，明亮的光灯子挂在木杆上放出光亮作为信号，女红军战士们在温泉里舒适地洗澡，再也不用担心了。

毛泽东提倡的这个规矩改变了当地的不良习惯，得到了群众的赞扬，从此，当地群众也都自觉地遵守了这个规矩——洗澡避女人。

长征途中，毛泽东强调把执行纪律和做好少数民族工作结合起来，要求部队在艰苦的环境中更要严格地遵守纪律和政策。有了民族政策的指引和严明的纪律作保障，红军不仅团结了少数民族同胞，争取到了广大少数民族群众的大力支持和帮助，而且将革命的种子播撒在了少数民族地区，播撒在了渴望翻身解放的广大少数民族同胞的心上。

以后随着斗争形势的变化和部队实践经验的不断积累，《三大纪律 八项注意》的一些具体内容又有修改和补充，例如：将"筹款要归公"改为"一切缴获要归公"；把"不拿老百姓一个红薯"改为"不拿一个鸡蛋"，长征到陕北后，又改为"不拿群众一针一线"，意思是即使像针那样小、像线那样细的群众的东西也不能拿。

抗日战争时期，毛泽东根据张国焘严重破坏纪律的行为，重申了党的纪律：个人服从组织；少数服从多数；下级服从上级；全党服从中央。他强调要进行纪律教育，人人遵守纪律。八路军政治部根据抗日战争的实际情况，对《三大纪律 八项注意》的内容再次做了调整。"三大纪律"是：实行抗日救国纲领，服从上级指挥，不拿人民一针一线；"八项注意"是：进出宣传，打扫清洁，讲话和气，买卖公平，借物送还，损物赔偿，不乱屙屎，不搜俘虏。在执行中，各抗日根据地从自己的实际情况出发做了适当的调整。

1947年10月10日，毛泽东亲自为中国人民解放军总部起草了关于重新颁布《三大纪律 八项注意》的训令，统一规定了《三大纪律 八项注意》的内容。"三大纪律"是：一切行动听指挥；不拿群众一针一线；一切缴获要归公。"八项注意"是：说话和气；买卖公平；借东西要还；损坏东西要赔；不打人骂人；不损坏庄稼；不调戏妇女；不虐待俘虏。训令还指出："本军《三大纪律 八项注意》，实行多年，其内容各地各军略有出入。现在统一规定，重新颁布。望即以此为准，深入教育，严格执行。"

毛泽东一直强调，军队不论新兵还是老兵，都要坚持进行《三大纪律 八项注意》的教育，并且指出铁的纪律是靠平时磨炼出来的，只要空几个月不搞，就松松散散了。毛泽东的话符合我军的实际情况，因为我军官兵来自五湖四海，资历、习惯各不相同，只有在日常工作和生活中一点一滴养成遵守纪律的良好习惯，才能在任何情况下自觉地遵守纪律。

《三大纪律 八项注意》是以毛泽东为代表的老一辈革命家为我军亲手制定的，是我军的一个独创，也是毛泽东建军思想的重要组成部分，它打破了几千年来"军队欺压百姓"的旧观念，充分体现了人民军队的性质和宗旨，既是军事纪律，又是群众纪律。广大人民群众是从《三大纪律 八项注意》中真正认识到我军是人民自己的军队的。这是我军团结人民群众、战胜敌人的一个传家宝。

充分利用一切客观物质条件干革命

1927年11月，为了适应湘赣边斗争发展的需要，毛泽东在宁冈县砻市龙江书院创办了一个工农革命军军官教导队，培训军队下级军官和地方武装干部，以提高他们的政治、军事素质。第一期学员约有100名。毛泽东亲自给学员们讲政治课，组织他们做社会调查和参加斗争。由于敌人的经济封锁，教导队里的笔墨纸张相当缺乏，这给学员们的学习带来了很大困难。

在讲课的过程中，毛泽东多次对学员们进行自力更生、艰苦奋斗的思想教育。他说："敌人千方百计地封锁我们，给我们带来了很大的困难，这并不可怕，可怕的是我们没有坚强的意志，缺乏克服困难的精神。我想，只要我们大家肯动脑、动手，出主意，想办法，任何困难都是可以克服的。"听了毛泽东的话，学员们都很受鼓舞。

有一天，一个学员建议说："在我们家乡，我见过有人把柳枝烧成炭，用它当笔使，写出来的字也挺好看的。"

听了学员的话，毛泽东说："这个建议好。咱们也不妨试试。"

第二天，这个学员果然用柳枝烧了几根木炭送给毛泽东。毛泽东拿起木炭试着写了几个字，发觉这种笔软硬适度，写出来的字还挺清晰，便高兴地说："看！咱们缺乏笔墨的问题不是顺利地解决了吗？用这种笔，无论是在地上还是在石板上、沙滩上写字都可以，而且这种笔墨纸张是永远也用不完的。"

于是，学员们就都跟着学会了用柳枝烧成木炭制作笔。后来，一传十、十传百，大家都知道怎么制作这种柳条炭笔了。在艰苦的革命岁月里，毛泽东和大家经常使用这种自制的炭笔。

1932年1月下旬，毛泽东来到瑞金以东二三十里的东华山古庙休养。第二天，毛泽东召集警卫员们开会，问大家都想做些什么，怎样安排好这段生活。

警卫员们异口同声地回答："保卫主席安全，让主席休养好！"

毛泽东笑着问："还做些什么呢？"

警卫员们你看看我，我看看你，一时都答不上来，刚刚还非常热烈的气氛马上沉寂了下来。

看到大家都不作声了，毛泽东说："我提个建议，大家考虑考虑。在旧社会，穷苦出身的人没有念书识字的机会，也没有掌握文化的权利。现在革命了，情况有了变化，党需要你们成为有文化的人。过去不是作战、行军，就是行军、作战，没有时间集中学习。我想利用这个机会，教你们学文化、学时事，另外，有时间，我们再劳动劳动。你们说好吗？"

毛泽东的话刚一说完，警卫员们就急了："这怎么行呢？主席，您是来休养的，如果教我们学文化，讲时事，会影响您休养的。要是您休养不好，我们就是没有完成任务！"

看着这些可爱的战士，毛泽东耐心地解释道："你们不要为我担心。休养是多种多样的，如果你们都认真学习，成绩很好，我的心情就愉快，心情一愉快，不也就休养好了嘛！"

听毛泽东这样说，警卫员们都纷纷表示赞同："主席，我们听您的！我们一定好好跟您学！"

随后，毛泽东给大家安排了详细的学习内容和具体的学习时间，并写在纸上，贴起来，要求大家严格遵守。

这样，从第三天起，每天上午8点，东华山古庙后的一片山地便成了大家的课堂。毛泽东选了一块竖立的大砂石当黑板，用"发明"的树枝木炭笔作粉笔，给警卫员们上课。警卫员们都坐在旁边的一块大砂石上，铺一层细沙或细土当纸张，用树枝、竹棍作笔在上面练字。就这样，大家在这头顶蓝天、脚踩大地、四周空旷的"教室"里认真地听毛泽东讲课,听他讲革命道理,跟他学习文化知识。

毛泽东教得很认真,警卫员们学得也很起劲。毛泽东以其特有的革命乐观主义精神风趣地说:"我们是天当屋、地当纸、坐石上、学道理啊!"

毛泽东带领部队上井冈山后,由于国民党反动派的封锁和"围剿",生活十分困难,吃的穿的都成为大难题。尽管条件十分艰苦,但为了建设井冈山革命根据地,毛泽东仍时常到附近村子里的贫苦农民家中了解情况,做社会调查。

一天夜里,毛泽东刚从洋湖桥做调查回来,房东老汉便拿出一堆打好的草鞋,对他说:"毛委员,我是贫农,一年到头帮地主干活、种地,还经常打草鞋卖,可日子仍越过越苦。是毛委员率领工农革命军来到这里,我们广大贫苦百姓才翻了身,分到了房子和田。毛委员,您和红军的恩情,我们一辈子也忘不了,可是,我们这些穷人没什么好报答你们的。这是一些草鞋,您若不嫌弃,就收下吧。"

毛泽东看看眼前打工精细的草鞋,感激地对老汉说:"你的心意,我们领了,但我们是工农革命军,不能随便要群众的东西。这样吧,草鞋,我们买下。"说着拿出钱来塞进老汉手中。

"这……这怎么行呢?"老汉根本没有想到要拿这些草鞋卖钱,一时不知所措,急忙推辞。

"你一定要收下这钱,否则,我们也不要你的草鞋了。"毛泽东再一次将钱塞进老汉手中。

老汉接住钱,激动地说:"毛委员,你们把我们从苦海里救出来,连几双草鞋也不让我送,这叫我怎么过意得去呢?"

毛泽东笑着说:"你先别急,我们还有件事要求你帮忙呢。"

老汉一听能为毛委员和战士们做点儿事情,非常高兴,忙问是什么事情。

"我想请你收下我这个徒弟。"毛泽东认真地说道。

这可是想都没有想到过的事情,老汉一下子愣住了,嘴巴张得老大,过了半天才说："我……我能当什么师傅呀，您是开玩笑吧！"

"你能当师傅！你的草鞋不是打得蛮好吗？"毛泽东说着，拿起一双草鞋，"瞧，又结实，又漂亮！"

听到毛泽东的赞扬，老汉嘿嘿地笑了。

"请你当师傅，教我打草鞋。我们要粉碎敌人的经济封锁，就必须自力更生。打草鞋容易，不愁材料，战士们可以自己动手。我先学学，拜你为师。"

"原来是这么一回事呀。行，没问题！"老汉爽快地答应了，立即就教毛泽东打起草鞋来。"师傅"教得认真，"徒弟"学得专心，很快，毛泽东就打出了第一只草鞋，问老汉行不行。

老汉接过草鞋一瞧，打得又结实，又细致，于是高兴地连声称赞毛泽东学得快，还风趣地说："毛委员，这师傅，我不敢当了。"

毛泽东开心地说："我还要发动更多的战士来拜你为师，你可要教会他们哟。"说完，毛泽东就去开会了。

开完会已是后半夜，老汉已经睡了。毛泽东坐在厅堂里，借着一根灯芯发出的微弱灯光又打起草鞋来。万籁俱寂，寒气袭人，但毛泽东毫不在意，专心致志地打草鞋，直到打好另外一只才上床睡觉。

第二天清晨，毛泽东拿起自己打的那双草鞋去看战士们操练。休息的时候，战士们纷纷围在毛泽东的周围，请毛泽东给他们讲故事。

毛泽东笑着问："你们看过《封神榜》没有？"

多数战士摇头。

于是，毛泽东讲道："《封神榜》里有个土行孙，身子一扭就不见了，他是钻到地里去了，在地底下日行五百里。书里还写到一个哪吒，脚踩两只风火轮，会腾云驾雾。这两个人上天入地，能打能走，我们大家也要学这种本事。"

"我们这些凡胎肉体，哪会像人家成仙入道的人物，有那种神通广大的本事呢？"一个战士感慨。

"能！只要我们做到两条，就不难学会这种本事。"毛泽东语气这样肯定,使战士们不由得瞪大了眼睛。他接着说:"第一条,我们要到群众中去,把群众组织起来,用模范行动赢得群众的支持和拥护,就能打,也能走。我们能看到敌人,敌人却看不到我们,这不就是土行孙的本事吗?"毛泽东停了停,拿出他打的那双草鞋,说,"第二条,我们要坚持自力更生、艰苦奋斗的精神。瞧,这是我跟房东老汉学习打的第一双草鞋。这就是我们的'风火轮'。大家空闲时间可以向群众学习打草鞋,稻草到处都有,学起来也不难。学会了,我们就能走遍天下,这不就是哪吒的本事吗?"战士们听了这话,都连连点头,都说毛委员说得有道理,纷纷表示一定要学会打草鞋。毛泽东最后又对战士们说:"我们是革命的队伍,有群众的支持和掩护,脚底下有结实的草鞋,打得赢就打,打不赢就走,我们的神通并不比土行孙和哪吒差呢!"

在毛泽东的带领下,官兵们当天就行动起来,砍来树和竹子,自己动手做工具,虚心拜群众为师,个个干劲十足地学起了打草鞋。没过多少日子,千百双草鞋打成了,解决了工农革命军的大问题。

毛泽东不仅自己动手打草鞋,为大家做出了表率,而且在井冈山根据地经济条件十分艰苦的时候,还穿着自己打的草鞋,带领大家挑粮上山。

1928年冬,国民党反动派对井冈山根据地的"会剿"遭到了一次次失败,十分害怕革命力量的不断壮大,因此,除加紧对井冈山的军事进攻外,还加强了经济封锁,妄图把工农红军困死、饿死在山上。

为了粉碎敌人的阴谋,毛泽东除了领导官兵们积极进行军事上的准备、修筑坚固的工事外,还号召军民抓紧储备足够的粮食以打破敌人的经济封锁。井冈山军民积极响应毛泽东的号召,立即开展了轰轰烈烈的挑粮上山运动。

11月的一天,毛泽东一大早就起来了,找了两条装粮的布袋就要出门。警卫员一看毛泽东拿着布袋,知道他又要去挑粮,便连忙起身拦住他,说:"朱(朱德)军长说过,你这几天每晚都开会到半夜,今天不让你去挑粮了。"毛泽东边笑边做挑扁担的动作,说:"你莫听朱军长的。他天天扁担不离肩,哪天少得了他?"说完,就出门了。

毛泽东脚穿自己打的草鞋，背着斗笠、布袋，兴冲冲地走在挑粮队伍的前头。临近中午时分，毛泽东带领的先头部队中的每个人都挑了100来斤粮食返回了黄洋界。看到队伍后面还有人没跟上来，毛泽东便要大家放下粮担，歇歇肩，休息一会儿。

休息间隙，毛泽东还不忘对挑粮官兵进行革命教育。他说："我们为什么要背粮？是为了对付敌人的'进剿'。大家现在多流汗，将来可以少流血，敌人的'进剿'就会被我们打退。"说完，毛泽东又问大家累不累。

"不累！"同志们齐声说道。

"还能再背一趟！"有些同志干劲十足地回答。

毛泽东听了很高兴，说："大家讲不累是假的，累还是累的，但是，为了保卫井冈山根据地，为了赢得更大胜利，我们就是要不怕累、不怕苦。今天挑粮是为了革命，明天，我们还要挑起全中国和全世界革命的重担！"

毛泽东站在大树下问大家："站在这里，能看到什么地方？"

"可以看到江西和湖南。"一个战士答道。

毛泽东大手一挥，眼睛注视着前方，充满信心地说："站得高，才能看得远。干革命就要登高望远，不仅要看到江西和湖南，还要看到全中国、全世界。"

"对伤病员照顾周到是一项政治任务"

在井冈山，不仅缺少粮食和被服，医药同样短缺，伤病员的痛苦是难以言喻的。

1927年秋冬，工农革命军进驻茅坪，毛泽东同前委商量在这里开办了第一所工农革命军的医院。以后，在毛泽东的亲切关怀下，又在大井、中井相继办起了医疗所，在小井建立了医院。

医院办起来后，毛泽东虽然日夜工作，操劳不息，但还常常在百忙中抽空看望伤病员。有一次，毛泽东路过小井，顺便来到分设在老表家的一间病房，一进门便亲切地问："同志们，伤好些了吗？"

见毛泽东来了，轻伤员立即站起，重伤员也想坐起身。毛泽东连忙招呼大家都坐下别动。他一个人一个人地询问："你是哪里人啊？""什么时候参军的？""在哪里负的伤？""好点儿了吗？"……开始，一些第一次见到毛泽东的伤病员有些紧张，可看到他这样平易近人、问长问短，不但不觉得拘束，反而越说越亲热、越说话越多。

当时，小井医院有200多个伤病员，这可忙坏了医护人员，也忙坏了炊事班的同志。他们不但要洗菜、淘米、刷碗筷，还要自己砍柴、舂米……有时免不了谷舂得粗糙一些，因此，饭里有不少谷壳。在聊天中，有伤病员不经意间向毛泽东透露了这个情况。

一天，毛泽东找来了医院事务长小董，询问伤病员的生活情况。小董说："毛委员，谷舂得不好，我有什么办法呀？"毛泽东温和地说："怎么没有办法呢？只要请老表嫂筛筛，就能把谷壳去掉嘛。"小董一拍大腿："哎呀，我怎么就没有想到呀！"回到医院，他立即按照毛泽东教的办法办理。从此，伤病员的饭里再也没有谷壳了。伤病员晓得了这件事，都感动得流下了眼泪，说："毛委员对我们的关心真周到啊！"

那时候，部队的生活十分艰苦，从毛泽东到伙夫，除粮食外，每人每天只有5分钱的菜金标准，但是，毛泽东说："对医院的伤病员要特殊照顾，每人每天给一角菜金。"还让伤病员一天吃三餐，两干一稀。每次都是不等医院的粮食吃完，毛泽东就派人从宁冈担来了米。有时，毛泽东还动员部队给医院送些猪肉、牛肉，改善伤病员的生活。每次打仗缴获了战利品，如果有吃的、穿的、用的，毛泽东都要马上派人挑选好的，送给伤病员。医院里如果有了什么困难，只要毛泽东知道，都要亲自想办法给予解决。

1928年7月，小井红军医院陷于没有药、没有钱的困境。负责医院后勤工作的杨至诚感到确实到了山穷水尽的地步，只好连夜赶往毛泽东所在地永新塘边村，寻求解决问题的方法。第二天晚上，他走进毛泽东住的小平房，见毛泽东正在油灯下聚精会神地看文件。

杨至诚轻轻地叫了一声："毛委员。"

"哦，你来了。"毛泽东站起身来，笑吟吟地拉杨至诚在对面坐下。

杨至诚向毛泽东汇报了伤病员的情况。毛泽东静静地听着，有时还拿起笔来做记录。等到杨至诚谈完，毛泽东说："我们好人没有吃、没有穿，是不大成问题的，但对伤病员一定要照顾周到，不然就会影响战斗情绪，所以说，对伤病员的医疗看护工作非常重要，是一个政治任务。"说着，他顺手拿起一根小铁丝轻轻地把灯芯挑了挑，顿时，屋里亮堂堂的，杨至诚的心也变得敞亮起来。

毛泽东考虑片刻，指示杨至诚："你到团卫生处商量一下，分上一点儿药。钱，现在是困难些，部队的菜金还没有，但是，无论如何，也要由团经理处想办法，给一些让伤病员用。你要多少钱？"

"要200块大洋。"

毛泽东马上挥笔写了一张条子，交给第三十一团团长去办。随后，他给杨至诚讲了当前的革命形势，并嘱咐："你回去后，把这些转告伤病员，要他们安心疗养，告诉他们，困难是可以克服的。"

这一晚，毛泽东同杨至诚谈了很久很久。

杨至诚辞别了毛泽东，来到了第三十一团。团长见了他十分热情，亲切地询问伤病员的情况。团长看到毛泽东的条子后，叫通信员找来团经理处、卫生处的两位处长商议解决医院的困难。结果，卫生处的药虽然少，但为了照顾伤病员，还是尽可能地分出一些碘片和其他必需品；经理处的钱的确很紧缺，想尽办法筹集了两天，才搞到160块大洋。

杨至诚从永新回来，还没来得及放下东西，就被伤病员、医生和护士团团围住了。大家你一言、我一语地问开了：

"老杨，见到毛委员了吧？"

"毛委员讲了些什么？"

……

杨至诚把前后经过详详细细地告诉了大家。伤病员听了，高兴极了。一个在战场上被红军俘虏过来的伤兵更是感动得热泪盈眶，操着浓重的山东口音说："在国民党反动军队里，只要当兵的为他们卖命，根本不管当兵的死活。在红军里，毛委员是个大官，对伤病员的关心这么周到。俺就是死了，也要记住红军！"同志们越说越激动，一致表示，一定要将伤病养好，早日赶回前线杀敌。

1938年，春节刚过，陕西延长、延川、宜川等县的"残废医院"的伤病员就要到延安请愿，直接面见毛泽东。

事情是这样的：长征到达陕北根据地后，中央卫生部成立了几个医院，用来收容伤病员。这里的许多同志都是从长征过来的，在这几个"残废医院"疗养。由于医院设备差，药物缺乏，医护人员对伤病员关心照顾得不够，伤病员意见很大，再加上有些伤病员成了残疾，不能重返战斗部队，不愿继续留在医院，也不愿在当地安家落户，便纷纷要求回南方老家。1938年农历正月十五后的一天，一些伤病员代表找到任两延（延长、延川）河防司令部司令员兼政治委员的何长工,说明了情况和想法,表示要上延安请愿。

何长工了解情况后,感到事情很严重,一面对自己工作没有做好向代表们做了自我批评,对他们要上延安请愿做了劝阻,并安排他们在延长县住下;一面给负责八路军后方工作的杨立三打电话,叫他们马上派人来处理这件事。他又拿起电话,把这件事向毛泽东做了汇报。

毛泽东听了,停了片刻,问道:"怎么处理的?"

"安排他们住下了。准备把他们的生活搞好一点儿,让他们好好休息一下再说。"何长工回答。

"你发火批评他们没有?"毛泽东关切地问。

"没有批评他们。我做自我批评了,是我们工作没做好。"何长工赶紧回答。

"没有责备他们就好。这些同志大部分是长征过来的,流过血,对革命有贡献,现在伤残了,没有向党伸手要什么,就是要求我们改进工作,这很好,即便提出要求回老家去也是合情合理的,是些好同志啊!"稍停片刻,毛泽东接着说,"长工,这个事情,我们没搞好啊!"从话筒里传来的毛泽东的话语,一字一句敲打着何长工的心。尽管他主动承担了责任,做了自我批评,但在主观上一度认为河防司令部不过替卫生部临时代管一下

毛泽东、朱德与何长工(左一)在延安。

"残废医院",负直接责任的还是卫生部。

这时,话筒里又传来了毛泽东的声音:"我们要承认有官僚主义,要发动伤病员给我们提意见,'动手术'医治这种官僚主义。"毛泽东要何长工转告伤病员同志,"就说毛泽东和党中央领导的窑洞已经腾出来了,欢迎他们到延安来住,整整我们的官僚主义!"

何长工把毛泽东的话转告给伤病员代表。代表听后愣住了,没想到毛泽东这样理解他们。有人哽咽着说:"长工同志,请你转告毛主席,我们不去延安了。"

正当何长工整理伤病员意见以便改进工作时,毛泽东来电要求何长工去延安。在延安,毛泽东向何长工详细地询问了"残废医院"和伤病员的情况,说:"不要再叫'残废医院'了。这个名称对伤病员人格不尊重,任何人到那里去,都会对这个名字反感。我和富春(李富春)同志议了一下,准备把'残废医院'改为'荣誉军人教导院',你就做总院院长,再给你派个政委和卫生科长去,河防司令部另派人去工作。"毛泽东进一步郑重地说,"这个事情很重要,搞不好会影响前方部队的士气。现在,一时没有合适的人选,你先去工作吧。"

何长工听了毛泽东的话,坚定地说:"你放心好了,我去。"

毛泽东又说:"我们还要召集伤病员代表和卫生部门一起开个教导院工作会议,伤病员们有什么意见,有什么好的办法,都拿出来。"他还着重交代说,"会要在延安开,伤病员要多派些代表来。不要怕给中央添麻烦,要尊重群众意见。以前有问题没及时处理,让问题成了堆才处理,这回再煮夹生饭,以后还要回锅。这是个深刻的教训呀!"

何长工回到两延河防司令部后,根据毛泽东的建议起草了一个建院方案。毛泽东看后回信表示同意,并做了一些具体指示。

1938年2月底,荣军教导院成立大会在延安隆重召开,到会代表有60多人,伤病员代表和医护人员代表各占一半。会上,大家畅所欲言,提了许多很好的意见和建议,对主管这方面工作的同志端正思想、做好工作帮助极大。毛泽东到会并讲了话,欢迎大家多提批评意见。最后,毛泽东说："有的同志要求回南方老家，这个问题请周恩来副主席同国民党交涉，保证送你们回家去。"后来，经周恩来交涉，何长工把2000多名荣誉军人送到八路军西安办事处，再由八路军西安办事处把他们送回了各自的家乡。

多次检讨要打小弟毛泽覃的"家长作风"

大革命失败后,毛泽东与小弟毛泽覃在武昌会面后各奔自己的岗位。毛泽东率领秋收起义部队上井冈山建立革命根据地,毛泽覃随参加南昌起义的部队下广东,后随朱德、陈毅所部转战到湘、粤、赣3省交界的汝城、韶关、大庾一带山区活动。1927年11月,毛泽覃受朱德委派,从湘南前往井冈山,向毛泽东报告部队从南昌起义后转战广东、湘南的情况。毛泽覃历经艰难,终于到达井冈山,圆满地完成了任务。随后,毛泽覃就留在了井冈山工作。

毛泽东与毛泽覃之间,兄弟情谊很深。毛泽东开始独立生活后,父母相继去世,他就肩负起了长兄的职责。他把天真、活泼的小弟毛泽覃从韶山老家接到省城长沙,安排小弟学习,安排小弟到水口山工人中锻炼。在大哥的帮助教育下,毛泽覃成长很快,1923年加入了中国共产党,并很快成为党内独当一面的干部。兄弟俩在武昌分开后,互相都很想念对方,这次在井冈山重逢,很是宽慰,谁也不愿意再分开。

毛泽东对毛泽覃的工作既严格要求,又放手让他去干。毛泽覃到井冈山后,毛泽东先是派他到乔林乡开展工作,从事地方建党活动,随后派他去搞土地改革试点,以便取得点上经验,推动面上工作。1928年1月,毛泽覃随工农革命军占领遂川县,帮助工农群众建立了遂川县工农兵苏维埃政府,他作为"兵"的代表留遂川县工农兵政府和县党委工作。

春夏之交,毛泽东召集井冈山周围各县的党的负责人开会,了解土地改革的情况,总结和交流经验,要求大家既要有口头汇报,又要交出书面报告。不久,除了遂川县党组织代表毛泽覃只有口头汇报、没有书面报告外，其他各县的党的负责人都按照要求做了。

毛泽东有些不悦，问毛泽覃："你为什么不交书面报告？"

"我没有时间写。"毛泽覃的回答很生硬。

"为什么没有时间写？干什么去啦？"毛泽东生气了，大声责问道。

毛泽覃的嗓门儿也高了起来："哦，我每天干什么，都得向你报告吗？你每天都要管呀！"

你一言，我一语，兄弟俩顶起牛来。

毛泽东发火了，大声说："父不在，长兄为父！你竟敢和我顶嘴，我有责任教训你！"说着，随手抄起一根小棍就要打过来。

毛泽覃年轻气盛，嘴也不让人，嚷道："不错，你是我的长兄，可以有家法，但是，这里是革命队伍，不是毛氏宗祠，有事要按党章办，党章上并没有'可以随便打人'这一条！我们是听党章的，还是听家长的？"

听了这话，毛泽东很快冷静下来，感到自己刚才的举动不对。兄弟二人都是革命家庭的一员，在党内是平等关系，不是一般家庭的兄弟关系了。

这本来是兄弟之间的几句口角，算不了什么家长制作风，可毛泽东还是很认真地反省了自己。事后，毛泽东向毛泽覃承认了错误，赞扬他批评得对。

这件事发生以后，毛泽东对自己要求更严格了，曾多次对同志讲起这件事，并做自我批评。他认为这是涉及党内民主作风的问题，多次在党的重要会议上检讨自己的错误，以提倡党内民主。对此，很多同志感受颇深。萧克在《伟大之所在》的文章中说道："1959年4月初，毛泽东在一次会议上讲到党内民主生活时，又说，我这个人也有旧的东西，比如有一次，我的弟弟毛泽覃同志和我争论一个问题，他不听我的，我也没有说服他，就要打他。他当场质问我：'你怎么打人？'事后，他还在一些人面前讲我的闲话，说：'共产党实行的是家法，还是党法？难道我不同意他的意见就打人？如果实行家法，父母亲不在，他是哥哥，也可以打我。'……"

1964年6月16日，毛泽东讲民主作风时又一次谈起这个问题："我自己年轻的时候，对毛泽覃发脾气，敲棍子。他说共产党不是毛氏宗祠。我看他这个话有道理。共产党要搞民主作风，不能搞家长作风。"

偿还欠群众的"债"

1929年2月10日,农历大年初一。在毛泽东和朱德的指挥下,红四军主力在瑞金北部距县城约60里的大柏地伏击了国民党军刘士毅部的两个团。经过一天多的激战,红四军俘敌正副团长以下800余人,缴获步枪800余支、重机枪6挺,取得了红四军离开井冈山的第一次大胜仗。

打击凶狠的敌人,对于英勇的红军不成问题,但战斗结束后,部队就地宿营时,吃饭成了大问题。这里的老百姓对红军还不了解,在开战前就都跑光了。红军虽然打了大胜仗,却还要饿肚子,3600多名官兵陷入了有钱买不到粮食的困境。各级指战员没有一个不着急的,司务长更是急得团团转!

军长朱德和党代表毛泽东也为此在指挥所里焦虑不安,踱来踱去。这时,一位在前委工作的干部走进指挥所,请示:"首长,部队吃饭问题怎么解决?"

毛泽东反问道:"你说怎么办?饭总是要吃的啰!"

这位干部说:"现在只能先吃房东的粮、菜,给房东留下借条,等以后归还。"

毛泽东连连点头,说:"这个办法好。立即通知各部队照此办理,先吃房东的粮、油、菜,留借条,出布告,以后赔偿。"

这时,朱德接过话:"这是逼上梁山,没得别的办法了!"

命令一传达,司务长脸上的愁容顿时消失得无影无踪,兴高采烈地赶紧照办了。这样，红军吃了大柏地群众一天的粮、油、菜，欠下了一笔"债"。

第二天，红军离开了大柏地。这里的群众议论纷纷，多数群众认为，红军和国民党军队不同，不抢东西，不翻箱倒柜，吃了饭菜还留借条，于情于理都说得过去，但有少数人也趁机讲红军的坏话，说什么："红军、国民党军一个样，吃粮、吃菜都不付钱，留张纸条顶啥用！"有个好吃懒做的二流子说得更损："眼下只是'共点儿小产'，将来还要'共大产'哪！"有个雇农家里的一担准备度春荒的粮食让红军吃了，虽然生活上有些紧张，可他还是通情达理地说："红军只要有一点儿办法（弄到粮食），我看绝不会立据欠债！留着吧，说不定哪天就来还款哩！"不过，大多数群众对红军还款不抱太大希望，只是觉得先留着借条也无妨。

毛泽东十分重视红军留在大柏地群众手中的欠条，一直在想办法早日

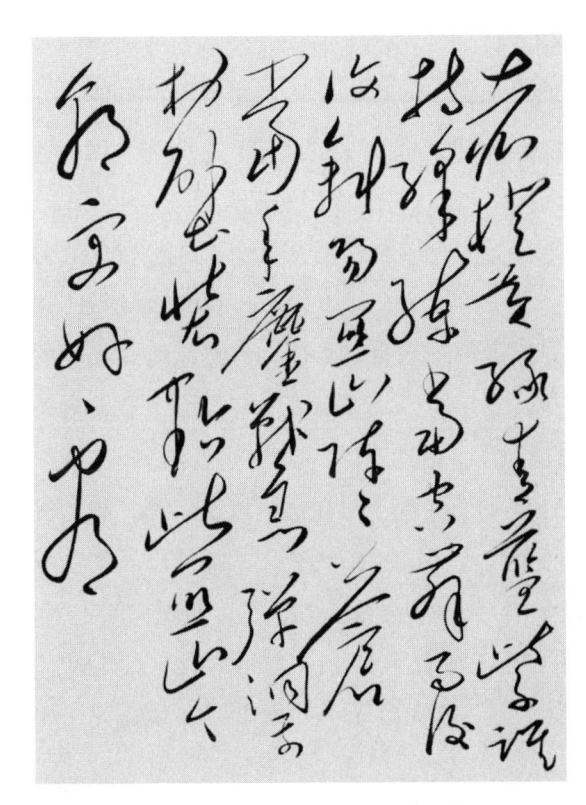

1933年，毛泽东重到大柏地时，感慨万千，写下一首词《菩萨蛮·大柏地》："赤橙黄绿青蓝紫，谁持彩练当空舞？雨后复斜阳，关山阵阵苍。　当年鏖战急，弹洞前村壁。装点此关山，今朝更好看。"

偿还欠群众的"债"。事隔50多天,当红军从闽西向赣南转移时,毛泽东、朱德决定第二次进军大柏地,一个重要原因就是偿还上次欠当地群众的粮、油、菜钱。

行军路上,毛泽东一直在思考如何取信于民的问题,回想起自己在中学时写过的一篇作文——《商鞅徙木立信论》。作文从立法的角度和法与民的关系上,论述了要取信于民,必须使立法本身要有利于民,国家与人民要有良好的联系才行。他很赞赏商鞅当众以"徙木即赐金"的办法取得民众的信任,为实行变法打开了局面,进而增强了国力,为秦统一中国立下了汗马功劳。他认为,古人商鞅尚且能以"徙木立信",我们为全国人民解放而奋斗的共产党人更应该处处为群众着想、处处维护群众的利益;我们制定的《三大纪律 六项注意》就是红军的法规,红军要取信于民,实行这个法规就更为重要。他狠下决心,无论如何要把赔偿群众的事办好。

毛泽东把这件事当作军民关系的大事来抓,交代军需处的干部:"我们上次在这里打仗,借了老百姓很多吃的、用的东西,这次一定要赔偿,只许多给,不许少付。"部队一进村,军需处干部就带一部分战士手持小红旗,分头走街串巷地向群众做宣传:"我们是穷人的队伍,是为穷人谋利益的。上次打仗借了和吃了你们的东西,这次补偿你们的损失。"

下午,在大柏地村坪上,毛泽东主持召开了群众大会。他号召广大劳苦群众要团结起来,武装起来,打土豪,分田地,消灭国民党反动派,建立工农自己的政权。讲完话,军需处的干部负责具体办理赔偿群众损失的事。办法是由群众自报,报多少,给多少,只多不少。有位雇农拿着借条自报了一担粮食,红军给了他5块光洋,他连连说:"给多了,给多了!"红军干部说:"不多,你就拿着吧!"那个二流子跟在这位雇农后面,想趁机浑水摸鱼,多捞一把,自报了两担粮食,想领10块光洋。那位雇农实在看不下去了,就质问他:"你有借条吗?"二流子说:"丢了。"雇农又问:"你家什么时候有两担粮食?"二流子还是厚着脸皮说:"总得给我一点儿啊!"最后,红军还是给了他两块光洋。这一次,红军一共发出3500块光洋,相当于红军平时10天的伙食费!

红军到大柏地偿还群众的损失，本来就大大出乎群众的意料，而且还得这么快，更是群众不敢想象的。大柏地群众领到这么多银元，全村都欢腾起来。一段时间里，这件事成了他们街头饭后议论的中心话题。群众都竖起大拇指，说：红军说话算数，钉是钉，铆是铆，我们信得过。有点儿文化的群众还说：自古以来，军吃民粮不给钱，不抢你的东西就算好的。如今，红军不抢、不拿，吃了民粮还给银元，这真是奇事啊！那位雇农说："一担粮食至多值4块光洋，可红军给了我5块。红军真是咱穷人的队伍……"

大柏地是个圩场，方圆几十里的农民、商人都来此赶圩，于是，红军发光洋付粮款这件事很快就传开了。

先人后己

毛泽东一向非常关心革命同志，在利益和好处面前，他总是先想到别人，并尽量让给别人，却把困难和艰苦留给自己承受。

1927年隆冬，纷纷扬扬的雪花没完没了地下，北风整夜呜呜地吹，井冈山地区的天气显得比往年更冷。好在11月中旬，红军在攻打茶陵时缴获了一批白布，前委组织妇女和留守机关人员缝制了棉衣。毛泽东很重视这项工作，亲自参加缝制棉衣，和大家一起铺棉花。棉衣做好后，全部送到前方部队，许多官兵都穿上了新棉衣，但是仍然有一些官兵还是穿两层单衣，所以，司务长每次把棉衣送给毛泽东，毛泽东都要问是不是都发给每个战士了，哪怕听说只有一个战士没有领到棉衣，他也拒收。

一天，桃寮被服厂又送来了一批棉衣。司务长把一件件棉衣发给官兵后，拿起最后一件，迎着刺骨的寒风，来到毛泽东的住处，见毛泽东只穿着几件单衣，披着一条薄薄的旧线毯，正在油灯下批阅文件。

"毛委员，这是发给你的冬衣。"司务长捧着棉衣轻声说。

毛泽东问："是不是还有人没领到？"

司务长不吭气。毛泽东心里明白了，便叫他把棉衣送给没有棉衣的同志。

"毛委员，还是你穿吧！部队靠你领导啊！"司务长恳求道。

毛泽东说："正因为我是领导，所以不能在别人还没有穿棉衣时自己先穿上。"说完，他催促司务长快把棉衣送给还在穿单衣的同志。

司务长感动得说不出话来……

1928年年初的一天下午,遂川县委书记陈正人向毛泽东汇报工作,时间已过去了一个多小时。毛泽东仔细听着,不时在本子上做记录,就连警卫员小朱端来了饭菜也一点儿没有察觉。

过了很久,小朱走进屋,见毛泽东还在听汇报,饭菜都凉了,思忖了一下,便走出了屋。等他端着两碗热腾腾的粉丝再次走进屋时,发现陈正人已经走了,毛泽东在埋头批阅文件。他轻轻地喊了一声:"毛委员,吃饭啦。"

毛泽东抬起头,问:"啊,该吃饭了?"

"我们早就吃过了。"小朱指指碗里的粉丝,乐滋滋地说,"刚起锅的,您就趁热吃吧。"

毛泽东看了看粉丝,问:"今天大家改善伙食?"

小朱不好撒谎,照实回答:"这是我特意给您做的。毛委员,我晓得您不同意这样搞,可就这么一次,您吃了吧!"

毛泽东把小朱拉到身边,和蔼地说:"我不能和大家两个样。战士们吃什么,我也吃什么。"

小朱想不通,毛泽东便耐心地向他讲述了官兵平等的道理。他只好把粉丝端回厨房,把原来的饭菜热了热。这一次,毛泽东津津有味地吃了……

土地革命战争时期,在红都瑞金西南的沙洲坝流传着一个关于毛泽东两次让盐的故事:

一天,总务处通知毛泽东的警卫员去领盐。警卫员一听说要领盐,可高兴了,因为沙洲坝很缺盐,就是有盐吃,也是自制的硝盐。

警卫员到了总务处,那里的同志告诉他,这盐是罗荣桓同志从前线专门派人送给毛泽东等领导同志的,一共有两挑子。

警卫员领到了3包盐,隔着袋子用手一捏,能感觉得出里面全是一粒一粒的海盐,顿时非常高兴,拿着盐就往回跑,跑到毛泽东的门口时,恰好毛泽东从屋里走了出来。

见到警卫员兴冲冲地往屋里跑,手里还拿着3个纸包,毛泽东便奇怪地问:"你拿的是什么东西呀?"

警卫员高兴地回答:"毛委员,这下我们可有办法了!"

"什么办法？"毛泽东不解地问。

"盐啊！"警卫员指着纸包，兴奋地说，"罗荣桓同志从前线给您送来的。这下，我们改善生活有办法了！"

毛泽东把盐拿过来看了看，默不作声地想了一阵儿，说："你把盐送回去吧，让总务处的同志送到杨岗下我们的医院里，给伤病员用。"

警卫员有点儿不高兴了，小声地嘟囔："您好长时间没吃到海盐了。好不容易搞到这点儿盐，就留下用吧！"

毛泽东看着警卫员，语重心长地说："前方的同志打仗是很辛苦的，可他们还想着我们，我们有点儿硝盐吃就可以了嘛！"

没有办法，警卫员只好把盐送还总务处。他把盐送回总务处不多一会儿，一些首长的警卫员或勤务员也纷纷把盐退了回来，这样，空了的筐又满了。

当挑盐的老表向总务处要收条时，看见两个筐里的盐还是满满的，以为盐还没有分下去，忙说："怎么还没倒出来，我还要赶路回去呢！"总务处的同志便把毛泽东要把盐送给伤病员的话跟他讲了。

老表说："来的时候，那边的首长说这盐一定要送给毛委员。听说毛委员住在叶坪，我们便去了叶坪，叶坪的同志说毛委员到了沙洲坝，我们又赶到沙洲坝，可毛委员又让我们把盐送给杨岗下的伤病员。怎么办？嗯，还是听毛委员的吧！"说罢，挑起担子就走了。

两天后，这位老表又把盐挑回了总务处。一到总务处，他便诉说起了自己的"不幸"遭遇。原来，他把盐挑到杨岗下医院，对医院的同志说是毛泽东和其他领导同志要他把盐送来的。医院的同志得知这盐的来历后，无论如何也不收，说："我们收下盐，伤病员们也会跟我们'闹'起来的。请你还是把盐送回去吧！"说话间，一些伤病员闻声走来，有的说："我们即使3年不吃盐，也要给毛委员和首长们送回去！"于是，他只好又把盐挑回来了。

没有办法，总务处的同志又把盐分成几份，让毛泽东的警卫员取了3包，说："你回去把情况向毛委员说清楚，我想他会同意的。"

警卫员把盐接过来，心里盘算这次把盐拿回去，先不告诉毛泽东，等过些日子再说，可事不凑巧，他双手拿着盐刚进门，又让毛泽东瞧见了。

"又拿什么回来了？"毛泽东问。

"盐……"

"不是给伤病员送去了吗？"毛泽东有点儿不高兴了。

警卫员的如意打算泡汤了，没办法隐瞒了，只好把事情的前后经过向毛泽东做了如实汇报。毛泽东听后，耐心地对警卫员说："我看你是没把道理说清楚。你把这些盐再送回总务处，让他们告诉前方的同志，告诉伤病员，说我身体很好，说我谢谢同志们。"他稍微停顿了一下，脸上露出坚毅的神色，充满自信地说，"告诉大家，我们有困难，但我们能克服它！"

警卫员被毛泽东关心同志的崇高品质和克服艰难困苦的坚定信心深深打动，拎起盐包，飞快地朝总务处跑去……

1932年10月召开的宁都会议解除了毛泽东在红军中的领导职务，使他暂时离开红军去休养。临走那天，他去开会，吃过午饭才回来。一进门，他就习惯性地脱去只在开会时才穿的那双黑布鞋，换上草鞋。警卫员吴吉清说："主席，您不要穿草鞋了，还是穿上布鞋吧！"毛泽东只顾系鞋带，没有说话。吴吉清又说："要不，您穿上袜子吧，天都这么凉了。"毛泽东系好鞋带，抬起头，对吴吉清说："不必了，天气还不算冷。要走路，草鞋方便。过日子嘛，就要细水长流，省下一点儿是一点儿。"

知道毛泽东要去休养，总务厅给毛泽东送来一套新棉衣。厅长恳切地对毛泽东说："往年的棉衣，您都不要，今年这套新的，您就收下吧！"毛泽东接过棉衣，笑着说："先让我看看做得好不好。"毛泽东看得很仔细，先是看缝的针线是不是有丢针、跳线，再平铺在床上，摸摸棉花铺得匀不匀，最后托在手上掂了掂分量，称赞说："今年的棉衣做得不错，战士们穿上一定满意。"厅长听出了毛泽东的意思，急忙说："主席，您今年身体不好，这棉衣，您还是留下吧！"毛泽东看着自己身上穿的拆洗缝补过多次、已经褪了颜色的棉衣，说："现在物资供应困难，你们先发给战士。我这套旧棉衣和我有感情了，还可以对付一冬。"厅长磨破了嘴皮，毛泽东也不肯

1936年,毛泽东在保安。

收下,只好把那套新棉衣拿了回去。

不仅在条件最艰苦时,毛泽东将紧缺物品让给其他同志,即使在条件有所好转时,他也是先人后己。

抗日战争时期,有一位爱国华侨赠送给中共领导两辆小轿车。讨论如何分配时,大家一致认为首先应给毛泽东一辆,因为他是全党的领袖,公务最为繁忙。毛泽东不同意,提出:"一是要考虑军事工作的需要,二是要照顾年纪较大的同志。"于是,按毛泽东定的原则,一辆分给主管军事的朱德使用,另一辆分给"五老"(即徐特立、董必武、谢觉哉、林伯渠和吴玉章)使用。

有一次,毛泽东在从枣园开会回来的途中,马受了惊,他的左手腕摔伤了。朱德和"五老"都提出让车,甚至把车都开到了毛泽东的跟前,但毛泽东硬把他们"撵"了回去。

第二天,毛泽东准备到中央礼堂做报告。他刚走出门,小轿车便开到了他的面前,但是,毛泽东坚决不上车,说:"胳膊有伤不耽误两条腿走路嘛!"说罢,大踏步地走了。

提出"贪污和浪费是极大的犯罪"

1931年11月27日，在瑞金召开的中华苏维埃共和国中央执行委员会第一次会议上，毛泽东当选为主席。在中央执行委员会之下组织人民委员会，作为中华苏维埃共和国中央行政机关，毛泽东被选为人民委员会主席。这次会议宣告中华苏维埃共和国临时中央政府正式组成，即日开始工作。瑞金成为中华苏维埃共和国临时中央政府所在地，人们都称其为"红都"。

国民党反动派为了消灭中央苏区，在发动大规模军事"围剿"的同时，加紧经济封锁，企图使中央苏区军民"不能存一粒米、一撮盐、一勺水的补给"，造成经济枯竭，军民生活极端困难。1932年起，国民党实施经济封锁的力度加大，中央苏区的食盐、洋布、煤油、西药等奇缺。当时流行一句话："有人拿走一粒盐，店主赶（追）过三家店。"在中央苏区的艰苦岁月里，除少数技术尖子外，从中央政府主席到乡苏维埃工作人员，一律都没有薪饷；每人每天只有5分至1角的菜金，"伙食尾子"（"三湾改编"后，部队在各连队建立了士兵委员会，实施政治、军事、经济民主。其中，经济民主包括士兵参加清理账目、管理伙食等。每个月，连队精打细算，可使伙食费有一小部分的节约，经过士兵委员会讨论，均分发给包括普通士兵和高级将领在内的就餐人员零用，名曰"伙食尾子"。——作者注）要用来缴党费、买针线、寄信、理发、抽烟等；没有油吃，没有盐吃，粮食是每人每天8两至12两（此时的16两为1斤。——作者注），吃的菜大都是酸菜、萝卜，豆腐算是上等菜了；从总司令到每个战士，每月都统一发需用钱1元、草鞋费5角。

在如此严峻的形势面前,革命队伍内部产生了一些消极腐败的现象,诸如贪污公款,铺张浪费;以权谋私,生活腐化;挪用公款,营私经商等。这些消极腐败的现象破坏了党的优良传统,损害了政府工作人员的声誉,增加了政府开支,加剧了苏区的经济困难,也直接影响了革命战争。

毛泽东非常重视廉政建设,提倡清正廉洁、克己奉公,反对官僚主义、贪污浪费。他领导了苏区的反腐败斗争,并大声疾呼:"应该使一切政府工作人员明白,贪污和浪费是极大的犯罪。反对贪污和浪费的斗争,过去有了些成绩,以后还应用力。""要把官僚主义方式这个极坏的家伙抛到粪缸里去,因为没有一个同志喜欢它。"

毛泽东是这样说的,也是这样做的。他与周恩来、朱德等领导和广大干部、战士一样,艰苦奋斗,患难与共。

当时的中华苏维埃共和国临时中央政府各职能机构所在地谢氏祠堂是用木板隔成的一间间小房子,每个房间只有10平方米,里面有一部电话、一张桌子、一张木床和两把椅子。毛泽东对各职能部门的负责人说:"我们的办公室是小了点儿,但是,我们的中央政府恐怕也是世界上最精干的。记得唐代刘禹锡的《陋室铭》吧?室雅不在大,办公室有张办公桌就行。我们的办公室,主要应该在田间、地头,在军队、战场,在实际工作中,那才是我们真正的办公室。在我们苏维埃政府里,只有人民公仆,只有革命的实际工作者,容不得官僚主义。"

毛泽东以身作则,带头节衣缩食。他和广大干部、战士"有盐同咸,无盐同淡"。当时,由于敌人严密的经济封锁,苏区的煤油极为紧缺,政府工作人员办公、照明,点的是菜油灯。为了节省用油,中华苏维埃共和国临时中央政府总务厅规定:国家领导人一级办公点3根灯芯,部门负责人一级办公点两根灯芯,一般工作人员每2至3人共用一盏油灯,每盏灯只能点一根灯芯。毛泽东带头执行这些规定。毛泽东是中央政府主席,按规定可点3根灯芯,可他仍像在井冈山斗争时期一样,看到油灯里点了3根灯芯,总是要弄灭两根,每天晚上都在一盏豆粒大的油灯下批阅文件、撰写文章、起草报告，直到深夜。后来，打土豪缴来一盏马灯，战士们把它送给了毛泽东，他只是在开会和访贫问苦时才使用，办公时仍用一根灯芯的油灯。中华苏维埃临时中央政府还规定：红军战士每人每月可得45斤粮食，政府工作人员每人每月可得30斤粮食。毛泽东和其他领导人为了支援前线的红军，每月只吃25斤糙米，还要节约一些饭给年轻的警卫员们吃。由于长期饥饿和劳累，毛泽东日渐消瘦，警卫员们想了很多办法改善毛泽东的生活，都被他制止了。

毛泽东的警卫员吴吉清是江西会昌人。有一次，他对毛泽东说："主席，我饿得不行，请几天假，回家担两斗米来吃。"毛泽东听了，耐心地对吴吉清说："当了红军，再回家去担米吃，这就不太好吧！我们苦是苦，困难总是暂时的，只要我们和前方的战士，和后方的老表同甘共苦，困难就一定能够克服。你们不要为我担心，更不要因为我而增加组织上和同志们的麻烦，要多想想我们的任务。我们天天说，我们是人民的武装，是人民的勤务员，那我们就要做到两点：学会打仗，保卫人民胜利果实；学会生产，为人民创造财富。我们要时时刻刻不忘人民啊！"吴吉清听后很是感动。

榜样的力量是无穷的，但制约机制也是需要的。在这异常艰苦的环境中，毛泽东和中央苏区政府采取了一系列措施，发布了相关的通令和训令，确保"反贪倡廉"的实施。

1933年12月15日，毛泽东领导制定并签署了《关于惩治贪污浪费行为——中央执行委员会第26号训令》。"训令"指出：如发现苏维埃工作人员中有贪污腐化、消极怠工及官僚主义分子，民众应立即揭发，苏维埃政府应立即惩办，决不姑息。"训令"规定：贪污公款在500元以上者，处以死刑；贪污公款在300元以上、500元以下者，处以2年以上、5年以下的监禁；贪污公款在100元以上、300元以下者，处以半年以上、2年以下的监禁；贪污公款在100元以下者，处以半年以下的强迫劳动……并且要"没收其本人家产全部或一部，并追回其贪污之公款"，"凡挪用公款为私人营利者，以贪污论罪"。

同时，中央审计委员会严格财政纪律，健全预决算制度；加强审计监督，形成了经济监控网络。中央苏区各级党组织设立了监察委员会，各级政府内设立了工农检察部和工农控告局，各级工农检察机关又设置了多个工农"控告箱"，人民群众可以随时对党和苏维埃政府工作人员的不正之风或腐败现象加以控告，并得到法律保护。此外，《红色中华》和《红星》等报刊都辟有"铁锤""警钟"等专栏，专门揭露和批评党和苏维埃政府工作人员中存在的贪污浪费、官僚主义、消极怠工等腐败现象和不正之风。

这些法规文件的颁布和实施以及各种审计监督措施的具体应用，严惩了一批腐败分子，对于遏制腐败现象的滋生起到了重要作用。这也是毛泽东试图用政治和纪律保证、监督廉政建设的初步尝试。

1934年1月，在瑞金召开的第二次全国苏维埃代表大会上，毛泽东提出了"贪污和浪费是极大的犯罪"的著名论断。他要求参加政府工作的党员和干部要廉洁奉公，反对浪费；要有饱满的工作热情，克服松懈渎职现象；要密切联系群众，关心群众生活，坚决反对官僚主义。在毛泽东的领导下，中央苏区的反腐败斗争取得了辉煌成果。

毛泽东廉洁奉公的品质和甘为"人民公仆"的形象深深地教育了苏区的广大干部。上自毛泽东，下到乡苏维埃政府工作人员，都以廉洁高效的精神风貌出现在苏区广大群众面前，年轻的人民政权也因此得到了广大群众的拥护并产生了巨大的社会影响。当时的一首民歌唱道："苏区干部好作风，自带干粮去办公；日着草鞋干革命，夜打灯笼访贫农。"这充分说明了人民的爱戴之情。

身居高位却极平易近人

1930年冬至1931年秋,毛泽东和朱德等指挥红军粉碎了国民党军的3次"围剿",巩固和发展了中央苏区。这时,中央苏区中央局前方负责人同后方负责人之间产生了意见分歧。1932年10月上旬,中央苏区中央局在江西宁都召开了全体会议(即"宁都会议")。会议严厉批评了前线的部署是"纯粹防御路线",是"以准备为中心的等待敌人进攻"的方针,对毛泽东是否仍留在前方的问题产生了激烈的争论。周恩来、朱德、王稼祥坚持将毛泽东留在前方,但多数人不同意。

毛泽东鉴于不能取得中央局的全权信任,坚决不赞成由他"负指挥战争全责"。会议通过周恩来提议的毛泽东"仍留前方助理"的意见,同时批准毛泽东"暂时请病假,必要时到前方"。这样,在宁都会议后,中共苏区中央局以要毛泽东主持中央政府工作的名义把他调回后方,撤销了他的红一方面军总政委的职务。随后,毛泽东被迫从前线回后方福建长汀福音医院休养。

毛泽东来到长汀,适逢当地遇到大旱,农民天天顶着烈日抗旱保苗。田野里,哗哗的水车声一天到晚响个不停。身体有病的毛泽东看到这种情形,坐不住了。到长汀没两天,他把毛巾往脖子上一搭,就要到田间去和农民们一起车水抗旱。

警卫员劝阻说:"您身体有病,我们去就行了,您就不要去了。"

毛泽东听后严肃地说:"我们共产党干部,时时刻刻都要关心群众的疾苦。我这次来，就是为了要看一下群众的实际情况，不到群众中去怎么行呢？"

警卫员没有办法，只好背上水壶，挑起水桶，跟着毛泽东来到田间。老乡们都围上来跟毛泽东打招呼。

毛泽东抬头看了看火辣辣的太阳，关切地问："多少天没有下雨了？"

"50多天了。您看，田都裂开了。"老乡们回答。

毛泽东看了看田里赤膊光背、满头大汗的老乡们，伸手从警卫员那里要过水壶，递给跟前的一位老农，说："喝吧，喝了水，我跟您去踩车。"

老农毫不客气，仰起脖子，对着水壶咕嘟咕嘟地喝了几口水，又把水壶还给了毛泽东。

毛泽东笑着说："老人家，干活吧。"边说边大步朝一架水车走去。

毛泽东和老农肩并肩，边踩水车边拉家常。老农看到毛泽东熟练地踩水车，佩服地说："想不到你这个当官的还会踩水车。"

毛泽东笑了笑，说："我7岁就下地干活，我父亲管得严啊！"说完，两个人都笑了起来。

踩了一阵儿水车，两个人都热得满头大汗。毛泽东从脖子上扯下毛巾，递给老农，又问老农的身世和眼前的生活。

老农转过头来，叹了一口气，说："眼下闹旱灾，粮贵，盐也贵。那些粮食贩子平时低价买进，眼下就高价卖出；白匪封锁得紧，盐、粮运不进来，城里的盐商把盐藏起来不卖，就苦了我们穷人了。"

毛泽东关心地问："这些事，（苏维埃）政府知道不知道？干部们管了没有？"

"哪个管啊！干部们张口闭口只讲扩大红军、扩充运输队、收土地税，群众的苦处，谁也不管！"老农很有情绪地说。

毛泽东认真地听着，重重地擦了一把汗，说："他们有官僚主义啊！还挺严重！这个问题得赶快解决！"

帮老农踩水车回来，毛泽东接连看了一些地方，听取了一些意见，发现农民反映的问题确实存在，于是马上找到了中共汀州市委、汀州市苏维埃政府的负责人谈话，严肃地批评了他们的官僚主义作风。毛泽东语重心长地说："共产党的干部处处要为人民服务，官僚主义是任何革命工作中都不应该有的，一定要克服官僚主义！"在毛泽东的批评和帮助下，汀州市苏维埃政府的同志马上改变了工作作风，迅速行动起来，帮助农民们积极进行抗旱活动，为农民们做了一系列实事。

后来，在1934年1月召开的第二次全国苏维埃代表大会上，毛泽东专门就这一问题做了结论（结论的一部分编入《毛泽东选集》时，题为《关心群众生活，注意工作方法》）。毛泽东着重强调关心群众生活、注意工作方法对动员人民群众参加革命战争和赢得革命战争胜利的重要性，提出："我们应该深刻地注意群众生活的问题，从土地、劳动问题，到柴、米、油、盐问题。"指出，"假如我们对这些问题注意了，解决了，满足了群众的需要，我们就真正成了群众生活的组织者，群众就会真正围绕在我们的周围，热烈地拥护我们。"他还指出，"我们不但要提出任务，而且要解决完成任务的方法问题。一切工作，如果仅仅提出任务，而不注意实行时候的工作方法，什么任务也是不能实现的。"毛泽东正是从关心群众生活、注意工作方法着手，强调了克服官僚主义作风、脚踏实地为群众服务的重要性。

1937年1月，毛泽东随部队由保安迁往延安。行军的第三天，毛泽东对身边的警卫员们说："要到延安啦！就陕北来说，延安是个大地方啊，比保安好多了，有飞机场，有汽车。咱们要进陕北的'大城市'啦！"

大家一听，高兴地欢呼起来，顿时忘记了长途行军的疲劳。望着战士们激动、兴奋的样子，毛泽东叮嘱他们说："延安过去一直是在国民党军队统治下。我们刚解放这里，群众还不了解我们，到了延安，一定要搞好与群众的关系，遵守《三大纪律 八项注意》。"

战士们马上回答："请主席放心！我们一定牢记！"

第四天，队伍来到杨家岭沟口时，延安各界的代表已前来迎接毛泽东。放眼望去，只见人群涌动，彩旗飘扬。

1月13日，是延安百姓难忘的日子。听说毛泽东要来延安，从普通市民到学生，从赤卫军到农民，都早早地赶来，欢迎的队伍一直排到了大砭沟口。人们兴高采烈地挥动着彩旗，彩旗上写着"热烈欢迎党中央、毛主席进驻延安""中国共产党万岁""团结起来，打倒日本帝国主义"等标语。虽然数九寒天，寒风阵阵，但欢迎的队伍群情振奋，气氛热烈。

毛泽东身着灰土布棉衣，头戴八角帽，健步走到代表们面前一一握手，表示谢意。这时，一位代表牵来一匹披红挂彩、脖子上吊着锃光发亮的铜铃铛的高大骡子，请毛泽东骑着过延河。毛泽东摆摆手，不肯骑，一边和大家说话，一边踏着延河的冰面徒步过了河，向延安城走去。

当毛泽东一行快要走到大砭沟口时，夹道欢迎的群众发出阵阵欢呼声，锣鼓声、唢呐声和掌声交织在一起，在山谷里和延河上震荡。

次日，延安各界召开大会，隆重欢迎党中央、毛主席进驻延安。毛泽东在会上讲了话。他说：红军到陕北是为了北上抗日，因为日本帝国主义侵略中国，给人民带来深重的灾难，要抗日，单靠红军是不行的，必须有全国广大人民群众的大力支持。毛泽东还特别强调：红军是人民的子弟兵，处处以维护人民利益为根本宗旨，执行铁的纪律。希望各界父老兄弟加强监督，增进军民团结，坚决把抗日救国的斗争进行到底。

刚进延安，毛泽东和中央机关住在城西凤凰山麓群众临时腾出来的窑洞和房舍里。当时，延安城的居民只有3000人。中央机关、红军大学和警卫部队一下子都进来，延安城顿时挤满了人，原县衙门、府衙门和天主教堂等都被利用了起来。

毛泽东住在一位名叫"李学堂"的郎中先生家的一孔石窑洞里。这是一孔四方平顶的窑洞，在窑洞前面横砌了一道黄土墙，窑洞内终日不见阳光，阴暗潮湿，战士们生了一盆炭火也无济于事。毛泽东平常睡惯了暖炕，这个窑洞里偏偏没有炕，战士们只好架起一张破床供毛泽东休息。早晨起床后，战士们捏一捏被子，发现竟是潮湿的。

让毛泽东睡在这么阴暗潮湿的地方会影响他的工作和健康。大家多次提出要给毛泽东换一个住处，但他每次都婉言谢绝了。他说："延安就这么大个地方，一下进来这么多人，群众已经尽了最大的努力，不要再给老乡添麻烦了。夏天多晾晾被褥，冬天多烧点儿火就可以了。房东不是也住这样的窑洞吗？他们能住，我为什么就不能住呢？"

后来，在大家的一再坚持下，毛泽东才搬到条件稍好一些的一家姓吴的院落里。警卫员怕影响他办公，建议将院中的碾子和石磨搬走，但他坚决不同意。他说："搬走了，房东使用起来就不方便了。"他多次叮嘱大家注意群众纪律，一定要爱护房东的一草一木，并且要战士们坚持每天给花木浇水，还多次叮嘱晾晒被褥时，不能把绳子拴在小树上，也不能把马拴在树上……

自从党中央、毛泽东进驻延安，领导人民发展生产、兴利除弊，群众的生活一年比一年好，难怪陕北人民到处传唱这样一支"信天游"：

1937年春，毛泽东和贺子珍在延安窑洞前合影。

> 甜甜的延河水哟，
> 永远流不断。
> 毛主席的恩情哟，
> 永远说不完……

毛泽东一心为民、脚踏实地的工作作风，不仅体现在对党内和根据地军民的关心上、爱护上，即使对国民党的工作人员，也体现了平易近人、毫无领导架子的人格魅力。

抗日战争胜利后，为了争取国内和平，毛泽东亲赴重庆和国民党谈判。到重庆后，毛泽东基本都住在红岩村八路军办事处。红岩村地处郊区，对来客很不方便。因此，张治中把自己的寓所桂园让出来，给毛泽东作为在城里会客、工作和休息的地方。

每天上午八九点钟，毛泽东来到桂园，下午返回红岩村，一般是在红岩村吃早饭和晚饭，中午有时外出参加宴会，有时在桂园用餐。桂园既没有特别的厨房设备，也没有配高级厨师，毛泽东在桂园用餐，是由工作人员和八路军重庆办事处派来的警卫人员用张治中家原有炉灶来做饭。他们只是做一些普通的饭菜，从来不到市场或附近餐厅买鸡、鸭、鱼、肉之类的食品，大家上下一致，同甘共苦。

在桂园办公、会客，毛泽东对人十分和蔼、谦虚，不但对来访的客人是这样，对国民党的警卫人员也是这样。

有一次，毛泽东送客到桂园门口，返回时，在院子里碰上了值班游动宪兵邱宏泽。毛泽东很亲切地问："你有多少岁？"邱宏泽立正回答："22岁。"毛泽东又十分关切地问邱宏泽是哪里人、家庭和上学情况等，还主动伸出手来同邱宏泽握手。这真是大大出乎邱宏泽的意料！邱宏泽返回警卫班后激动地说："国民党大官，我也见过不少，他们哪把我们放在眼里。今天，我做梦也没有想到毛泽东会同我握手！"

毛泽东在重庆住了40多天，从来没有到重庆附近的风景名胜地区游览参观，成天会客访友，非常辛苦，但是到了中秋节，仍没有忘记慰问周围为他服务的人。

中秋节那天，毛泽东把工作人员都叫到了身边，问："今天是什么日子呀？"大家一下子没反应过来，被问住了，谁也没有做出回答。毛泽东笑着说："今天是中秋节。我们要好好过中秋节啊。"

因为那时局势很紧张，谈判斗争十分激烈，同志们一时想不出怎么过这个节才好。这时，毛泽东启发大家不但要过节，还要买些礼物，送给在张（张治中）公馆里服务的勤务员、司机、宪兵、炊事员和哨兵等。

大家明白了毛泽东的心意，买了一些月饼、香烟和酒肉等礼物分头送给了这些人，并对他们说："你们都辛苦了。今天是中秋节，毛主席让给你们送来一些礼物。"

这些人收到毛泽东叫人送来的礼物时，都受宠若惊，一时不知说什么好，有的作揖，有的鞠躬，有的边掉眼泪边说："真没想到呀！我们这些侍候人的，干了这么多年，有谁瞧得起我们？大人物给下人送礼物，我们真没有遇到过呀！"有个国民党宪兵偷偷对桂园的工作人员说："你们跟毛主席说话、办事多随便啊，还能和毛主席握手！我们可老挨训。唉！共产党的官和国民党的官就是不一样！毛先生可真好啊！"

后来，国民党的头子们知道了这件事，非常心虚，担心这些国民党的侍卫、哨兵、勤务兵等被"赤化"，就三天两头地换人。然而，这些人在私下里争相传送这些消息，反而越换人，受到"赤化"的人就越多。

模范执行党的民族政策

1934年12月,中央红军长征刚刚突破湘江,毛泽东就对身边的警卫员们强调:"我们要进入苗族地区了。苗族的特点和风俗习惯同汉族不同,大家要更好地遵守群众纪律。"

一天傍晚,警卫员煮了一锅地瓜,大家围在一起吃了起来。毛泽东伸手拿起一个地瓜,放在嘴边吹了两下,一边大口大口地吃,一边说:"嗯,好吃!好吃!"警卫员们在一旁看着、听着,心里很不是滋味:这些天连续行军、作战,毛主席日夜操劳,太辛苦了,加上他身体一直不太好,本应弄点儿有营养的东西给他补补身体,可是,这一带的老百姓十分穷苦,除了地瓜之外,其他东西很不好找;况且,毛主席还三令五申地要求大家注意群众纪律,对自己的要求十分严格,坚持与战士们同甘共苦,眼看毛主席日渐消瘦,该怎么办呢?

大家正在犯难,忽听毛泽东说:"同志们,咱们要继续前进,明天就要进入苗族地区了。"他边说边又拿起一个地瓜。

听说就要到苗族地区了,警卫员们都觉得很新鲜。他们只知道苗族是一个少数民族,有自己独特的风俗习惯,但究竟是个什么样子呢?大家心中有无数种想象。警卫员陈昌奉一直在想象苗族地区会有什么特产、会有什么好吃的东西,想给毛泽东改善一下伙食。

陈昌奉刚动了这个念头,耳边又响起了毛泽东的声音:"广大苗族兄弟跟汉族老百姓一样,也是常常受白军的骚扰和压迫,吃尽了苦头。咱们红军可要注意影响呀！"说着，毛泽东又咬了一大口地瓜，三下两下地咽下后，挺了挺身子，语重心长地叮嘱大家，"到了苗族地区，一定要尊重少数民族的风俗习惯，要严格遵守群众纪律，一不许到处乱跑，二不许拿群众的东西！"他环顾四周，严肃地问，"大家记住了没有？"

"记住了！"有的警卫员虽然嘴上答应，但心里嘀咕开了：这不是到了"禁区"了吗？那到了宿营地，想借东西怎么办呢？

这时，陈昌奉先开了口："主席，我们宿营，下（卸）门板可以吗？"

"不行！"毛泽东斩钉截铁地答，口气中没有丝毫商量的余地。

"那您睡觉，拿什么搭铺呢？"陈昌奉又问。

毛泽东一听，笑了："睡什么都行，就是不能睡人家的门板！"毛泽东虽然有了笑容，但语气仍不容商量。

毛泽东见大家对此并没有完全想通，于是在队伍出发前，再次叮咛身边的几个警卫员："记住，一定不要动老百姓的东西！"

夜行军又开始了。12月的夜晚是寒冷的，即使吹来的是轻微的风，但对这些衣着单薄的红军官兵来说也是难耐的，更何况广西12月的风可以让人觉得钻骨透心。一夜的行军，几乎全是围着山腰转，一会儿高，一会儿低，爬上滑下，稍不注意就有掉到山底的危险，有时爬到山顶，猛一抬头，感觉就像顶着天一样。

每到一个山头，毛泽东总是停下来前后张望，问警卫员们有没有掉队的，直到把人数都查清了，才带领大家继续前进。

天刚蒙蒙亮时，部队来到一座大山的半山腰处。大家隐隐约约地看到前面有几幢形状奇特的木头房子。这些自小在赣南、闽西出生长大的红军官兵从来没有见过这样的房子——说平房，不是平房，说楼房，不是楼房，倒像是吊在半空中编织得很好的竹筐。大家都很好奇，指手画脚地纷纷议论着、猜测着。这时，毛泽东走过来，告诉他们，这就是苗族兄弟居住的地方。

天渐渐亮了，红军有秩序地开进了一个小山村，准备在这里宿营，稍事休息。毛泽东住的房子的窗户旁有一个不小的池塘，警卫员们跑过去一看，不禁乐了，只见池水清澈，里面还有许多大头鲤鱼在悠闲地游来游去。这时，警卫员吴吉清说出了大家的心声："咱们要不搞几条鱼给主席吃吧！"说完，他转过脸看看其他人。大家脸上都露出了兴奋的神情，但兴奋转瞬即逝，因为他们虽然知道毛泽东爱吃鱼，但更知道毛泽东前一天的叮咛。

到底该怎么办才好呢？看到大家都默不作声、心事重重，吴吉清进一步说："这鱼塘兴许是土豪的吧！"他的意思很明显：要是土豪的，吃几条鱼也没什么。尽管大家都知道这只是猜测，但他的这句话说得每个人都蠢蠢欲动。

吴吉清像是怕池塘里的鱼马上就要跑掉一样，又对医务人员钟福昌说："你这卫生员只管吃药、打针吗？我说吃得好好的，比什么药、什么针对身体都好！"

钟福昌明白吴吉清的心理，笑了笑，没有吭声。

吴吉清看他鼓动的效果不大，便蹲在池塘边催促陈昌奉："你去问问看嘛。我也没说马上就捞上来吃。"他这样一说，大家的目光不约而同地集中到了陈昌奉身上。

陈昌奉想了想，说："这样吧，大家先别急，我先去摸摸主席的心思再说。万一他不同意，咱们把鱼给他送去，不仅会挨一顿批评，而且主席肯定不吃。"说完，他便去找毛泽东打探结果了。

毛泽东还在工作。陈昌奉提着一壶水进屋，慢悠悠地把水壶放在一张竹桌上，踌躇了好一阵儿，终于开了口："主席，您饿了吧？"

"有吃的吗？"毛泽东确实饿了，不知道这是在试探他，便接上了话。

"有啊！"陈昌奉克制着兴奋的心情，故意装作不在意的样子，一边倒水，一边说，"有鱼哩，很大的鱼！"

"哪里来的鱼？"毛泽东马上问。

"就那儿呗。"陈昌奉指了指窗外，"外面的池塘里。"

毛泽东走到窗前看了看，立刻明白了是怎么一回事，回过头来盯着陈昌奉，严厉地说："我昨天刚跟你们说的话，难道这么快就忘了吗？！"

"咱们花钱买还不行吗？"陈昌奉不敢直视毛泽东，耷拉着脑袋，小声地嘟囔。

"花钱也不行！"毛泽东口气十分坚决。

"少买几条总行吧？"陈昌奉仍然不死心。

毛泽东知道这是战士们为了他的身体着想。他看出陈昌奉还是没有完全想通，便和蔼地招呼陈昌奉坐下，耐心地讲了一番我们党对少数民族的政策，讲了严格执行纪律、不能乱动群众财物的重要性。最后，陈昌奉终于想通了，认识到了自己想法的错误。

让毛泽东吃鱼的希望没有了，陈昌奉便往外走，刚走到门口，毛泽东叫住了他，给他提了要求，让他不仅要严格遵守红军的纪律，而且要向大家做宣传：自己有什么就吃什么，不要动老百姓的东西。

就这样，毛泽东每顿饭仍然和战士们一起吃煮地瓜，而池塘里的鱼依旧悠闲地在水里吐着泡泡——它们哪里知道，是毛泽东救了它们的"命"。

长征途中的条件和环境是异常艰苦的，在有的地方，不但吃不到粮食，就连喝的水都没有；有时几天不能洗脸，洗头就更谈不上了，人人身上、头上都生了虱子。毛泽东也不例外。每当红军宿营的时候，抓虱子成了一种特有的现象。由于缺水和长虱子的原因，红军无论男女，大都把头发剪短了，唯独毛泽东没有剃头，头发越留越长，几乎成了披肩发，管生活的刘英多次催促毛泽东理发，可他总是说没有时间。是啊，毛泽东总是没日没夜地为红军的生存操劳着。

红军强渡金沙江后，1935年5月12日，毛泽东提出了下一步行动计划，即向北穿过彝族聚居地，渡过大渡河，与红四方面军会合。

这个彝族聚居地处于大小凉山地区，是从冕宁到大渡河的必经之路，沿途山峰高耸入云，道路蜿蜒，四处都是悬崖峭壁。部队就在这样的山间小道前进。

出发前，毛泽东就做出指示，派先遣队就彝族的风俗习惯进行调查，并对全体红军官兵进行了党的民族政策教育。

当时，这里还处在奴隶社会。由于国民党反动派实施"以夷制夷"的反动政策，致使这里的各部落之间经常发生械斗、相互残杀。彝族民众在沉重的压迫下，生活十分艰苦，对国民党反动派的所作所为深恶痛绝，并片面地认为这是汉人所为。

红军刚刚进入彝族聚居地，就听到一声尖亮的呼哨，顿时，彝族群众沿路旁的山石攀援而上。不久，山上山下，成队的彝族群众挥舞着土枪和长矛，向红军扔石头，大声呼喊："呜嗬！呜嗬！……"阻止红军前进。

为避免和彝族群众发生冲突，部队接到命令，原地休息。

毛泽东坚定沉着地告诫官兵，一定要尊重彝族同胞，不能放枪，只要全军模范地执行纪律和党的民族政策，就一定能取得彝族人民的信任。毛泽东派刘伯承带领先遣队和通司（即翻译）进入彝族区，宣传党的民族政策，力争用政策的感召力来与彝族人民修好。

经过反复的宣传，彝族群众渐渐了解了党的民族政策，又目睹了红军纪律严明、秋毫无犯，慢慢地消除了对红军的敌意。

人烟稀少的凉山地区，天气变化很快，中午还非常热，到了晚上，阵阵凉风又让人禁不住打寒战。

毛泽东与战士们一起在寒冷的树林里宿营。警卫员劝毛泽东到彝族群众的寨子里休息，毛泽东不同意，并和蔼地对大家解释：每个民族都有自己的风俗习惯。红军刚到这里，语言不通，对这里的风俗习惯也不太了解，所以尽量不要打搅彝族同胞。

一个警卫员说："主席，既然不住寨子，我待会儿去那里借口锅来烧饭，再借块门板来给您睡吧。"

"那也不行！"毛泽东坚决地说，"我们应该帮助彝族同胞，而不应该给他们添任何麻烦。我们要严格遵守纪律！"

警卫员只好拿来脸盆架在火上做晚饭。饭后，警卫员点亮了马灯，在大树下面支起文件箱当桌子，搬来石头作凳子。毛泽东取出材料和地图，在微弱的灯光下，坐在石头上聚精会神地开始办公。

长征时期，行军特别劳累。为照顾毛泽东的身体，警卫员们轮流值班，以打水、添灯油为借口，一有机会就劝他早点儿休息，可是，他每次都坚持把材料看完。

一个夜晚，冷风袭人，四周静悄悄的，在黑漆漆的夜幕衬托下，几处零星的火光显得格外明亮。过了很长时间，当天的值班员戴田福因为疲劳，倚在树旁睡着了，忘记了交换班。毛泽东见戴田福睡着了，就把身上的大衣脱下来披在他的身上，继续工作。

第二天一早，大家醒来时，发现戴田福披着毛泽东的大衣在睡觉，一个个目瞪口呆，都为没有照顾好毛泽东而自责……

6月下旬，党中央和毛泽东率领红一方面军主力离开懋功（今小金）的两河口，向北进军，翻越第二座大雪山后，于7月1日到达卓克基。7月3日，毛泽东出席了中共中央政治局会议。会议讨论通过《告康藏西番民众书——进行西藏民族革命运动的斗争纲领》，号召藏族民众反对英帝国主义及国民党军阀，成立游击队，加入红军，实现民族自决。部队稍事休整后，就向毛儿盖进发。从懋功到毛儿盖约有几百里，是雪山区域，也是红军于长征途中所经历的极其困难的一段路程。

在国民党反动派的掠夺和欺骗下，这里的藏族同胞都躲藏起来了，部队所到之处，找不到一个人。连日来，红军在人烟稀少的藏族地区行军，先是断了食盐，接着，粮食也快吃光了。毛泽东和官兵们一样，每天只能吃到两顿青稞、苞谷。自从过了大渡河，毛泽东就没有吃过一点儿油腥的东西。随着条件的不断恶化，官兵们有时每天只能吃一顿饭，而且这一顿只能吃半饱，还要节约，把两天的粮食分作三天吃。后来就更困难了，每人每顿只有一小把青稞面，掺和一点儿野菜熬汤喝。对此，毛泽东非常着急，一边号召大家振作精神、克服困难，一边想尽各种办法找粮食。

一天，警卫员吴吉清给毛泽东端饭时，看到碗里稀稀的野菜汤，心里很不好受。毛泽东见他难过的样子，笑着说："你没听说远古的时候，神农氏为了给人治病，尝过百草吗？我们今天为了北上抗日，也得吃点儿苦。吃苦是光荣的事，没有今天的苦，就没有明天的胜利。"毛泽东又说，"环境越是艰苦，我们越是要严守纪律。艰苦对我们并不是坏事，它能把我们每一个战士锻炼成钢铁英雄。"

尽管警卫员们都明白毛泽东讲的道理，可是，为了党和穷苦人民的解放事业，他们有责任照顾好毛泽东的身体！看着毛泽东日渐消瘦，眼窝深陷，他们整天挖空心思地找一点儿好吃的东西，给毛泽东填饱肚子，补一补身子。

这天，部队到达了梭磨。毛泽东和警卫班的几个战士被安排住在一座很大的喇嘛庙里。大家住下后，寻思兴许能在庙里找到一点儿可吃的东西，于是便分头去找，可是，这座庙虽然很大，找了半天，一口吃的东西也没找到。

正当大家灰心失望的时候，警卫员王七九从一间平房里跑了出来，边跑边兴高采烈地喊："伙计们，找到好吃的了，可以给主席改善伙食了！"

每个人的目光都被他吸引住了——只见他从背后拿出来一副腊羊架子，并高高地举起。原来，他在一间喇嘛逃走时弄得乱七八糟的平房里找到了这副腊羊架子。大家马上围成一团，你一言、我一语地商量如何吃，不料一高兴，说话声音大了，惊动了毛泽东。

毛泽东走过来，问："你们在争论什么，这样热闹啊？"

王七九就把找到腊羊架子的事说了一遍。

"原来是你违犯了群众纪律！在什么地方拿的，还送到什么地方去！"毛泽东听后严肃地说。大家的心马上沉了下来，刚才的高兴劲儿早不知跑到哪儿去了，都知道毛泽东是肯定不吃这副腊羊架子的了。

王七九红着脸，承认了错误，答应了一声："是！"就拿着腊羊架子跑出了房门。

毛泽东看了看大家，口气缓和了一些，说："我说过多少遍了，要你们严守群众纪律。我知道，你们是想给我搞点儿好菜吃，可是，在条件不允许的情况下，万不可以这样做，特别是群众不在家的时候。虽然现在条件非常艰苦，但即使再艰苦，环境再恶劣，我们也不能违反群众纪律！"毛泽东稍微停顿了一下，又耐心地对战士们说，"困难是暂时的。我们已经派出部队和政治工作人员去寻找群众了，群众很快就会回来。他们一回来，我们的困难就会减少了。"

正说着，王七九送完腊羊架子回来了。毛泽东温和地对他说："王七九同志，以后再不要这样做，好吗？"

王七九使劲地点了点头，含着热泪说："我听主席的话！"

毛泽东离开后，大家都觉得不应该瞒着主席乱找东西，决心牢记主席的教导，以后严格遵守革命纪律。

红军的领袖却似普通战士

1935年1月,中共中央在遵义召开政治局扩大会议,毛泽东被增补为中央政治局常委,事实上确立了毛泽东在中共中央和红军的领导地位,开始确立以毛泽东为主要代表的马克思主义正确路线在党中央的领导地位,开始形成以毛泽东为核心的党的第一代中央领导集体,开启了党独立自主解决中国革命实际问题新阶段,在最危急关头挽救了党、挽救了红军、挽救了中国革命,并且在这以后使党能够战胜张国焘的分裂主义,胜利完成长征,打开中国革命新局面。这在党的历史上是一个生死攸关的转折点。

遵义会议后,政治局常委进行了分工,毛泽东被指定帮助周恩来指挥军队。周恩来对毛泽东非常了解和尊重。早在1932年10月宁都会议时,毛泽东因反对攻打赣州等中心城市,主张向敌人统治力量较弱、群众基础较好的赣东北发展,被撤销了红一方面军总政委的职务。毛泽东离开宁都时,周恩来骑马送他上路。后来,周恩来接任了这一职位,但自称"代理政委",意思是希望毛泽东恢复原职,甚至偶尔将文件送给毛泽东,请毛泽东"如有便请阅"。遵义会议上,周恩来与朱德、王稼祥、张闻天等人竭力推举毛泽东为党和红军的领导人。有了这样一层关系,毛泽东名义上是帮助周恩来指挥军队,实际上是两个人共同指挥。

遵义会议后,毛泽东与周恩来、朱德指挥红军由被动变为了主动。不久,党中央决定由毛泽东、周恩来、王稼祥组成"三人军事指挥小组",毛泽东是起决定作用的,实际上是最高决策者和指挥者。毛泽东肩上的担子更重了。

长征开始时，毛泽东正患疟疾，数月不起，双颊深陷，消瘦憔悴，脸色很难看。在江西于都过河之后，他一直是躺在担架上长征的。遵义会议后，随着身体好转，他不再坐担架，而是改骑马。

毛泽东身系全军安危，十分繁忙，每天晚上要同军委的同志研究敌情，部署战斗，确定行军路线，睡得很晚。有一段时间，毛泽东和干部团一起行军。为了让他有尽可能多的睡眠时间，大家规定早上让部队先走，留下干部团当后卫，等干部团出发前再叫醒毛泽东。

干部团团长是陈赓，他让郭化若负责叫醒毛泽东的工作。

郭化若第一次去叫毛泽东时，看到的情景令他无法相信：厅堂地面上放着几扇门板，作为能睡五六个人的大通铺，上面铺些禾草。毛泽东就睡在这个大通铺上。

这不能指责工作人员的工作有误，而是毛泽东这么规定的。毛泽东把工作看得最为重要，吃饭、睡觉都在其次，他的警卫员陈昌奉就因为这挨过批评。

5月初的一个夜晚，红军中央机关长征到了金沙江边。天快拂晓，毛泽东登船渡过金沙江后，又去和红军总参谋长刘伯承研究问题。警卫员陈昌奉趁此机会去找房子，安排毛泽东的住处。

江边是光秃秃的石山，没有什么房屋，只有四五个不像样的石洞。陈昌奉选择了一个石洞，但洞里很潮湿，他没有找到木板，就连稻草也没有找到，只好在湿地上铺了一块油布，放上毯子，算是搭好了铺。他真希望毛泽东早些回来休息，因为这几天，毛泽东太累了！没有桌子，无法摆放办公用具，他正在为此发愁时，又想到毛泽东累了一夜，回来一口水也喝不上不行，便先去找地方烧水了。

天亮后，毛泽东回来了，派人去找陈昌奉。陈昌奉一进洞口，见毛泽东正站着沉思，便指着地上的铺说："这地方连木板也没有，铺也只好搭在地上了。请您先休息一会儿，水马上就烧开了。"说完，拔腿就要去继续烧水。

毛泽东叫住了他，问："办公的地方呢？"

陈昌奉随口答道:"黄秘书还没有来,这里连张桌子也找不到。您先喝点儿水吧!"

毛泽东向前迈了一步,语调严肃地说:"现在最重要的是工作,吃饭、喝水都是小事。江那边还有我们两三万同志在等着哪!这是几万同志的性命呀!"毛泽东又拍着陈昌奉的肩膀说,"先去找块木板,架起来也行!"

陈昌奉很快找来了木板。毛泽东亲自动手和他把木板架起来,在上面摆好办公用品,便开始紧张地工作。

过了两顿饭的工夫,毛泽东站起身来,慈祥地对陈昌奉说:"你跟我这么多年了,难道还不知道工作的重要?以后每到一个地方,最重要的是把办公的地方搞好,然后如果有空,才是吃饭、休息。记住,无论现在还是将来,对我们来说,最重要的是工作。"

正因如此,每到宿营地,公务员、警卫员要首先为毛泽东准备好办公的地方。

这一次,办公桌凳找好后,已经找不到床板了,于是,毛泽东就挤在警卫班同志的大通铺上睡了。

郭化若小心翼翼地走进厅堂,告诉公务员,自己是陈赓专门指派每天叫毛泽东起床的。这时,部队已经出发了,毛泽东该起床了。

公务员叫醒了毛泽东。当毛泽东掀开棉被坐起来时,郭化若才看到毛泽东是穿着棉衣、棉裤睡觉的。毛泽东大概只睡了两三个钟头。

众人准备等毛泽东吃了早饭再走,可是,毛泽东说:"不,先走一段路,休息时再吃饭。"大家一走就是20里,大约两个小时后才停下来休息。在田坎上坐下后,公务员打开了饭盒,里面的一层是饭,一层是当天部队开饭时留的不到半碗的菜,还有一点儿炒辣椒,这是公务员千方百计弄到的。

由于饭菜全是冷的,大家建议到附近老百姓家要一些热米汤给毛泽东喝。公务员要来了热米汤,于是,毛泽东吃几口冷饭,喝一口热米汤,把饭菜吃了下去。以后一连几天,因为休息的地点附近没有老百姓,在大多数时间里搞不到热米汤,为此,警卫员与公务员商量,每天早晨为毛泽东留热水,让他出发前能喝一些……

红军顺利通过彝族聚居的大小凉山地区后,来到了擦罗场,原本打算在此休息一夜,但敌情万分紧张,前有四川军阀扼守大渡河的所有渡口,后有10万敌军穷追不舍。大渡河是太平天国翼王石达开兵败之地。红军入此汉彝杂居之境,一线中通,江河阻隔,地势险峻,给养困难。蒋介石飞抵昆明,指挥实施"聚歼"计划,妄图像清军在大渡河边消灭石达开一样,把红军消灭在大渡河畔。

经毛泽东和其他领导同志研究决定,部队连夜向安顺场进发。为了在大渡河架设浮桥,每人必须携带两根毛竹。

毛泽东一贯是全军执行命令的表率。他事先给自己找好了4根毛竹,比其他战士多准备了一倍。出发后,他发现背负过重的战士和上了年纪的炊事员在蜿蜒起伏的山路上疾进十分吃力,又抢着替他们背枪、背米。

警卫员知道毛泽东经过一天的急行军,也很疲惫,再三要求他少背两根毛竹,可他说什么都不同意,边走边说:"执行命令,大家都有份儿。我有多少力气,就使多少力气。你们背的东西也不轻嘛!"

长征途中经常会遇到十分恶劣的天气。当部队爬上擦罗场西北面的一座大山时,天已经完全黑了。突然,天公不作美,狂风大作,暴雨骤降,本来就不好走的路变得更加难行了,再加上战士们的背负很重,进一步,退半步,行军速度明显变缓。在如此困难的环境下,毛泽东号召部队开展"强帮弱,大帮小,走不动的扶着走,让每个战友都安全按时到达大渡河"的活动。战士们情绪高涨地跟着毛泽东,团结互助,奋力争先,跌倒了再爬起来,跟上去,没有一人掉队。很快,一座上15里、下15里的大山就被官兵们甩在了身后。

部队随后进入了一片密林。密林里树大叶茂,虽然能为官兵们遮风挡雨,但没有干柴引火照明,官兵们又找不到当地的向导带路,十分容易迷失方向。

果然,没过多久,前面的队伍因方向不明而停了下来。请示毛泽东后,队伍就地宿营,准备第二天天亮后继续前进。

警卫员们想分头去给毛泽东找房子避雨,但被毛泽东制止了:"那还不是无的放矢！你们想想，这30多里路上都没有看到几间房子，这大森林里还能有人家？要是有人家，总部早就找着向导了，还用我们在这里露营？"说着，毛泽东抖了抖手中那把破雨伞，招呼大家，"来！我们也学学其他战士，围在这棵大树下，抓紧时间休息一会儿。"

大伙儿跟着毛泽东蹲下，把他围在中间。没多大工夫，不少同志就睡着了。他们实在太疲乏了，在风雨中依然睡得那样香甜，有的还打起了鼾。

雨没有一点儿停的意思。毛泽东的衣服像是刚从水盆里捞出来一般，帽檐、袖口、裤腿都不断地滴水。原来，战士们休息的时候，毛泽东一直没睡，而是随风向的转变，不断地调整雨伞的方向，一会儿罩在这个战士头上，一会儿遮在那个战士身上，而雨伞的破洞总是对着自己。

警卫员吴吉清看到后，鼻子一酸，小声地对毛泽东说："主席，这伞由我来撑吧！我们都年轻力壮，您怎么照顾起我们来了？"说着，顺手把伞接了过去，撑在毛泽东的头顶。

尽管他说话的声音很轻，但还是有几个战士被惊醒了。当他们得知毛泽东为他们撑伞挡雨时，都非常感动，七嘴八舌地说："主席，我们把您围在中间，是想让您休息得好一点儿，可没想到……""主席，我们对您这样不注意自己的身体有意见！"……

毛泽东笑着说："好！好！我接受大家的意见。这也是互相帮助，我不是被你们围在中间，有你们给挡风嘛！"他又说，"抓紧时间休息吧，天亮还要继续行军呢！"

是啊，红军的领袖像一名普通的战士一样与官兵同甘共苦，心连着心。尽管风雨交加，但每个战士心里暖烘烘的。他们紧紧依偎在毛泽东身边睡着了……

"无论如何也要走出去!"

中央红军飞夺泸定桥后,1935年6月,继续按照既定的战略目标向北进发,旋经天全、芦山、宝兴等地,来到了长征途中的一座大雪山——夹金山下。

夹金山位于宝兴县城西北、懋功之南,是一座海拔4000多米的大雪山。山上终年积雪,空气稀薄,当地人说只有神仙才能飞过此山。"大雪山,大雪山,只见人上去,不见人下来。"当地群众这样形容大雪山,可见其自然条件是多么恶劣。

尽管有如此凶险的夹金山横在面前,但与红四方面军会师、北上抗日是中央红军官兵共同的心愿。在党中央和毛泽东的指挥下,广大官兵憋足了劲儿,吃了一些东西,喝完辣椒水,把能穿的、能御寒的家当全用上了,准备征服眼前这个庞然大物。

夹金山像一把锐利的长剑,直插万里高空,天晴时,在阳光的照耀下,全身似披饰了明亮的镜子,光芒四射,使人看了头晕眼花。山上时常扬起层层大雪,像斜挂起的一层层纵横交错的巨大的白色帐幕一般。对官兵们来说,前段时间面对小雪山都感到惊奇,此时面对像要刺破天幕的夹金山,简直惊呆了。淡淡的阳光照在雪山上,并不使人感到温暖,却刺得人睁不开眼。一阵阵冷风夹杂无数比沙子还坚硬的小冰粒肆虐地打在官兵们的身上和脸上。巍峨的雪山上没有树木,没有花草,更没有人迹,路都是官兵们走出来的。刚上山时,积雪没有多深,官兵们可以借助路旁的干枯的茅草往上爬，可是，过了20多分钟，路越来越艰险，积雪越来越深，不用说干枯的茅草，就连一块石头也看不到，一不小心便会掉到深深的雪窝里，半天爬不上来。想找积雪浅一点儿的地方走，一来不容易找到，二来就是找到了，脚下也滑得很，走三步就要退两步。有的地方非常险恶、陡峭，一不留神滑下去，就再也上不来了。

毛泽东走在警卫战士的前面，面容消瘦而憔悴，身上没有棉衣，而是单薄的夹衣、夹裤，脚蹬黑布鞋，手里拄着一根木棍子。长征前，他患了严重的疟疾，高烧达40度，没等完全恢复就踏上了漫漫长征路。这时，他依旧不骑马，不坐担架。一会儿，他从兜里掏出辣椒，送到嘴里慢慢咀嚼；一会儿，他招呼身边经过的战士："加把劲，不要歇着，要一鼓作气！翻过山顶就好了！"走了不长时间，毛泽东那单薄的灰色夹裤就被深雪浸湿了；那双薄薄的黑色布鞋不但湿透了，而且被冻得闪闪发亮。

"主席，"警卫员陈昌奉走上前，好不容易站稳，说，"这山太难上了！让我们搀扶着您走吧！"

"不！"毛泽东停也不停，手一挥，只是往前走，边走边说，"你们和我一样嘛！"其实，毛泽东已明显感到体力不支了。他有一匹黄骠马。战士都劝他，即使不骑，拉着马尾巴也能安全些、省力些。毛泽东却微笑着说："马，首先应该让给伤病员和体弱的女同志。多有一个同志爬过雪山，就为革命多保存了一份力量啊！"

行至半山腰，忽然刮起了暴风，掀起山上的积雪，没头没脑地朝官兵们迎面扑来。乌云把太阳遮住，贴着山头打着滚儿向一处集中，越聚越浓，霎时间，天就变黑了。

"主席，又要下雪了吧？"陈昌奉赶了几步走到毛泽东跟前，拉着他的衣角问。

"是啊！"毛泽东迎着暴风抬头望，"马上就要下雪了。让大家做好准备。"

毛泽东的话刚说完，雪倒没下，但一阵儿鸡蛋大小的冰雹呼啸着砸了下来。官兵们就像置身于惊涛骇浪中的小舟，撑着的雨伞和披着的油布都失去了作用。

警卫员们立刻用手臂做支撑把油布撑了起来，毛泽东和官兵们就这样躲在油布下面躲避冰雹。这时，人喊声、马叫声、震耳欲聋的雷声、呼啸的风声汇合在一起，如同天崩地裂一般。

过了一会儿，暴风雪骤然停止，火红的太阳又出来了。大家把油布收好，互相拍打着身上的雪。

毛泽东关切地问大家："这一场战斗怎么样？有负伤的没有？"

大多数官兵都说没有，只有一个警卫员因为抓马的缰绳，冰雹把他的手打肿了。毛泽东立刻喊来卫生员给他涂药。

越往山上走，积雪越深，气压越低，大家越感到呼吸困难。还没上山时，山下的老百姓就对他们说："到了山顶，不能说话，也不能笑，要不，'山神'就会把你掐死。"快到山顶时，大家都觉得胸口像压上了石磨，透不过气来，心怦怦地跳得很厉害，别说是说笑了，就连张嘴说话也很困难。即便如此，毛泽东不但不让战士们照顾，还时时关心周围的同志。有的战士一不小心陷到深雪中，毛泽东见了，总是伸出那双温暖的大手加以援助，鼓舞大家携手并肩地共同前进。

警卫员吴吉清掉进了雪坑，爬上来后大发牢骚："这叫什么鬼山？我宁肯翻10座山岭，也不愿走这么一座雪山！"吴吉清是南方人，下雪都很少见到，更别说见到这么大的雪山了。

毛泽东乐观地鼓励他说："那你应该走走。这艰苦对于年轻人是一个很好的锻炼！很有乐趣嘛！"

吴吉清使劲点点头，觉得毛泽东讲得有道理，再往山上走，也就不抱怨了。

接近山顶，空气更加稀薄了。警卫员戴田福本来就有病，这时呼吸更困难了，难受得不想再走，一屁股坐在了雪地上。走在前面的毛泽东听到声音，赶紧转回来把他拉起来，说："戴田福同志，你坐在这里是非常危险的！来，我背着你走。"

话音未落，吴吉清抢到毛泽东的前面，把戴田福背了起来。毛泽东在一旁帮扶着，3个人就这样一步一步向山顶走去……

终于到达了山顶。在雪山之巅,在漫天的白雪之上,一面鲜艳的红旗在迎风飘扬。山越高,空气越稀薄,也越感到寒冷。洁白的雪地上,官兵们三五成群地拥坐在一起,有的太累了,脸色发白,嘴唇发黑,索性躺了下来;有的见毛泽东上来了,即刻跑过来打招呼:"主席,快坐下休息休息吧!"

毛泽东一见这情景,立刻走到官兵们中间,温和地说:"同志们,不能在这里休息呀!这里空气稀薄,有危险。再加一把劲,下山去,我们就和四方面军会师啦!"

毛泽东这么一鼓劲,大家的情绪马上被提了起来,纷纷坐下来,向山下滑去。是呀,他们第一次渡过赤水河时,就盼着和红四方面军会合,多少天的期盼眼看就要变成现实了,怎么能不高兴呢!

"'坐汽车'喽!"

"'坐汽车'喽!"……

战士们一边往山下滑,一边兴奋地大喊。

毛泽东和官兵们一样,把一条夹被围在腰间,像穿了裙子似的连跑带滑地往山下冲去……

神仙都过不了的大雪山终于被毛泽东领导的指战员们征服了。官兵们跟着毛泽东战胜了风雪严寒,翻过了雪山,在懋功和红四方面军胜利会师了!

8月,红军长征来到毛儿盖地区。毛儿盖、松潘以西是一片荒无人烟的草地。正因为如此,国民党军胡宗南部在松潘一带大筑碉堡,构建工事,并且派重兵固守,妄图与甘南构成一条环形的封锁线,压迫红军西退,让红军自己消亡在茫茫的雪山、草地上。中革军委早已识破了敌人的阴谋,为了麻痹敌人,派红一军第二师第四团攻打松潘。红四团悄悄地撤出战斗后,便同其他部队一起参加了筹粮活动,为过草地做准备。

红四团作为先遣团,进入草地前,政委杨成武接到了军团首长的命令,要他立即去毛泽东处报到。

8月17日,杨成武马不停蹄地赶到毛泽东的住处。毛泽东看到他风尘仆仆的样子,便关切地说:"坐下来,慢慢说。"

"主席,军团首长要我直接到你这里接受任务!"杨成武按捺不住内心的激动，说话直入主题。

"对，这一次，你们红四团还是先头团！"毛泽东语气坚定地说，继而提醒杨成武，"跨过草地将是十分困难的，在野花的下面隐藏着沼泽，稍有不慎，一分钟之内便能把人吞掉。现在，摆在你们面前的敌人不是人，而是大自然。"毛泽东又指着地图说，"要知道草地是阴雾茫茫、水草丛生、方向莫辨的一片沼泽，你们必须从茫茫草地上走出一条北上的行军路线来。"毛泽东在地图上向杨成武详细说明了敌军的部署和企图，将手向前有力地一挥，大声说，"我们只有前进。敌人判断我们会东出四川，不敢冒险走横跨草地、北出陕甘这一着棋，但是，敌人是永远摸不到我们的底的，我们偏要走敌人认为不敢走的路！"

随后，毛泽东嘱咐杨成武要向同志们讲清困难，尽量想办法多准备一些粮食以及教育官兵尊重少数民族、团结好少数民族等问题。杨成武要到徐向前那里去接受具体指示，临走时，毛泽东又说："去了以后，你再回到这里一下。"

当杨成武返回毛泽东的住处时，遇到了保卫局局长邓发。邓发一见他就问："吃饭了没有？"知道杨成武没有吃饭，邓发转身到毛泽东的房间里，不一会儿端出了一个盛着6个鸡蛋般大的青稞面馒头的土盘子，一边递给杨成武，一边说："毛主席说，你一天没吃饭，还要赶几十里夜路，叫我把他的晚饭给你，让你吃饱了好回去工作。"

杨成武一听说这6个青稞面馒头是毛泽东省下来的晚饭，十分感动，一时不知如何是好。他知道，眼下粮食十分缺乏，部队官兵都勒紧裤带，把数得出的一点儿粮食节省下来，准备过草地时用。此时，毛泽东要把他的那一份晚饭端给自己吃，自己怎么能吃得下呀？杨成武望着这6个乌黑的小馒头发愣。是啊，这岂止是6个小馒头，在这种时刻，它们代表的是毛泽东对部下的关爱之情！

见杨成武发愣，邓发说："快吃吧！不吃，毛主席会不高兴的！"

杨成武只好吃了两个，当邓发还要他吃时，他说什么也不吃了。

这时候，毛泽东从房间里走了出来，笑呵呵地说："怎么不吃了？不吃饱，不好工作啊！"

"主席，我吃饱了！"杨成武感动地回答。

毛泽东用慈爱的目光看着他，紧紧握住他的手，说："你看到徐总指挥了吧？好，没有别的事了，望你们完成任务！"

杨成武坚定地点点头。离开毛泽东的住处，他飞身上马，带着毛泽东的嘱托，率领官兵们去征服茫茫的草地了……

8月中旬，红军从毛儿盖出发，进入了人烟稀少的沼泽地。

这里没有山的影子，举目四望，一片荒凉。草地上的草一滩一滩地长在水中，在水中长、水中死、水中腐烂，又在腐烂的草丛中顽强地长出新的草来。那腐烂了的永远浸在污水中的野草无边无际，踏在上面，发出使人生厌的噗唧噗唧的响声，一不留神就会双脚深陷，甚至埋在无底的泥潭之中。在这种时候，任你有天大的本事，也别想独自一人拔出腿来。

有几次，有战士陷在泥里，毛泽东都用他那温暖的大手把他们拉了出来。毛泽东走在警卫战士们的前面，每走一小段路就停下来，回头关切地呼喊他们的名字，直到每个人都答应，才转过头去继续前进。有时，他见有的人困乏了，就给大家讲故事，说笑话，常常引得大家哈哈大笑，以缓解大家的疲劳。

更为困难的是部队缺粮，官兵们只能靠野菜、草根和皮带等充饥。在这种艰难困苦的环境中，毛泽东与官兵们同甘共苦，时常把担架和马让给伤病员，自己每天徒步行军八九十里，途中还要坚持工作。

一路上，毛泽东不是和官兵们谈心，了解部队的思想情况，就是向伤病员询问病情，鼓励医务人员想尽一切办法加强医疗护理工作。此时，由于部队缺粮，不少伤病员病情更加恶化。毛泽东了解到这一情况，立即指示有关人员利用中途休息时间杀了几匹马，把马肉分给各连队的伤病员。负责杀马的同志考虑到毛泽东日夜操劳，很想让他也吃点儿马肉，但他坚持不要，每天仍和战士们一样吃青稞面、喝野菜汤。

为了让毛泽东吃一点儿马肉，有人想出了一个办法——趁毛泽东出去了解部队思想情况，悄悄地把一块巴掌大的马肉送到了警卫班。正巧，警卫班的几个战士因为粮袋空了，为没办法给毛泽东弄到吃的而发愁呢。警卫员们非常高兴，就瞒着毛泽东把马肉收下了，想到了宿营地，做熟后再告诉毛泽东。

毛泽东也知道大家的粮袋全空了，所以在行军途中带着警卫班的几个战士一边走，一边在草丛里采摘野菜、野葱，准备到宿营地后的"晚餐"。

傍晚，到了宿营地，警卫员们悄悄地拿出那块马肉，正打算混着野菜、野葱煮汤吃，不料被毛泽东看见了。毛泽东责备他们说："哪里来的马肉？你们又打'埋伏'了！"说完，一边帮着吹火，一边叮嘱他们，"马肉不能完全吃尽，要给戴田福同志留下一些。"

戴田福是警卫班里年龄最小的战士，毛泽东平时对他非常照顾。长征到达大渡河时，戴田福得了疟疾，由于过雪山劳累过度，进入草地后，他的疟疾病复发了，而且病情越来越重，毛泽东特意派医务人员钟福昌跟在队伍后面负责护理他。

警卫员们听毛泽东说起戴田福，便一边烧水、煮菜，一边宽慰毛泽东说，粮袋虽然空了，总还能倒出几把米来，给戴田福同志留着；说，小戴是重病号，他一定能分到一份马肉。他们的意思是让毛泽东不要担心，吃了这块来之不易的马肉。

毛泽东听了还不放心，说："还是留下一些好，万一他分不到马肉，这不就可以补救啦！"

正说着，钟福昌气喘吁吁地跑过来，身后跟着两个担架员。毛泽东一看担架员空手走来，再看看他们的神情，预感到发生了不幸的事，急切地问："小钟，戴田福同志呢？"

钟福昌的嗓子像被堵住了似的，沉痛地说："戴田福同志在中途休息后，刚走了一里多路，就——牺牲了！"钟福昌一边擦眼泪，一边从衣袋里掏出一个纸包交给了毛泽东。

毛泽东接过纸包，打开一看，里面是一块巴掌大的马肉。钟福昌告诉毛泽东，这块马肉是分给戴田福的。

钟福昌擦了擦眼泪，哽咽地对毛泽东说："戴田福同志临牺牲的时候，让我们一定要把这块马肉交给主席。他说,他没有什么牵挂的,只盼望革命早日成功,请您多多保重身体。他还让我转告警卫班的同志好好照顾您。"一番话,说得大家都伤心地哭出声来。

毛泽东怔怔地望着这块巴掌大的马肉,半晌儿说不出话来。看得出来,他是在抑制内心的极大悲痛。毛泽东将这块马肉看了又看,然后仔细地包好,沉痛地说:"成千上万的战士为了中国人民的解放事业英勇地牺牲了。这种精神一定会感动全国人民,感动全世界人民来支持我们的正义事业,而这种事业必定是要胜利的!"

说完,毛泽东遥望戴田福牺牲的方向,慢慢地摘下了军帽。大家环立在毛泽东的周围,也摘下了军帽,低下头为戴田福致哀……

一天,部队在一条小河边宿营。此时,风雨交加,官兵们都被淋得透湿。他们虽然到了宿营地,可是身处一眼望不到边的茫茫野地里,连个不湿的能睡觉的地方都找不到。

毛泽东身边的警卫战士们不由地发起愁来,想给毛泽东找个可以休息的地方。他们试着把一条破被单绑在小树上,但试了几次都不行,一条被单挡不住风,更遮不住雨。

正当战士们转来转去发愁的时候,毛泽东看见了,便让他们拿他担架上遮风雨的油布支起一个小帐篷。战士们一齐动手,很快支起了小油布帐篷。

毛泽东猫腰走进帐篷看了看,感到很满意,出来后笑着对战士们说:"来,咱们挤在一起睡吧!"战士们你看看我,我瞅瞅你,一时都不知道怎么回答好。

"是怕影响我睡觉吗?"毛泽东问。

"是。"战士们如实地回答。

毛泽东用手指着有病的警卫员陈昌奉说:"假如让他淋在雨里,我能睡得着觉吗?你们想,是大家平平安安地到达陕北重要呢,还是影响我一晚上的睡觉重要?"听了毛泽东这番话,战士们都感到心里热乎乎的,但还是觉得不应该和主席挤在一起。

毛泽东不容战士们争辩,招呼他们都进帐篷休息,又让正闹痢疾的陈昌奉和他睡在一个担架上。听毛泽东这么一安排，陈昌奉满脸涨得通红，激动而哽咽地说："这不行，不能因为我，使你传染上……"陈昌奉看着毛泽东慈祥的面容，眼里涌出了感动的泪花。

在毛泽东的坚持下，陈昌奉只好迟缓地走向了担架，战士们也挤在毛泽东的周围睡下了。

尽管外面的雨还在不停地下，风还在呼呼地刮，但是，睡在毛泽东身边的战士们都感到无比的温暖，忘记了疲劳，香甜地睡了一夜。

红军进入草地后的第七天，面临的困难更大了，整个部队断炊了，官兵们几天粒米未进，不少人饿得都走不动了。毛泽东也只剩下最后几小块青稞饼，那还是他靠平时吃野菜省下来的。

官兵们走着走着，忽然发现草地远处的地平线上隆起了两个小黑点儿，还没有完全弄清楚是什么，心就兴奋地剧烈跳动起来。稍近时，他们发现原来是两间牛屎房（用晒干的牛粪搭起的房子。——作者注）。在这渺无人烟的草地上发现了房子，可是天大的喜事，因为这说明就要走到漫漫的草地尽头了，有了胜利的希望。官兵们消瘦枯黄的脸上都露出了笑容。

天色就快黑了，部队艰难地向牛屎房开进，准备到那儿宿营。忽然，毛泽东发现不远处有两个战士颤悠悠地走了几步，无声地倒下了。他赶忙走过去，弯下身子，轻轻地拍了拍两个战士的肩膀，关切地说："同志，不能倒下啊！"

那两个战士饿得头晕眼花，没有认出毛泽东。一个年龄稍大一点儿的战士费力地说："首长，我确实走……走不动了。"他喘了半天气，才继续说下去，"我已经两天没吃东西了。"

毛泽东深情地看着他们，过了一会儿，回过头来，向警卫员指了指自己的干粮袋。警卫员马上明白了毛泽东的意思，着急地说："主席，这是您剩下的最后几块青稞饼了，如果吃了，今后怎么办呀？……"

没等警卫员说完，毛泽东就从他手里接过干粮袋，把里面的几块青稞饼全部掏了出来，塞到两个战士的手中，坚定地说："再走一天就可以出草地了，无论如何也要走出去！"

"首长……"晶莹的泪珠从两个战士的眼角滚了下来。在这个时候,在这样的地方,他们知道几块青稞饼比什么东西都珍贵,这意味着生存,意味着生命的希望!两个战士怎么也不肯收下青稞饼。

毛泽东蹲下身子劝道:"你们一定要吃!不吃,就出不去了。"

两个战士含着眼泪吃了青稞饼,脸色恢复了一些,便使尽全力挣扎着站了起来。毛泽东见他们摇摇晃晃地走不稳当,又叫警卫员牵来一匹马,让其中一个身体更虚弱的战士骑上去,让人搀扶着另一个战士慢慢地向前走……

部队宿营后,警卫员到附近采了一点儿野菜,煮了一锅汤。毛泽东和战士们一起"会餐",三下五除二地把这锅汤吃了个精光。

官兵们跟着毛泽东顽强地一步一步向前进。在拥有钢铁意志的红军官兵面前,阴森迷蒙的草地和艰难困苦的环境最终失去了威力。

也许那两个饿得走不动路的战士直到走出草地也不知道用青稞饼挽救他们生命的首长是毛泽东,但他们一定会牢牢记得,是送青稞饼的首长给了他们前进的勇气和无尽的力量……

三个夜晚经历了着火

1937年1月10日,毛泽东随部队从保安动身前往延安。一路上,他很少骑马,与大家谈笑风生地走在队列里。

行军的第二天晚上,部队来到安塞县一个名叫"寺儿台"的小村子。毛泽东被安排住在一家老乡的土窑洞里。住下后,警卫员贺清华忙活着给毛泽东烧热了土炕,收拾好了东西,正要出去,毛泽东叫住了他,说:"外面人多,地方小,睡不下,今天晚上,你跟我一起睡吧。"

"这怎么使得?"贺清华怕影响毛泽东休息,站在门口摇着脑袋说道。

毛泽东笑着说:"怎么,这么大的人了还害羞?没有关系嘛!"贺清华被说得不好意思,也跟着笑了。

贺清华把毛泽东晚上需要用的东西准备停当,伸手摸摸土炕,觉得热乎乎的,于是就坐在炕边,等毛泽东结束办公好一起休息。

夜已深了,毛泽东依然伏在油灯下写东西,贺清华的眼皮却不由自主地打起架来。经过两天的长途行军,他确实累了。

毛泽东见贺清华困倦的样子,笑着催他先睡。贺清华轻手轻脚地把褥子铺在炕的一边,打算躺下稍微合一合眼,打个盹儿,不料一躺下就很快进入了梦乡。毛泽东发现贺清华睡着了,看他盖的棉被很薄,便把身上的棉衣脱了下来,轻轻地给他盖上。

贺清华睡得正香,忽然迷迷糊糊地听到毛泽东大声喊:"贺清华,快起来,炕上着火啦!"贺清华一个翻身爬了起来。由于土炕的火大、炕皮薄,火星钻了出来，毛泽东的褥子被烤黄了一大片，中间还烧出了一个窟窿。贺清华急忙把烧着的棉花弄灭，狠狠地责备自己："烧炕的时候为什么没注意？幸好主席还没有休息！"

毛泽东看到贺清华焦急难过的样子，亲切地安慰他说："没有关系，不要着急嘛！褥子烧破了，补补就行了。来，换个地方睡。"毛泽东把褥子挪了一个地方，招呼贺清华躺下，又把自己的大衣给他盖上，才去睡觉……

陕北的冬天非常冷，还时常伴有大风沙。有一年，天冷得格外的早。警卫员们见毛泽东彻夜工作，怕他受寒生病，想早几天把炉火生起来。毛泽东知道后不同意，说："能晚生（炉火）几天就晚生几天，要节约用煤。"

过了几天，大家看到毛泽东写东西时冷得总搓手，便趁他不注意，悄悄提来一筐煤，想把火生起来，好让炕上和屋里暖和一些。毛泽东听到了引柴发出的噼噼啪啪的响声，马上过来制止："还早呢，不要浪费煤！"没有办法，大家只好把煤搬了出去。

过了一会儿，毛泽东停下笔，忽然抬头问警卫员："你知道煤是怎样来的吗？"

警卫员把自己所知道的煤的生成经过说了一遍。

毛泽东微微笑了笑，说："你说得不错，不过，还要经过工人辛辛苦苦地从地下挖出来才能烧。另外，不要忘了，煤是工业重要的燃料，所以要特别注意节约。"

毛泽东在陕北的居住条件比较艰苦。夏天，毛泽东写东西时，手常出汗，警卫员们劝他休息，他又不肯，大家便打来一盆凉水，供他不时地洗手降温。后来，毛泽东嫌这样耽误时间，影响工作，就让警卫员找块凉的东西放在桌子上，热的时候摸一摸，冰冰手。大家找来找去没找到，最后，一个参谋在伙房里找到了半截废炉条。毛泽东对此很满意，每年夏天都把废炉条拿出来当"降温设备"用。夏天还好过一点儿，到了寒冬腊月，陕北的窑洞阴冷潮湿，冻得让人都伸不出手来。警卫员们常常在毛泽东的办公桌下生一个炭火盆，让毛泽东把脚放在盆的边缘取暖。尽管窑洞里有了炭火，但也抵挡不住阵阵寒意，警卫员们要不时地到窑洞里添火、送开水。

毛泽东办公时，总会忘我地投入全部精力，桌下的炭火盆烤煳他的棉鞋、裤脚是常有的事。

一天深夜，毛泽东正在写东西。警卫员贺清华来送开水，一进门，一股焦煳的气味扑鼻而来，他立即想到：坏了！准是烧炕的火太旺，把褥子烤煳了！他赶快跑到炕前，掀开褥子，发现褥子好好的，又赶紧四处瞧，看到毛泽东的办公桌下正飘出一缕缕烟雾，大吃一惊："不好，是主席的衣服烤煳了！"赶紧蹲到桌下，把毛泽东的脚从炭火盆上拉过来，连喊几声："主席，快！快！着了！着了！"

毛泽东被突如其来的喊声吓了一跳，停住笔，低头一看，脚上的棉鞋正在冒烟呢！"噢，怎么搞的？我一点儿也没觉得就烧着了。"毛泽东看着冒烟的棉鞋，一边说，一边哈哈大笑。

贺清华急忙把这只棉鞋脱下来，在地上使劲摔打。最后，火星是灭了，但鞋帮上留下了一个大黑窟窿。他的心里很难过，忍不住对毛泽东说："您看，都快烧透了，再晚一会儿，就……"

毛泽东笑笑，说："没关系，鞋还能穿，又没烧坏脚，不要紧的嘛！"他边说，边把那只鞋拿过来，看了看，又穿在脚上，然后咳嗽了一声，拿起笔，像什么事都没有发生一样，聚精会神地写起来。

后来，毛泽东让警卫员把这双棉鞋拿去补了补，照旧穿上了。

1937年7月7日夜，日本侵略者在北平西南卢沟桥制造借口，突然袭击当地中国驻军，蓄谋已久的日本全面侵华战争爆发了。这是中华民族有史以来遭受的最大规模的侵略战争。

中国共产党立即向全国发出通电："华北危急！中华民族危急！"号召全国同胞团结起来，筑成抗日民族统一战线的坚固长城，抵抗日寇的侵略。毛泽东、朱德等红军领导人捐弃前嫌，致电蒋介石，表示红军将士愿意"为国效命，与敌周旋，以达保土卫国之目的"。在民族危亡的紧急关头，由于共产党的努力与诚意，国共两党实现了第二次合作。

全民族抗战初期，许多国人轻视游击战争，对其在抗战中的重要地位和作用缺乏正确的认识，把希望寄托在国民党军队的正规战争上；同时，国内一些人还存在"速胜论"和"亡国论"等观点，对抗日救亡极为不利。

抗日战争将会如何发展、怎样进行、结局如何？这些成为必须正面回答的头等重要的问题。为了解答这些问题，指导中国人民正确进行抗日救国，1938年年初，毛泽东开始夜以继日地潜心写作《论持久战》。

一次，毛泽东伏案疾书，两天两夜没合眼，实在太累太困的时候，就叫警卫员打盆冷水洗洗脸，让头脑清醒一下，或者在院子里转一转，或者靠在椅子上养一会儿神，又继续写。艰巨的脑力劳动使体能消耗很大，毛泽东的面色变得很不好，但饭吃得很少。他身边的警卫员担心他累病了，所以值班时加倍注意，常劝他多休息。

一天，警卫员翟作军值班。天一黑，他走进毛泽东的房间，有意地慢慢点蜡烛，想借此让毛泽东歇歇，可是，毛泽东全神贯注，眼睛一刻也没有离开纸和笔。他点燃了两支蜡烛，在毛泽东写字桌的两头各放了一支，就轻轻地退了出来。半夜时分，毛泽东该吃饭了，翟作军把炊事员准备好的饭菜给毛泽东送来，并关切地说："主席，吃饭吧！您已经两天两夜没睡了，吃完饭，睡一会儿吧。"

"你先睡吧，我等一会儿再睡。工作没有完，睡不着啊！"毛泽东一边说，一边写个不停。

"主席，您身体不大好，这样熬夜怎么行啊！吃完饭，睡一会儿吧！"翟作军恳求地说。

毛泽东抬起头来，望了翟作军一眼，微笑着说："好，等一会儿就睡。"

翟作军不好再说什么，就回到自己的屋里。过了约一顿饭工夫，翟作军以为毛泽东吃完饭了，想去收拾碗筷，让毛泽东睡觉，谁知道推开门一看，毛泽东仍然头也不抬地写着，桌上的饭菜原封未动地放着，没有了一点儿热气。翟作军只好把饭菜又拿去热了热，再给毛泽东送了过来。

"主席，您吃饭吧。天冷，饭一会儿又要凉了。"翟作军说。

"啊？我还没吃饭？"毛泽东抬起头，看着眼前的饭菜，说，"好，就吃，就吃。"

翟作军又回到自己的屋里，并且有意多等了一会儿，心想，这一回，

1938年,毛泽东在延安窑洞撰写《论持久战》。这篇著作是指导全国抗战的纲领性文献。

主席总该吃饭了吧!哪知道过去一看,饭菜还没有动。毛泽东把整个身心全用到了写作上,翟作军走过去,他根本没有发觉。

翟作军心里一阵儿难过,感到进去打搅毛泽东是不合适的,只好再次回到自己的屋里。

夜,那么静,仿佛天和地也睡着了。此时,毛泽东屋里的蜡烛依旧在燃烧,烛光好像不知疲倦似的不停地跳动。天快亮了,翟作军到毛泽东屋里一看,毛泽东还在写,饭还是一动未动……

毛泽东已经连续五六天没睡觉了,两只眼睛里布满了血丝,宽阔的面颊明显地消瘦下来,颧骨也凸了起来,面色变得更加不好了。

到第七天,又轮到翟作军值班。毛泽东依然不肯休息,继续伏案疾书。这时虽已初春,但天气还很冷,西北风刮得窗户纸哗哗作响,入夜坐久了,还冻脚。翟作军弄了一盆炭火放到毛泽东脚边;怕毛泽东坐硬板凳太累,就到饲养员那里找了一条当马垫子用的毛巾毯给毛泽东垫在椅子上。

不知过了多久,毛泽东呼唤道:"警卫员,来一下。"

翟作军刚走到毛泽东的屋门口,就闻到一股焦糊味儿,心里奇怪有什么烧着了,走进屋一看,毛泽东正在弯腰脱棉鞋,两只棉鞋还在微微冒着烟。是毛泽东的棉鞋烤着了!翟作军赶忙帮毛泽东脱下棉鞋,顺手在棉鞋上浇了点儿水。火灭了，焦煳味儿直钻鼻子。棉鞋烧出了好几个洞，没法穿了，毛泽东只好换上了单鞋。

"主席，您该睡觉了！您老是不休息，大家都急坏了！"翟作军又劝起毛泽东来。

"好，好，你们先睡，我一会儿就睡。"毛泽东还是那句老话，说完又埋头写起来，好像什么事也没有发生。

过了一会儿，翟作军看到毛泽东屋里的灯熄灭了，心里不由得一阵儿轻松。又过了一会儿，他想知道毛泽东是否睡着了，便轻轻地走过去，却发现毛泽东侧身躺着，正在用手捶自己的腰。

见了翟作军，毛泽东忽然问："你们晚上睡得着吗？"

"睡得着，还不够睡呢！"翟作军回答。

"唉，还是年轻人好啊，没有心事。我就不如你们，我时常睡不着。"

第二天，毛泽东病倒了，头疼，吃不下饭，也睡不着觉。医生来看了看，说没有别的病，是累坏了，并给毛泽东开了一些药，劝毛泽东一定要休息。毛泽东吃了药，总算休息了一天，可是没等完全恢复，又坐到了桌边，一手撑着头，一手拿起笔写了起来。

第八九天的半夜，又是翟作军值班。毛泽东把他叫进屋来，交给他一大卷用报纸卷着的稿子，让他过延河送到清凉山的解放社。

过了两三天，解放社送来了校样。毛泽东拿到校样，又不分昼夜地修改起来。

不久，解放社给毛泽东送来了一些样书，封面上写着《论持久战》。

毛泽东在抗大讲演《论持久战》。

毛泽东见了，脸上露出了轻松的微笑，吩咐翟作军把这些样书分送中央首长征求修改意见。

1938年5月26日至6月3日，毛泽东在延安抗日战争研究会上以此为题发表了演讲，这一部伟大著作由此诞生了。

行军路上

革命战争年代，行军打仗对毛泽东来说是家常便饭，今天刚安顿好，说不准明天又要打好行装出发。早在井冈山时期，毛泽东的行军装备就十分简单，一般是两床毯子、一条白布被单、两套灰军装和一件银灰色的毛衣；用的东西是一把旧雨伞、一块油布、一个马褡、一个搪瓷缸子和一个9层灰布挂包。这些差不多是毛泽东全部的家当，有的用了几十年。

一次行军前，毛泽东和往常一样把地图、文件和书籍收拾好，放进挂包，拿起搪瓷缸子，叫警卫员准备点儿饭，装在里面带上。

"搪瓷缸子装饭行是行，可没有地方盛菜呀。"警卫员说。他想，光带米饭，不带菜，怎么咽得下去呢？

"可是，我只有这么一个缸子呀。"毛泽东瞅了瞅搪瓷缸子，用商量的口吻说，"来，咱们动动脑筋。你来看，咱们在缸子底下放米饭，中间放点儿菜，最上面一层再放饭，这叫'三层饭'，行不行？"

警卫员觉得这个办法好，便说："行！"

装好了"三层饭"，警卫员背上挂包，拿上雨伞及其他用品就准备出门了。

"等一等。"毛泽东叫住了刚要迈出门槛的警卫员，"来，把挂包、雨伞给我背着！"

行军打仗，毛泽东既要及时了解敌情、观察周围环境，又要组织指挥，怎么能让他背着挂包、雨伞之类的东西呢？警卫员不但没有听毛泽东的，反而把挂包、雨伞抓得更紧了。

见此情景,毛泽东笑了,指着挂包问:"你说,这里面放的是什么东西呀?"

"放着您的书、文件、办公用品呀!"

"这就对喽!"毛泽东神情温和,像对待自己的小弟弟,说,"你参军不久,年龄又小,行军打仗没经验,要是到了目的地,一时找不到我,我怎么办公呀?"

警卫员看着毛泽东,紧攥挂包的手松开了,但还是把雨伞抓得紧紧的。

毛泽东又问:"这雨伞是干什么用的?"

"下雨时遮雨,太阳大了还可以遮太阳!"

"什么时候下雨,你晓得?"

警卫员不好意思地说:"我哪能晓得!"

"对嘛,要是行军打仗,你掉队了,下起雨来怎么办?"

警卫员想了想,觉得有道理,就把雨伞也递到了毛泽东的手里。

毛泽东背上挂包,拿着雨伞,说:"我们这就叫各负其责。好,出发!"

就这样,每逢行军作战,毛泽东便"负责"背挂包、拿雨伞;警卫员把其他用品收拾好,打在背包里,背着上路。

1931年9月,刚成立不久的山炮连随红军大部队向赣南根据地转移。当山炮连的战士抬着山炮行至清江县黄土岭时,军直机关从后面赶了过来。一位身材高大的同志见有一个抬物资的战士非常吃力,立即接过战士肩上的抬杆,和大伙儿把山炮抬到了山顶。其间,这位同志身边的警卫员几次要换他,他都没让。

"毛委员,请喝水。"当警卫员给坐在石坎上的这位抬山炮的同志送水时,山炮连的官兵们才知道,跟他们一起抬山炮的是毛委员!大家都很激动,立刻把毛泽东"包围"了。

毛泽东示意官兵们坐下,详细地询问了山炮连的情况,并对他们说:"现在,你们抬炮走路不要怕辛苦,打起仗来,可少不了你们炮兵。别看眼下咱们的炮不多,将来,我们还要逐步建立强大的人民炮兵呢!"官兵们听了毛泽东的话,都非常受鼓舞。

长征途中,有一次,部队行军至一座叫"摩西面"的大山脚下,遇到一条河，河面很宽，水深流急，不能涉渡，河上只有一座不到两米宽的桥。毛泽东和身边的工作人员赶到桥头时，部队正在过桥，人多桥窄，显得十分拥挤。大家见毛泽东走来，便让出一条路，请他先过。毛泽东还未说话，警卫员便牵着马踏上了桥，谁知马一上桥便受了惊，跳了起来，连声嘶叫。这一来，桥上不仅更加拥挤，而且有点儿混乱。

毛泽东赶快走过来，对牵马的警卫员说："不要过啦，把马牵回来，让部队先过。"

"可是，衣服和行李都在马背上哪！"警卫员着急地说。因为当时战事紧急，如果官兵们过桥后，时间来不及，马再不听话，为赶时间，就只好把马和行李都丢下了。

官兵们立刻过来帮助拉马过桥。有的战士说："是啊，行李、衣服都在马背上，马过不去，毛主席晚上就没铺盖了！"也有的说："再走几步，这马也许就慢慢习惯了。"

毛泽东做了一个断然的手势，大声命令："赶快帮助把马牵回来，让部队通过！"

警卫员们听到命令都跑了过去，齐心协力，硬是把马牵了回来。

毛泽东催促部队赶紧过桥，等部队过完，才走上了桥头。

晚上，毛泽东又说起了白天过桥的事。他对身边的警卫员说："要记住，无论什么时候，我们要先想到部队，想到大家！你们想，为了我们一匹马，误了那么多同志行军，那多不好呀！"

1947年3月，中共中央机关撤出延安后，毛泽东、周恩来、任弼时等率领党中央和解放军总部转战陕北，牵着胡宗南的部队兜圈子。由于敌情变化快，毛泽东行军走路的机会特别多。

因为长距离、不间断地行军，加上道路崎岖、山陡坡滑，有关领导和警卫员们怕已50多岁的毛泽东长时间在马上颠簸，身体吃不消，更担心他翻山越岭、过河蹚水时，骑在马上不安全，于是就选了十几个身强力壮的战士，扛着担架，走在毛泽东两边，准备随时让他坐卧休息。一连走了三四夜，常常翻山过河，连年轻人都感到非常疲惫，而毛泽东硬是不坐担架。他说："你们走路都很疲劳，怎么还要抬我？我有马骑就已经很不错了！"遇到上山、下坡不能骑马时，毛泽东就下来步行。他时常拄一根木棍，深一脚、浅一脚地艰难行军。

一天，夜行军时下起了大雨。毛泽东同大家一样，衣服被淋得透湿。雨中的小路十分泥泞，光溜溜的，人走在上面一步三滑。走着走着，给毛泽东驮东西的大黑骡子脚底一滑，从几十米高的山崖上翻滚了下去。大家见此情景，都是一阵心酸，走路更加小心了。为了毛泽东的安全，抬担架的同志几次劝说毛泽东坐到担架上，可毛泽东怎么也不肯。他说："同志们，这么大的雨，路这么滑，怎么还能抬担架呢？那会把你们累病的！"毛泽东不上担架，大家只能作罢，遇到难走的地段，就搀扶他走过去。就这样，一直走了大半夜，而这担架，毛泽东硬是没有坐过，后来，他把担架让给了伤病员。

送给侄女和侄子的临别赠言

毛远志是毛泽东弟弟毛泽民的女儿。1938年，年仅15岁的毛远志经过长途跋涉来到延安。当毛泽东见到从家乡来的侄女时，特别高兴。毛远志还带来母亲托她带给大伯父的两斤烘糕。毛泽东吃得又香又甜，兴致勃勃地边吃边深情地说："好多年没有吃到这东西了！"

毛泽东常向毛远志询问家乡的情况，谈一些家常事，也详细了解了毛远志的成长历程。毛远志于1923年生于长沙，是毛泽民和王淑兰唯一长大成人的女儿。她的童年是在风雨中颠簸过来的。父亲毛泽民随伯父毛泽东走上革命道路后，长期四处奔波，很少回家。母亲王淑兰也忙于革命工作，很少有时间照顾她。大革命失败后，1929年夏，王淑兰因叛徒告密不幸被捕，年仅6岁的毛远志随母亲被关押在长沙陆军监狱的女牢里。在监狱中，聪明伶俐的毛远志充分利用自己年龄小、不易被敌人察觉的有利条件，为狱中中共地下党组织传递情报。1930年夏，红军攻克长沙，母女越狱获救。后来，母女奔波于长沙、沅江等地。1931年冬，母女几经周折去上海寻找毛泽民，但毛泽民已撤离上海，她们便返回湖南，继续寻找党组织。这期间，她们生活得非常艰难。毛远志做过童工，当了童养媳，甚至沿街讨饭，尝尽了人间种种磨难，直到1937年，她才收到父亲毛泽民托人捎来的信，要她到延安参加革命，去找伯父毛泽东。

毛泽东对这个侄女很疼爱。他曾经深情地对毛远志说："你有个大哥，活到7岁，得了黄疸性肝炎，送到医院治疗，洗了个澡就死了……唉，你父母就你这么一个亲生骨肉了！"说着，爱抚地摸摸侄女的头。也正是这一次，毛远志才知道自己还有这么一个哥哥。后来，当毛泽东得知毛远志患头痛病时，立即把她接到杨家岭休息治疗了两个星期，直到病情稳定，才依依不舍地把她送走。

毛泽东历来对亲属在生活上体贴、照顾，在政治上、思想上却严格要求，毛远志也不例外。

毛远志到延安后，先到延安保育小学学习。开始时，她吃不惯北方的小米饭，加上有胃病，因此有时到食堂找些米饭锅巴泡水吃，但这样并没有减轻胃病，反而常常胃疼难忍。毛泽东身边有位工作人员见此情景，给了毛远志1元钱，叫她每天花5分钱买碗粥喝。毛泽东知道后，批评了毛远志，要她锻炼吃小米饭。毛远志听从伯父的教导，下决心开始锻炼吃小米饭，并慢慢适应了。

毛远志的母亲王淑兰长期做党的地下工作，一边讨饭，一边发展党组织。为了开展工作和帮助母亲摆脱困境，毛远志曾给毛泽东写信，要求组织上资助她母亲20元钱。因为涉及自己的亲戚，对于这一点合情合理的要求，毛泽东也没有答应，而是要毛远志按组织程序向上级报告。后来，此事由主管经济工作的陈云批示同意才得以办理。陈云曾感叹地对毛远志说："你提出的要求太低了！"

毛远志的伯父伯母、父母和叔叔婶婶都是共产党员，为革命不懈地奋斗和忘我地工作，有的甚至献出了宝贵的生命。毛远志来到延安后，也渴望能像他们一样，早日成为一名共产党员，可是，当她向毛泽东提出自己的想法时，毛泽东叫她先加入抗日民族先锋队，为此，她很不高兴。毛泽东看到她那不乐意的表情，便耐心地告诉她："民先（即中华民族解放先锋队）是党的外围组织，参加民先，也是为党工作。你要好好宣传抗日嘛。"

毛远志于1938年7月加入民先队后，便暗暗地下定决心，不成为一名正式的共产党员就不去见伯父。由于她的表现优异，同年10月，只有15岁的她光荣地成为中国共产党的一名候补党员，到1941年，她年满18岁后，转为了正式党员。毛远志在延安住了7年多，这期间，她遵循大伯父毛泽东的教导，发奋学习，积极工作，被评为"模范妇女""先进青年""优秀党员"等，而这一切完全是她靠自己的努力取得的。毛泽东得知毛远志的表现后，高兴地表扬了自己的这个侄女。

1945年，毛远志与曹全夫结婚。婚后，夫妇二人要求调到条件艰苦的新开辟的东北地区工作，并给组织和毛泽东写了报告。毛泽东在复信中表示同意，鼓励他们为党、为人民多做工作。

临行前，毛远志夫妇到毛泽东住处辞行。毛泽东以前怕影响毛远志的学习和情绪，一直瞒着毛泽民已在新疆牺牲的消息，直到此时才告诉了他们。毛远志和丈夫听了这一消息，失声痛哭。毛泽东强忍着悲伤，勉励他们要努力工作，继承父亲的遗志。

临别时，毛泽东给毛远志夫妇留下了珍贵的赠言：一、无论到哪里，都不要希望人家鼓掌；二、无论到哪里，都要团结；三、无论到哪里，都要同群众打成一片，不要有任何特殊。这3句话成为毛远志夫妇在以后漫长的革命生涯中的行为准则。

1990年，毛远志去世后，组织上是这样介绍她的生平事迹的："……始终保持着延安时期的光荣传统和优良作风。她一贯谦虚谨慎、平易近人、清正廉洁、生活简朴，并严格地教育子女。她密切联系群众，不搞特殊化……"这一切优秀的品质，可以说与她的伯父毛泽东的教导和勉励是分不开的。

毛华初，原名"王华初"，湖南益阳人，母亲罗醒是共产党员，同毛泽东的弟弟毛泽民的结发之妻王淑兰是狱中难友。罗醒和王淑兰面对死亡时毫无惧色，互相托付：今后，谁牺牲了，活着的就担当遗孤的母亲。1930年7月，红军攻下长沙，罗醒和王淑兰获救。罗醒随红军撤回浏阳，担任浏阳县二区苏维埃妇联主席，王淑兰则留在长沙坚持斗争。后来，罗醒被捕，英勇就义。王淑兰实现诺言，将罗醒的儿子王华初收为养子，改名为"毛华初"。

毛华初小时候跟随养母王淑兰一起讨过饭，打过零工，受过种种苦难。1938年7月，王淑兰把毛华初送去延安。

毛华初遵照养母的嘱咐,在延安凤凰山见到毛泽东时,亲切地喊了一声"大伯",行了一个90度的鞠躬礼。毛泽东笑着摸了摸他的头,端详了一会儿,和蔼地说:"你这么小也来了,还是回去吧!"

"不!我不回去!"毛华初一听让他回去,马上紧张地说。

"为什么呀?"毛泽东笑着问。

"妈妈讲,这里有书读。"毛华初回答。

毛泽东收起了笑容,和蔼地说:"这里是有书读,但敌人不让我们平平安安地读书,还要打仗,日本帝国主义的飞机,随时可能来轰炸延安。要躲飞机,要跑路,住的是窑洞,吃的是小米和窝窝头,你吃得消吗?"

"吃得消,吃得消!"毛华初使劲地点了点头,坚定地说,"我给地主放过牛,讨过米,跟妈妈坐过牢,吃得消,不怕苦!"

毛泽东听后,满意地点点头,严肃而又风趣地说:"哟,原来你吃过苦,那就打收条留下吧。不过,要记住,你过去吃的是旧社会的苦,地主压迫农民的苦,是阶级苦,从今天起,你就要为革命吃苦了。你要知道,革命是一件艰难的苦差事,要经过艰苦奋斗,才能取得胜利。你今后学习也好,工作也好,都要吃苦在先……"

有一次,毛华初到枣园看望毛泽东,王若飞、彭真等也在场。毛泽东

毛泽东写下"艰苦奋斗"4个大字。

指着毛华初对他们说:"他是一个孤儿,被国民党关起来了,坐过牢,讨过米。中国的封建法西斯太残酷了,大人坐牢,小孩儿也跟着受罪……"

毛华初经过学习,被分配到中央军委二局搞机要工作。毛泽东勉励他好好工作,当个无名英雄,并风趣地说:"我因为有了一点儿名气,就不自由了,敌人在算计我,警卫人员要管我,行动就不如你们那么自由,所以,我说还是做一个无名英雄好。我们的事业要取得胜利,就需要各种各样的无名英雄。"

1945年,日本侵略者投降时,毛华初正在中央党校二部学习。后来,党中央决定在延安学习的干部分赴全国各地,他报名申请,被批准去东北。

10月的一天下午,毛华初高兴地哼着歌去枣园向毛泽东告别。毛泽东听说毛华初要去东北,高兴地说:"啊,你要去东北,好!我赞成!"聊了几句,毛泽东问他有什么困难。

毛华初嗫嚅了半天,说:"大伯,我想……我想从枣园要一匹牲口。"毛华初考虑到不久要长途跋涉,有一匹牲口既可以驮行李,又可以省脚力。

毛泽东听后笑了笑,温和地说:"枣园的牲口拿不得,都是公家的。"

毛华初顿时面红耳赤,羞得不敢再作声了。

毛泽东见他十分难堪,亲切地拍了拍他的肩膀,说:"公家的东西拿不得,不要牲口,你可以要点儿钱嘛。我可以从我的稿费里给你一点儿钱。"随即叫警卫员取了一些边币给他。

临别时,毛泽东紧握着侄子的手,语重心长地说:"到人民群众中去,一切都要依靠群众、依靠党。"毛华初很感动,也很受教育。毛泽东又叫警卫员将自己经常穿的一件大衣拿给他,像父亲关爱自己的孩子那样叮嘱道:"天气渐冷,拿去在路上御寒吧。"

这是一件蓝色的斜纹布棉大衣。后来,毛华初到张家口时,一位与他一同从延安出发的朝鲜同志因组织调动要立即回国,苦于没有大衣,他便将这件大衣转赠给了那位朝鲜同志。

毛华初于1949年3月与韩瑾行结婚。新中国成立后,毛华初一直在湖南工作,曾经多次见到毛泽东。1962年2月,韩瑾行陪毛华初去上海看望毛泽东时，毛泽东详细地了解了她的出身和经历等情况，并满意地说："你是个干工作的。"当韩瑾行告诉毛泽东，中南局下令要调他们夫妇去中南局工作时，毛泽东说："你们做什么工作，在哪里工作，都由中南局和省委决定，我不干预。但不论做什么工作，都必须深入调查研究，只有认真调查研究，才能了解真实情况。今后，你们在农村工作中，有真实具体的调查材料，特别是能反映问题的材料，可直接寄给我。送中南海西门收发室，我可收到。"

华侨领袖眼中的穷人领袖

1940年5月31日,延安迎来了一位华侨领袖。

这一天,中共中央机关报《新中华报》几乎用了整版篇幅,刊载了著名记者范长江从重庆发来的报道《陈嘉庚先生印象记》。

下午,延安南门外的广场上集合了干部、学生5000多人,热烈欢迎南洋华侨筹赈祖国难民总会主席陈嘉庚以及常委侯西反、秘书李铁民这3位远道而来的客人。

陈嘉庚是一位著名的爱国华侨领袖,1937年全民族抗战开始时,他就领导并组织了南洋华侨筹赈祖国难民总会这一团体,动员南洋华侨踊跃捐款,购买救国公债,选送华侨司机回国,在滇缅公路运输抗战物资,为祖国的抗战做出了巨大贡献。尽管如此,陈嘉庚因对国内抗战状况、民众生活知之不详,又没有举派代表回国慰劳抗战将士以及饱受战争创伤的民众,总觉得未尽义务,于是,他于1939年冬天发起组织了南洋华侨回国慰劳考察团。此时的他已年近古稀,仍不辞辛劳,毅然决定亲自率团回国。

考察团先在国民党统治区做了一番考察,看到民气不振、国民党贪污腐败,深感失望,因此不顾蒋介石的阻挠,决定到延安考察。一行人在西安时,国民党制造障碍,只让他们3人进入边区,不准考察团的其他人前往。

6月1日,对陈嘉庚来讲是难忘的日子。这天下午,毛泽东在杨家岭住地亲切接见了他。

陈嘉庚一行到来之前,毛泽东在门前迎候了多时。陈嘉庚等人的到来,令毛泽东特别高兴。

把客人迎进窑洞后,毛泽东拿出一罐英国香烟,亲自为陈嘉庚敬烟、点火。

陈嘉庚感到奇怪:想不到这里竟有英国香烟!

毛泽东赶忙解释:"我每个月的薪俸有限,不配抽这样名贵的香烟。这一罐是美国华侨司徒美堂送的,今天特地拿出来招待客人。"

陈嘉庚释然。毛泽东的话是真的。后来有一次,陈嘉庚亲眼看到毛泽东的烟抽了过半时,有客求见,他把烟头的火灭掉,舍不得扔掉,搁在烟灰碟上,等到会完客,又把剩下的小半截烟抽掉了。

陈嘉庚说:"我这次回国的目的,是代表南洋侨胞向祖国致敬、慰劳前方将士的。我们虽然生长在南方,但中华民族的祖先是在西北,西北是我们的老家,到中部县曾谒黄帝陵,到延安,备感大家都是同胞兄弟,一家人一样地亲切。"

"感谢南洋侨胞的爱国热肠!"毛泽东谈笑风生。

毛泽东的衣着朴素,蓄着长发,面容消瘦。他的卧室兼办公室也极简朴,墙壁上挂了一张地图,室内摆放了一张办公桌、几把木椅和一条长板凳,仅此而已。

这真是一位穷人的领袖!陈嘉庚看到毛泽东消瘦的面容,问:"您的作息时间是怎样安排的?"

毛泽东笑了笑:"我习惯在夜间工作,鸡鸣后始睡。"

陈嘉庚摇头:"这不妥,这不妥。您最好在白昼工作,这或许更有利于健康。另外,最好另建房屋专作办公用,敌机如来,才进洞内。"

陈嘉庚讲的一口闽南话,毛泽东听起来较吃力。谈话间,两位华侨学生、一位福建集美的学生先后进来参加座谈,协助翻译。陈嘉庚细心地注意到,他们进来后没有敬礼,随便地坐了下来,毫不拘束。陈嘉庚想,这是哪个国家的政府机关都不可能见到的,这就是平等、无阶级的制度了。

晚上,毛泽东在自己窑洞的院子里请陈嘉庚一行吃饭。一会儿,朱德等人也来了。大家安然而坐,没有起立、敬礼等礼节。

说是用餐，而且是一党的领袖设宴，饭菜却十分简单。10余人围坐一桌，一块陈旧无光的圆桌布覆盖在一张旧方桌上，4张白纸摆在桌面上以代桌巾，开宴之前，一阵风把白纸吹落了，就干脆舍去这"桌巾"不用。菜也不多，与平时毛泽东的饮食相比，只多了一味鸡汤。

毛泽东向陈嘉庚解释说："我没有钱买鸡。这只鸡是邻居老大娘知道我有远客，送给我的。"

陈嘉庚不知出席过多少盛宴，这是平生他第一次出席由重要人物邀请的俭朴的宴会，感触很深。抗战时艰，中国共产党的领袖除了特有的机智和勇武，几乎和普通群众没有两样。

宴毕，毛泽东和朱德陪同陈嘉庚来到中央党校内的中央大礼堂，参加延安各界欢迎陈嘉庚先生的晚会。

整个礼堂没有一把椅子，所有座位都是钉在木桩上的长木板。陈嘉庚紧挨毛泽东坐下，感受着边区人民的热情与朴实。

轮到陈嘉庚讲话了。他正正衣襟，走上主席台，说："我们来延安后，得与中国共产党、八路军诸领袖畅谈，亲耳听到许多话，使我们万分相信祖国的抗战一定没有问题，并将此言宣达给南洋各侨胞。"

陈嘉庚原计划在延安访问3天，因为李铁民头部不小心碰伤，侯西反又患腹泻，便多留了几天。其间，毛泽东、朱德多次找陈嘉庚进行了深入交谈。时间稍长，使陈嘉庚有了从侧面了解毛泽东的机会。

有一次，陈嘉庚和毛泽东闲谈南洋的情况时，很多人跑来听，顷刻间，所有座位都坐满了人。有一位勤务员晚到了一会儿，发现长板凳上毛泽东身边略有空隙，就侧身挤了过来。毛泽东笑着看了他一下，把自己的身体移开了一点儿，让勤务员坐得更舒服一些。

又有一次，毛泽东与陈嘉庚共进晚餐后，问陪同陈嘉庚来延安的国民党陕西省府第一科科长寿家骏住在什么地方，陈嘉庚说住前面的平屋，毛泽东就信步走进寿家骏的住处与其交谈了几个小时。陈嘉庚在窑洞口等候与毛泽东告辞，直等到晚上10点还没见毛泽东出来，只好进窑洞就寝。对此，陈嘉庚颇有感触地说："毛泽东竟与一科长谈了那么长时间，足见其虚怀若谷。"

延安华侨联合会安排了一些华侨男女青年给陈嘉庚一行当翻译，或组织他们一起座谈。在这些华侨子女面前，陈嘉庚显得特别轻松愉快，问的问题不但多，而且直来直去，不绕弯子。陈嘉庚反复问他们：毛泽东领导的共产党、八路军是真的打日本，还是打内战？共产党是否不讲伦理道德？毛泽东关心不关心老百姓的生活？陕北老百姓拥护不拥护毛泽东、共产党？你们又是怎样到延安的？生活习惯不习惯？……他们一一地如实相告。陈嘉庚了解了共产党、八路军是真正代表穷苦人的，不但与日本侵略者英勇作战，而且开展大生产运动，减轻人民负担，改善群众生活，十分激动与钦佩。

陈嘉庚想起了来延安前，在国民党统治区的一幕幕情景。

在重庆，蒋介石好像皇帝。他在重庆励志社三楼接见陈嘉庚时，陪同的是一大帮国民党中央要员，陈布雷、邵力子、吴铁城等都在其列。门口的传令兵是从百万大军中挑选出来的，声音特别洪亮。当蒋介石的座车驶到时，那个传令兵一声："蒋委员长到！"楼上的人立刻全体肃立，毕恭毕敬，连大气都不敢喘。等到蒋介石上楼来，卫兵为他脱去大氅，他挥手请大家坐下，大家方敢徐徐落座，诚惶诚恐，正襟危坐。

陈嘉庚处处目睹国民党官僚的贪污腐化、挥霍民脂民膏的现象。为迎接陈嘉庚的到来，仅重庆一地就准备了8万元招待费，安排住豪华宾馆，举办一系列大小宴会，一掷万金。国民党中央大员无官不贪。比如吴铁城，几乎天天宴客，估计单单这项开销就超过他的俸给不知多少倍！他还在嘉陵江边建了一座豪华别墅。后来，陈嘉庚与人气愤地谈论起此事，说："依照我的估计，非花加币（新加坡的货币）50万元以上不可。他如果不贪污，这些钱从哪里来？"

陈嘉庚这次回国还到了自己的家乡福建。在家乡，最使陈嘉庚不满意的是押解壮丁的情形。国民党对待壮丁采取种种残酷手段，令人目不忍睹，耳不忍闻，这种情形怎能鼓励青年们奋勇作战、杀敌卫国呢？

国民党自知腐败，也就极力阻止陈嘉庚等人去延安。

在重庆时，蒋介石曾亲自设宴招待陈嘉庚一行。席间，蒋介石问："陈先生到成都后，是否他往？"陈嘉庚答："兰州，西安。"蒋介石又问："尚往别处否？"陈嘉庚知其意，即答："延安如交通方便，也要去。"蒋介石听后，竟破口大骂起共产党来。陈嘉庚看到蒋介石声色俱厉，便答："我受华侨委托，回国慰劳考察，只要交通无阻，我不能不亲自前往，以尽职责，回南洋方可如实向华侨报告。"蒋介石对陈嘉庚的答复颇为不满，但又无可奈何，只得说："要去亦可，但勿受欺骗。"

……

想到这些，再想到在延安的所见所闻，陈嘉庚的心灵被强烈地震撼了。在延安短短几天时间里，陈嘉庚参观了工厂、学校、商店和市场。抗大学员赠送了他一套八路军灰色军服。这套粗布军服凝聚了敌后浴血抗战的军民对坚决支援抗战的爱国侨胞的敬意，他欣然收下了。他向延安中央医院捐款3000元，表示对该医院尽全力使李铁民、侯西反恢复健康的谢意。

8日凌晨5时，陈嘉庚一行在陕甘宁边区政府、八路军留守处领导及延安各界代表的夹道欢送下惜别延安，前往山西考察。

延安之行成了陈嘉庚一生的重要经历。他后来写文章说："本人往延安前多年，屡见报载中国共产党凶恶残忍，甚于盗贼猛兽，及至重庆，所闻

1949年6月，毛泽东同爱国华侨领袖陈嘉庚在中南海合影。

更觉厉害,谓中共无恶不作,横行剥削,无人道、无纪律,男女混杂,同于禽兽,且有人劝我勿往,以免危险。及到延安,所见所闻,则完全与所传相反,由是多留数天,多历陕北城市农村,多与社会领袖及公务员接触,凡所见闻,与延安无殊,即民生安定,工作勤奋,风化诚朴,教育振兴,男女有序,无苛捐杂税,无失业乞丐,其他兴利除弊,难于尽述,实为别有天地,大出我意料之外。"

回到重庆,陈嘉庚从国共两党所在地的实际情况及国共关系出发,希望国民党能实行民主与团结的政策,积极抗日,不要继续搞反共摩擦。国民党不但不考虑这一公正建议,反而指责他"自访问西北后,态度转向媚共"。

陈嘉庚不以"媚共"为耻,反以"亲共"为荣。他把延安与国统区相比较,越来越觉得延安是中国的希望所在。他对身边的人感慨地说:"我未往延安时,对中国的前途甚为悲观,以为中国的救星尚未出世,或还在学校读书。其实此人已经四五十岁了,而且做了很多大事了,此人现在延安,他就是毛主席。"

后来,毛泽东称赞陈嘉庚是"华侨旗帜,民族光辉"。

"我穿衣服的标准简单,不露肉、不透风就行"

陕北的冬天一向来得早,去得迟,穿棉衣的时间比在别的地方相对长一些,棉衣也就穿得格外地费。

抗战进入相持阶段后,由于敌人对陕甘宁边区的严密封锁,延安的物资极为匮乏。陕甘宁边区在党中央和毛泽东的号召下,开展了轰轰烈烈的大生产运动,部队官兵不仅自己动手为冬天御寒准备棉衣、袜子等物资,还自己动手赶制了一批毡帽,可由于原料不好,做工粗糙,帽壳平塌塌的,帽檐还往下耷拉,样子很不好看,战士们都不愿意戴。

有一天,警卫员从外面拿回来一顶这样的毡帽,一边给毛泽东看,一边把大家的意见告诉毛泽东:"大家说这帽子冬天戴挺暖和,可就是样子不好看,一戴上,别人就笑,所以没有人肯戴。"

毛泽东接过毡帽看了看,笑着说:"这帽子不错呀!没人戴,我戴!"说着,就把这顶毡帽扣到了自己的头上,还特意到院子里走了一圈,让大家看,惹得大家全笑了。

后来,在寒冷的天气里,毛泽东去开会、做报告,常常戴这顶毡帽。毛泽东戴毡帽的事很快就传开了,慢慢地,大家也都看惯了,并陆续戴上了这种毡帽。

再后来,边区群众中传唱了一段顺口溜:"八路军,土包子,头上戴着毡帽子,打仗就像钢炮子,敌人像个龟孙子。"

现在,在延安革命博物馆里还陈列着几张当年毛泽东头戴毡帽给战士做

"我穿衣服的标准简单，不露肉、不透风就行"

报告、参加会议的照片呢。

1940年冬，天气格外的冷。身处陕北的毛泽东依旧穿着他那件旧棉衣。党的领袖穿的是一件怎样的棉衣呢？用灰土布制作的棉衣由于穿得年头太长，颜色已经由灰变白，到处缝满了补丁，袖口和肘部等地方露出了棉花。这样一件旧棉衣，既不保暖，更谈不上好看。警卫员们几次提出给毛泽东换件新棉衣，可他就是不同意。他不止一次地对警卫员们说："我不是已经有棉衣了吗？现在边区的经济还很困难，大家的生活都很艰苦，我们应带头省吃俭用。我节约一件衣服，前方战士就能多发一发子弹啊！这件棉衣虽然破旧了，但洗了，好好缝补一下，还可以穿嘛！"这件棉衣曾被拆洗了几次，实在是不保暖了，而且上面的补丁越来越大，缝补的地方也越来越多，可是，毛泽东从不在乎这些，无论是工作、学习还是外出开会、做报告，都一直穿着它。

1942年3月23日，毛泽东戴着毡帽在延安高级技术干部季会上讲话。

毛泽东只有一套破旧的棉衣、棉裤，换洗的时候，难免有没得穿的情形。

一个冬天的下午，毛泽东盖着棉被，正聚精会神地躺坐在窑洞里的炕上批阅文件，八路军留守兵团司令员萧劲光走了进来。他见毛泽东躺坐在炕上，便关心地问毛泽东是否生病了。毛泽东往窑洞的火墙旁指了指，萧劲光顺着手势一看，那里正烘烤一条湿棉裤。毛泽东解释说："江青爱干净，把我唯一的一条棉裤洗了，我哪里起得了床哟！起来，我会光屁股。"萧劲光感到毛泽东对自己要求太严格了，立即要安排警卫员到留守兵团给毛泽东领一床棉被和一套新棉衣、新棉裤。毛泽东断然拒绝了，并且严肃地说：

"我现在若要搞特殊，人家群众就会不相信你，他们就会说你不是真革命者，是蒋介石，是皇帝。"

毛泽东穿着旧棉衣四处开会、做报告，同志们看到后便纷纷批评毛泽东身边的工作人员不负责任。这些工作人员都觉得很委屈。

眼看天气越来越冷，警卫员们急得不得了，实在没有办法，只好找到管理局。管理局的同志也觉得该给毛泽东换一件新棉衣了，于是，大家凑在一起商量，最后决定先斩后奏——反正要做新棉衣，索性就做一件稍好一点儿、暖和一点儿的。管理局的同志想办法搞来了几尺阴丹士林布，请边区被服厂给毛泽东做了一件又体面、又暖和的棉衣。

崭新的棉衣做好了，被叠得整整齐齐地放在桌子上，大家都很高兴，可高兴劲儿只维持了一会儿就没了——衣服是做好了，但是怎么给毛泽东呢？当面给，毛泽东肯定是不要的。大家都深知毛泽东的脾气，他肯定不会那么轻易就收下这件新棉衣，弄不好还会给一顿狠狠的批评。大家推来推去地挑选送新棉衣的人，最后，这个"艰巨的任务"落到了警卫员贺清华的肩上，让贺清华趁毛泽东睡觉时，悄悄地把新棉衣放进毛泽东住的屋子，再把旧棉衣换出来。

旧棉衣被换了出来。警卫员们原想把旧棉衣拆洗缝补后留作备用，谁知好不容易拆下来的布一入水就糟烂得不成形了，有的地方竟成了碎片，即使洗净晒干，也无法再缝回去了。看着这些破布，警卫员们不无感慨地说：这件棉衣真是到了该"退役"的时候了，想不到主席还一直穿在身上。这下，大家为这次先斩后奏找到了一个强有力的依据——棉衣被拆洗后，已经无法缝补了，主席即使责怪起来，也不愁没话可说了。想到这儿，每个人都稍稍松了一口气。

毛泽东一觉醒来，习惯性地伸手拿起放在身旁的棉衣，正要往身上穿时，感觉跟往常的不一样，不由地仔细一看，这才发现手中拿着的是一件里外全新的棉衣，而自己原来穿的那件旧棉衣不见了，便叫警卫员贺清华进来。

听到毛泽东大声地叫自己的名字，贺清华只好硬着头皮进了屋。

"我穿衣服的标准简单,不露肉、不透风就行"

毛泽东举着新棉衣问:"这是怎么一回事?"

贺清华小声回答:"这是管理局特意给您做的新棉衣。"

毛泽东皱起了眉头:"为什么?这件事,我不是早就交代过的吗?谁让你们给我做新棉衣的?我不是有棉衣穿嘛!"

"那件棉衣太破、太旧了,再说,穿在身上也不暖和呀!"

毛泽东很坚决地说:"衣服破些没关系,洗洗补补还可以穿嘛!你还是把我那件旧棉衣拿来吧。"

贺清华一听到"洗洗补补",一下子回过神来,音调也比刚才高了一倍:"那件旧棉衣,我们是准备拆洗缝补的,但布拆下来后都烂得不成样子了,实在是缝不起来了呀!"

"哦,是吗?"毛泽东有点儿不相信,"这样吧,你把它拿来给我看看。"他要眼见为实。

贺清华赶紧把七零八落的旧棉衣"残骸"抱了过来。毛泽东捧在怀里,认真地上下翻看着,轻轻地抚摸着,仿佛是在与一位老朋友告别。见布确实糟朽了,毛泽东惋惜地说:"既然这样,那,你看怎么办?"

"主席,我看,既然管理局已经给您做了新的,那就穿吧!"

"那不行!这件棉衣是新的,太好了,我不能穿。"毛泽东轻轻一摆手,边来回走着,边对贺清华说,"这样吧,一会儿去给我领一件普通的灰布棉衣,和你穿的一样。"

尽管贺清华心里十分不愿意,但他看到毛泽东的态度是那样坚决,只好把新棉衣拿走,到管理局领回了一件普通的灰布棉衣,心想,今天这个"调包计"失败了。

有一天,卫士李银桥拿着一件磨得很薄又布满补丁的灰布军装给毛泽东看,并说:"主席,您看看吧!再穿就出洋相了。说不定,您在会上做报告时一做手势,它就会碎成片呢。"

毛泽东接过旧军装,小心翼翼地放在腿上,轻轻地抚平上面的皱褶,对李银桥说:"别小看它,它跟我参加过洛川会议呢。"接着,一一列出了这件旧军装几年来的"功劳"。毛泽东默默地看着旧军装,突然长长地叹了

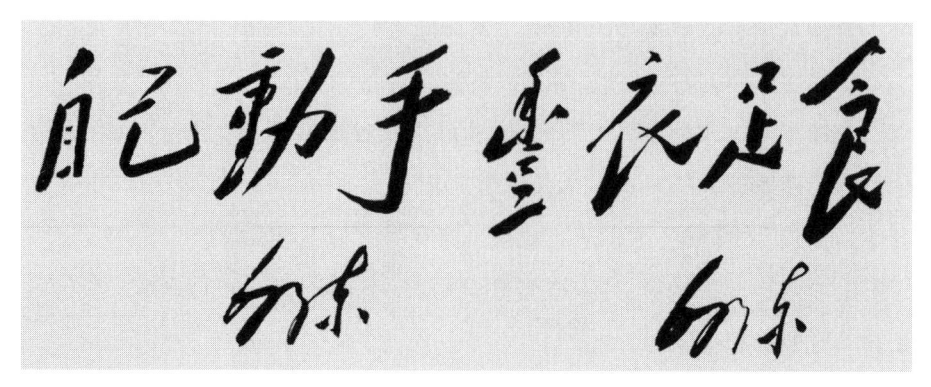

毛泽东为大生产运动题词。

一口气，说："这样吧！拿它补衣服用吧，它还可以继续发挥作用，我也能继续见到它。"毛泽东说话的语气好像是在面对一位患难与共的老战友，而不是一件旧军装。"老战友"光荣退休了，毛泽东还是念念不忘让它"发挥余热"。

毛泽东的衣服总是这样缝缝补补，能凑合就凑合，一年一年都是这样过来的。他常说："我穿衣服的标准简单，不露肉、不透风就行。如果衣服破了，就帮我补一补，能穿就行了。"

1948年秋天，随着解放战争的胜利进行，解放区的生活开始一天天好转。毛泽东身边的工作人员都在想，既然经济条件改善了，主席的穿着也应该有相应的提高了吧。

这时，负责照顾毛泽东女儿李讷的小阿姨是19岁的韩桂馨。平时，她除了照顾李讷外，还经常帮毛泽东做些针线活。毛泽东的衣服全是穿了多年、补了又补的，所以针线活不少。他有一件毛衣和一条毛裤，不知道穿了多少年，也不知道补过多少次了。一天，韩桂馨抖开这套毛衣、毛裤，见上面有好几个大窟窿，不少地方还脱了线，实在不保暖，也不好补了，就跟卫士们说了这个情况。

其实，大家早有给毛泽东买一套新的毛衣、毛裤的想法。前一年在陕北时，由于条件困难，大家没敢提，既然此时的条件好了，况且毛泽东的毛衣、毛裤也确实需要换了，于是，大家就围在一起商量怎么给毛泽东置办一套新的。

韩桂馨想了想，提出了自己的意见："西柏坡离石家庄这么近，那里毛衣、毛线都有。如果买毛衣、毛裤，怕主席穿上不合身，我看还不如去买毛线，我可以抽空给主席织，保证天冷之前让主席穿上。"大家一听，都觉得是个好主意，但是，没有毛泽东的同意，谁也不能花钱给他添置东西，于是拉着韩桂馨说："小韩，你去请示主席吧，你年龄最小，什么话都可以讲。"

"这不是我的工作呀，也不是小李讷的事。如果是关于小李讷的事，你们不去，我也敢去。这些都是你们的事，不应该由我去问主席呀。"韩桂馨的职责观念很强。

经过一番商量，大家想了一个折中的方案：由韩桂馨和李银桥一同去向毛泽东请示。

李银桥在毛泽东身边工作了很多年，比较了解毛泽东的脾气和习惯，于是显得胸有韬略地说："这得找个机会才行，不能干扰主席办公。要到主席休息或者散步的时候才能和主席说。"

一天，他们找到了机会。见毛泽东正坐在沙发上看资料，李银桥带着韩桂馨向毛泽东发起了"进攻"。

"主席，天气很快就冷了，同志们在给您准备过冬的衣服。您的毛衣和毛裤太破了，不好再补了，再说，也找不到颜色相同的毛线来补，就是能找到顺色的毛线，补上去也不好看。大家研究了一下，想给主席买新毛衣、毛裤，也可以买毛线，小韩来织，保证天冷时叫您穿上新的毛衣、毛裤。这是我们大家的意见。"李银桥首先"开火"了。为了突出是集体的决定，增加说话的分量，他特意把"大家"两个字说得格外重。

没等毛泽东开口，韩桂馨紧跟着发起了第二轮"攻势"："现在又不是在陕北。那时，有钱也买不到东西，只能穿补了又补的衣服。现在，这里离石家庄这么近，可以到那里去买毛线，我来织毛衣、毛裤。您原来的那身毛衣、毛裤已经破得不像样子了，实在不好补了。"

等二人的"攻势"告一段落，毛泽东才慢悠悠地说："我的衣服破了，好好补一补，还可以穿嘛。我们的生活和前线的战士们比，已经好多了。"

毛泽东边说边站起身来，对韩桂馨说，"小韩，你把李讷照顾好了，又为我们做了缝缝补补的工作，给你增加麻烦了，我非常感谢你。还是请你辛苦一点儿，把我的毛衣、毛裤织补一下，只要能穿就行了。"

"主席，您的毛衣、毛裤实在太破了，就算补上，穿着有多难看呀！"韩桂馨仍不甘心就这样"无功而返"。

"哎！穿在里面嘛，有什么好看不好看的？能穿就行了。外衣破了，补补不是还可以穿嘛！艰苦奋斗是我党我军的光荣传统呀！"毛泽东还是坚持自己的意见。

李银桥知道没有什么希望了，就朝韩桂馨递眼色，意思是不要再耽误主席的时间了。

毛泽东见他们要走，忽然说："你们两个就为这件事来的吗？还有没有别的事呀？"

韩桂馨嘴快："没有别的事，就是动员主席买毛线。"

毛泽东转向李银桥，问："银桥，你今年二十几啦？"

"21岁。"李银桥回答。

"小韩，你今年19了，对不对？"毛泽东又问韩桂馨。

"嗯，19岁。"韩桂馨答道。

毛泽东瞅着二人，笑道："那很好嘛！你们应该多互相帮助。"

听了毛泽东的话，李银桥的脸唰地红了，韩桂馨的脸也红了。俩人本来是来劝说毛泽东换新毛衣、毛裤的，没承想劝说不成，反而被毛泽东"打"了个措手不及。后来，在毛泽东的帮助和鼓励下，李银桥和韩桂馨终于喜结秦晋之好。

新中国成立后，毛泽东身边的工作人员多次劝他换一套新的毛衣、毛裤，但他总是让工作人员帮助修补旧的，舍不得花钱买新的。他总是告诫他们："不论是谁，都要注意节约，不能浪费一分钱。"

这套旧毛衣、毛裤，毛泽东一直穿到1956年，后来实在没法穿了，才买了新的，但他仍舍不得扔掉旧的，说以后说不定还有用得着的地方呢。

饮食上的最高享受

毛泽东的饮食特别简单，有时近乎苛刻。在吃住方面，他一直提倡大众化，反对搞特殊，反对铺张浪费。

井冈山斗争时期，条件非常艰苦，天当被，地当床，居无定所，饭是吃了上顿没下顿，时常以野菜充饥。有些官兵嫌野菜太苦，不太愿意吃，发了一些牢骚。毛泽东听说后，便带头吃起了野菜。他边吃边对官兵们说："这野菜确实比较苦，可是其中有丰富的政治营养，吃了之后，我们干革命就不怕苦。没有今天的苦，就没有日后的甜。要换取明天的甜，就要准备吃一切苦。我们要敢于和艰难困苦、和一切敌人做斗争，要有夺取全国胜利的信心和勇气！"一席话说得官兵们深受感动。大家在极其艰苦的条件下，始终保持了坚强的决心和坚定的信念，顶住了敌人的"围剿"，取得了井冈山斗争的胜利。

1936年7月至1937年1月，毛泽东在陕北保安县住了半年多。他日理万机、不分昼夜地工作，十分劳累，但在生活上，他和普通官兵没有两样。

毛泽东住在保安县炮楼山下的一孔石窑洞里。这孔窑洞由于多年没人居住，门窗风剥日蚀，破烂得不成样子。窑洞里极为潮湿，四壁都渗出了水珠，人在门外一站，都觉得冷飕飕的。窑洞里的炕是从石壁上凿进去的，又小又矮，人上了炕只能坐着，稍不留神，头就会撞着窑顶。

毛泽东不仅居住的条件艰苦，伙食也很差。这期间，他每月只有3元钱的伙食费（含招待费），怕生活超支，主食只吃小米，菜是土豆、白菜和辣椒，月底没菜吃时，就搞点儿辣椒、盐面儿当菜吃。警卫员们看在眼里，急在心里：长征以后，毛泽东的身体受到了很大的损害，这时更是一天天消瘦下去，唯一的解决办法就是让他吃得好一些。

可是，改善伙食不是一件容易的事。保安土地贫瘠，产品很少，物资缺乏，此时部队开到这里，一下子增加了这么多人，更是有钱也难买到东西，即使买点儿干豆角、山药蛋，也得跑几十里的山路。再说，毛泽东和其他几位中央领导没有专门的炊事员，甚至连厨房也没有，伙食费又都很少，实在不好改善伙食。眼看毛泽东的健康和工作要受到影响，警卫员们心急如焚。

一天，警卫员们得到一个好消息，离保安几十里的永宁山一带能买到鸡，顿时兴奋地跳了起来，决定瞒着毛泽东，让警卫员贺清华前去买鸡。

贺清华高兴地接受了任务。第二天，他满头大汗、美滋滋地提着两只鸡回来了，还带回了毛泽东最喜欢吃的辣椒。

有了鸡，每个人的那个高兴劲儿就别提了。大家马上烧水、杀鸡，七手八脚地忙了起来。没过多久，锅里就散发出了诱人的香味儿。

吃晚饭的时间到了，警卫员们兴高采烈地把烧好的鸡和一碟炒辣椒端了过来。毛泽东一看，很惊奇，便问："啊，从哪里弄来的鸡？"见毛泽东问，贺清华便得意地把买鸡的经过原原本本地讲了一遍。没想到，毛泽东听罢，表情严肃起来，摆了摆手，说："大家生活都很苦嘛，我应该和大家一样，不能搞特殊！"

警卫员们看毛泽东不动筷子，急得不得了。贺清华望着毛泽东那深陷下去的眼窝，含着泪说："主席身体不好，这样下去……"他低下头，哽咽着再也说不下去了。

毛泽东望了望大家，缓和了一下口气，说："下次可不要再买了。剩下的，你们把它吃了，下次端上来，我可不吃了。我这个湖南人爱吃辣的，只要有辣椒，我就可以多吃饭了！"说着，拿起一个辣椒吃了起来……

在延安时，有一次，毛泽东去地里看大生产的进度。回来的路上，他发现了一种枝干很高、长着圆叶、开着蓝花的野菜，便弯下腰去拔了一棵，抖落了根上的泥土，高兴地对身边的警卫员说："这种野菜叫冬苋菜，可以当菜吃，我小时候在老家吃过。长征时，大家还用它当饭吃哩。"

从这以后，人们经常看到毛泽东在休息的时候，拿着一把小锄，在住地旁边的山坡上或小河两岸的野地里挖野菜，而他的伙食里也就常常多了一盘鲜野菜。

起初，警卫员们觉得让毛泽东吃这种野菜不合适，可他坚持要吃。他不仅自己吃，还动员警卫员们吃，并说："野菜不仅现在要吃，就是将来革命胜利了，也应该常吃点儿，不能忘记我军艰苦奋斗的光荣传统啊！"新中国成立后，毛泽东到北京郊区视察时，还经常让身边的工作人员挖一些野菜带回去，做熟后津津有味地带头吃，时刻提醒自己要保持艰苦奋斗的革命传统。

由于敌人长期严密封锁，延安的物质生活条件十分艰苦。国民党军重点进攻陕北后，在胡宗南军队的烧杀掳掠下，边区的生活更为紧张，甚至官兵的粮食连小米也无法保证供应。

一天清晨，毛泽东经过又一夜的紧张工作，从窑洞里走了出来。当他远远看见一群战士正席地而坐、热热闹闹地吃早饭时，便信步走了过去，笑着问："哦，吃得蛮香的哩！你们吃的是什么呀？"

看到毛泽东走了过来，战士们纷纷停下了手中的筷子。离毛泽东近一点儿的几名战士站起身，边敬礼，边回答："主席，是'钱钱饭'！"

对"钱钱饭"，毛泽东并不陌生，它是毛泽东和官兵们饭桌上的"常客"。这种陕北农村的家常饭，做起来也不复杂，是用小米和黑豆压成铜钱般大小的片片后熬成的一种稀饭。然而，这时粮食紧张，别说小米，连黑豆也不容易找到了。炊事员学着当地老乡的办法，将米糠、秕谷同瓜菜混在一起，加点儿黑豆片片，熬成稀糊糊，也称其为"钱钱饭"。

毛泽东朝战士们的碗里看了看，顿时明白了大半。他示意大家都坐下，笑着说道："给我也来一碗'钱钱饭'，好吗？"

毛泽东接过一碗"钱钱饭"，边吃边笑着说："这饭好吃！这饭好吃！"过了一会儿，他又语重心长地说，"现在正是我们最困难的时候。今天大家吃些苦，正是为了能换取将来的甜啊！"

大家听了毛泽东的这番话，备感熟悉和亲切。年纪大一点儿的同志不由得想起了毛泽东以前也讲过同样的道理，想起一幕幕他与战士们同甘共苦的感人情景。

吃完饭，毛泽东特意把管理员找了来，叮嘱道："以后就给我做跟大家一样的'钱钱饭'。"

听毛泽东说也要和大家一起吃"钱钱饭"，管理员不禁面有难色，嘴里虽然勉强答应了，可心里想，主席工作这样繁重、紧张，粮食再困难，也不能让他吃这样的糠菜糊糊呀！

管理员想尽办法，总算给毛泽东弄来了一点儿小米。毛泽东知道后，对管理员说："你这样做不对哩！老乡们吃不上小米，机关、部队也吃不上小米，你给我做小米饭，我吃得下去吗？！"

一天，地方上送来了一点儿大米，虽然数量很少，但在当时显得特别珍贵。管理员尽管知道毛泽东肯定不同意收下，但看到毛泽东整天吃的都是糠菜糊糊，心想，为了主席的健康，自己受多少批评也值，便做主收了下来。管理员正拿着大米准备叫炊事员去熬一些稀饭时，恰好被毛泽东看见了。这一回，毛泽东的口气带了批评的味道："同志，不是早就跟你说过了吗？不要这样做嘛！这里的老乡生活这样苦，粮食本来就没有多少，我们的机关、部队人又这么多，老百姓的负担本来就够重的了。我为什么要那样特殊呢？战士们吃什么，我就吃什么，这就行了嘛！"说着，毛泽东又以不容置疑的口吻说，"'钱钱饭'一定要给我做！我就吃它！"说完，毛泽东让管理员把那点儿大米给伤病员送去了。

1947年4月，毛泽东等中央领导同志随中央纵队转移到了靖边县王家湾（今属陕西省安塞县）。王家湾是个小村子，半边靠山，到处是黄土斜坡和成排的窑洞。毛泽东、周恩来、任弼时等合住了一孔大套窑，毛泽东住一进门靠左的小窑，任弼时住毛泽东对过儿的小窑，周恩来等3人住的是窑的正中过道处。这里是大家讨论问题的唯一场所。

王家湾离敌人据点蟠龙只有百十里，敌人的便衣特务活动很猖狂，有

毛泽东在转战陕北时与农民一起吃饭。

时竟跑到王家湾附近窥探。河东的首长们时刻惦念毛泽东的人身安全，也为毛泽东的健康担心。贺龙特地把自己骑的两匹好马从河东送来给毛泽东，以便毛泽东行动时能顺利地上路。毛泽东笑着对大家说："离开延安坐汽车，到青阳岔骑马，再走就要步行了，好马留给部队打仗用吧。贺老总南征北战需要千里驹，我是可以安步当车的。"经毛泽东这么一说，大家才明白毛泽东住到王家湾后，经常长时间散步，有时步行10余里，原来是为了适应下一步的行军，在进行锻炼。

这时，毛泽东等中央领导同志的生活非常艰苦，常吃粗粮，很少吃细粮。吃饭时，周恩来都是争吃粗粮，把细粮留给毛泽东，但毛泽东总是一再推辞，把细粮留给身体不好的同志吃。至于油荤，更是很久不见了，就连青菜也吃不上，每顿的一点儿土豆既当菜，又当饭。有一次，毛泽东出去散步，指着路边的青灰菜说："这种野菜可以吃，我在老家吃过。长征时，大家都采它当饭吃。"经毛泽东这么一提醒，工作人员一闲下来就出去挖野菜，这样好歹让大家吃上了菜。

在转战陕北的艰苦岁月中，毛泽东亲自指挥陕北军民乃至全国人民与敌人进行殊死的斗争，经常通宵达旦地工作和连续急行军，得不到休息，身体日渐消瘦，周围的同志们都看在眼里，急在心头。

一天，夜已经很深了，毛泽东的行政秘书、中央纵队第一大队大队长龙飞虎还在床上辗转反侧。他想到离开延安时，有关领导指示他无论如何要照顾好主席的生活，自己也是拍了胸脯表示一定会完成任务，可是此时，主席日渐消瘦，不禁暗暗地责备起自己来。怎么办？他想了很久，最后决定去问问村长哪里能买到一只鸡，给毛泽东增加一点儿营养。

说干就干！第二天还没等到天亮，龙飞虎就急急忙忙起了床，拿着钱找到了驻地的村长高老汉打听买鸡的事。

听说是为毛泽东买鸡，高老汉自告奋勇地说："附近是买不到的。要不，咱上靖边一趟，那里也许能买到！"靖边离王家湾足足有60里路，来去要两天时间。

龙飞虎不好意思麻烦高老汉，便婉言谢绝："你在村里工作忙，年纪又大，去不得，还是我叫部队里的同志去吧！"

高老汉生气地说："首长们住在村里，日夜为咱老百姓操心，吃的饭菜却同咱们一样，咱们正犯愁呢！这一路，便衣探子很多，咱人熟、路熟，上路万无一失，同志们去了，咱还不放心呢！"说来说去，龙飞虎拗不过高老汉的好意，只得让他去了。

不巧，这天，毛泽东恰巧让龙飞虎去请高老汉来谈群众的生活情况，龙飞虎只好向毛泽东说，高老汉去靖边了。

第二天，高老汉回来了，将一只大芦花鸡交给了龙飞虎，还顺便带回了一些毛泽东最爱吃的红辣椒。龙飞虎告诉他，毛泽东不知道他去买鸡的事。他听了，满有把握地笑着说："没关系，我说得过去！"

买来一只鸡，总要做着吃呀！大家杀鸡的杀鸡，烧火的烧火，七手八脚地忙了起来，炊事员很快便把鸡做好了。

望着这盘香喷喷的鸡块，大家还没高兴多久就犯起愁来。他们是知道毛泽东的一贯态度的。对于前些日子，毛泽东严厉批评管理员的事，他们还记忆犹新，担心这回不但不会得到同意，反而会招来一顿批评。有一个跟了毛泽东多年的警卫员又提起当年在陕北保安时，一个战士跑了几十里山路为主席买鸡的往事，大家心里更没底了，七嘴八舌地凑着各种理由。最后，龙飞虎硬着头皮，捧着这盘鸡进了毛泽东住的窑洞。

看见龙飞虎手里捧的东西，毛泽东没等他开口说明来意，便明白了一大半。毛泽东习惯性地摆了摆手，没让他把这盘鸡放到桌上，而是温和地说："老虎啊，这件事，你不该这么去做啊！"

龙飞虎刚想把大家凑的几条理由跟毛泽东一一道来，毛泽东又做了一个手势打断他，语重心长地说："昨天，高老汉来说，群众的口粮还没安排好。我们应带头节衣缩食，保证乡亲们不挨饿才对啊！要时刻记住：我们是人民的勤务员，要时时为人民着想，要处处与人民同甘共苦啊！现在，大家的生活都很苦嘛，我更应该和大家一样，不能有丝毫特殊啊！"

龙飞虎听了毛泽东的这番教导，又感动，又难受，望着自己手里的这盘鸡，一时不知道怎么办才好，为难地说："可是，主席，鸡都已经买来了，也做好了，你看……"

毛泽东想了想，说："这样吧，你把这盘鸡拿去给周副主席吃，他最近身体不好。"

见龙飞虎还要说什么，毛泽东张开双手，上下有力地挥了挥，大声说道："你看我的身体很好嘛！"说完，朗声笑了起来。

见毛泽东的态度如此坚决，龙飞虎知道除了按照毛泽东所说的去办之外，别无其他可以变通的办法了，只好端着鸡默默地走出了窑洞。

后来，周恩来提议，几位首长合伙儿吃了这只鸡，才让这件事收了场。

毛泽东在饮食上很简单，要说最高享受，竟是吃一碗红烧肉！

毛泽东喜欢蘸着辣椒、酱油等佐料吃红烧肉、肘子肉，而且特别爱吃肥的部分。在他看来，能有一顿红烧肉吃就是大补了。

解放战争中打沙家店战役时，毛泽东三天两夜不出屋、不上床，运筹帷幄，决胜千里，歼灭国民党军第三十六师等部6000余人。战役结束后，毛泽东对李银桥说："银桥，你想想办法，帮我搞碗红烧肉来好不好？要肥点儿的。"

"打了这么大的胜仗，吃碗红烧肉还不应该？我马上去！"李银桥说。

毛泽东疲倦地摇摇头："我不是那个意思。这段时间用脑子太多，你给我吃点儿肥肉对我脑子有好处。"

李银桥搞来一碗红烧肉。毛泽东边深深地吸吮香气，边赞叹："真香啊！"接着抓起筷子，三下五除二，吃了个碗底朝天。

毛泽东放下碗，见李银桥目瞪口呆地站立在一边，忽然孩子气地笑了："有点儿馋了。吃点儿肥肉对我有好处，补补脑子……打赢了，我的要求不过分吧？"

"不过分！主席要求得太少了，太低了！"李银桥眼圈儿一下子红了。歼敌6000余人，毛泽东只要求吃一碗红烧肉！

"不低了。战士们冲锋陷阵也没吃上红烧肉，只能杀马、杀骡子吃呢。"

自此，李银桥等卫士们知道毛泽东爱吃红烧肉是为了补脑子。以后每逢大战或者毛泽东连续写作几昼夜，卫士们便千方百计地给他搞一碗红烧肉。

1947年，延安大食堂断了粮，战士们天天吃煮黑豆，吃得人人胀肚。毛泽东生活也很艰苦，但仍然写了《中国人民解放军宣言》等大量文章。看着他常用手在额头上用力揉搓，工作人员心里很急：粮食都吃不到，去哪里搞红烧肉啊？幸亏贺龙托人从河东捎来一块腊肉。李银桥忙叫炊事员炒了一小碟给毛泽东补脑子。

腊肉端上桌，毛泽东问明来历后，便叫李银桥把腊肉撤下去，说："你们想叫我吃下去，可是我怎么能吃得下去呢？"

李银桥争辩说："这是为了补脑子，为了工作，可不是为了享受。"

"脑子是要补，可是也要讲条件，条件不同，补脑子的方法也不同。银桥啊，你给我梳梳头吧。"接着，毛泽东给李银桥讲黑豆有营养，蛋白质足够脑子用；梳头可以促进血液循环，把营养首先补充给脑子。

后来，那块腊肉再没有人动，一直保存到新年前，用来款待了由华东赶来开会的陈毅司令员。

毛泽东说补脑子要讲条件，可是到西柏坡后，条件好了，他也没有改变补脑子的方法。

1948年"九月会议"期间，卫士们给毛泽东做了两次红烧肉。见毛泽东很劳累,卫士们便想给毛泽东搞点儿好吃的,为了变变花样,他们曾出去打斑鸠。

毛泽东知道了这个情况,嘱咐卫士们:"你们不要为我吃的东西费力气,一个星期给我吃两次肥肉,那就足矣。"

此后,卫士们就照毛泽东的吩咐,每星期保证让他吃上两顿红烧肉。

济南解放了。当毛泽东挥着攻克济南的电报告诉卫士们这一好消息时,一个卫士调皮地将其与红烧肉联系了起来:"主席吃了红烧肉,指挥打仗没有不赢的。"

毛泽东在西柏坡住地。

毛泽东指挥气势磅礴的三大战役,有多少个不眠的日日夜夜啊!大家都担心他的身体熬不住,便商量如何保证他的饮食,而毛泽东提出了自己的"最高要求":"只要一星期给我保证两顿红烧肉,我肯定能打败蒋介石!"工作人员照他说的办了,他也果真带领人民彻底打败了蒋介石。

新中国成立后,毛泽东将主要精力投到了国内建设之中,去全国各地的次数也多了。1953年年底至1954年年初,毛泽东在杭州住了3个多月,主持起草了我国第一部宪法,并以极大精力关注农村和农业生产,主持制定了过渡时期的总路线。

这段时间,毛泽东下乡多,写东西也多。他写东西和指挥打仗一样,不分昼夜。这时,他吃饭总是很随便,别人要一催再催,他才喝一缸麦片粥或吃一缸挂面,而这些都是卫士们在电炉上给他做的,但是每隔三四天,要给他来一碗红烧肉,而且要肥点儿的。

毛泽东爱吃红烧肉,但并不是一味地认为越肥越好;新中国成立后,在他要吃红烧肉时,工作人员也尽量不让他吃太肥的,而是给他吃烧肘子肉。随着年龄的增长，保健医生考虑到毛泽东年事已高，肥肉、鸡蛋等胆固醇含量高的食品对他不合适，于是菜谱中就很少出现红烧肉了，但毛泽东总是每隔一段时间就找卫士长："我不要他的菜谱，你去给我搞一碗红烧肉来！"保健医生徐涛几次找毛泽东"论理"，都被毛泽东驳得哑口无言。毛泽东说："人们要求生活更美好，可是，你们医生在饮食上又搞了那么多限制，什么胆固醇又高了，油又多了，鸡蛋又限制了，这不是矛盾吗？……胆固醇是人体内存在的，必定也有用处，把它降得太低，就不会有别的问题吗？"

如果很长时间没有吃到红烧肉，毛泽东便会亲自到厨房诙谐地问："怎么，是不是最近张飞没赶集了？"遇到这种情况，炊事员就给他做一碗，让他解解馋。有时，毛泽东连续工作几十个小时或两三天没吃过一顿正经饭时，也会提出自己的"最高要求"：搞一碗红烧肉来补补脑子。有一天，当这个"最高要求"被江青干涉而未能实现时，他竟发了火。一个党和国家的领导人因为想吃一碗红烧肉而大发雷霆，多么令人难以想象！但是在3年经济困难时期，他硬是带头7个月不吃肉，在饮食上连这一点点的"奢华"也省略掉了。他常以白水煮面条，或是以一盘马齿苋、或是以一盘炒菠菜就饭来支撑一天的工作。

毛泽东为什么爱吃红烧肉呢？根据他的解释和他身边工作人员的分析，可以从两方面来理解：在健康上，吃红烧肉可以起补养作用，用他自己的话讲，可以"补脑子"；从消费和政治上看，这是大路货，不是山珍海味，容易找到，老百姓为了改善生活，也可以做，和人民群众相比，吃红烧肉不算脱离群众，如果吃的是山珍海味，就是两回事了，因为老百姓是吃不上山珍海味的。

不愿做"特殊公民"

1940年至1942年,陕甘宁边区进入了最困难的时期。日本帝国主义为了支持太平洋战争,在中国加紧推行"以战养战"的原则,更加强调以共产党为打击重点的作战方针,停止向国民党战场上的战略进攻,而将主力部队转到中国共产党领导的敌后战场,对抗日根据地进行疯狂的"大扫荡",实行灭绝人性的"三光"政策。与此同时,国民党顽固派更加肆无忌惮地推行反共活动,不仅停发八路军和新四军的军饷,而且派出重兵掀起了一次又一次的反共高潮,对陕甘宁边区实行军事包围和经济封锁,妄图以武力消灭共产党,困死、饿死中国共产党领导的抗日武装。

当时,陕甘宁边区仅有140多万人口,又是土地贫瘠的黄土高原,在国民党顽固派的封锁下,要担负数万干部、战士以及从全国各地不断奔赴延安的青年学生的衣食住行,有许多实际困难,加上边区遭受了严重的自然灾害,天灾、人祸接踵而来,陷入了困境,正如毛泽东所指出的那样:"我们几乎弄到没有衣穿,没有油吃,没有纸,没有菜,战士没有鞋袜,工作人员没有被盖。"无论领导干部还是部队战士,穿着都很破烂,甚至有人连一件换季的衣服都没有。面对这些困难,中共中央、陕甘宁边区以及八路军留守兵团的领导同志都忧心忡忡,积极寻求解决问题的办法。

困难是从来吓不倒毛泽东的,他仍然以其特有的幽默对待这个严峻的现实。

一天,毛泽东把西北局书记高岗、边区政府主席林伯渠和八路军留守兵团司令员萧劲光找来，讨论解决困难的办法。毛泽东对他们说："我们到陕北是来干什么的呢？是干革命的。现在，日本帝国主义、国民党顽固派要困死、饿死我们，怎么办？我看有3个办法：第一是革命革不下去了，那就不革命了，大家解散回家。第二是不愿解散，又无办法，大家等着饿死。第三是靠我们自己的两只手，自力更生，发展生产，大家共同克服困难。"毛泽东的话既风趣，又易懂，一下子解决了大家想解决又找不到解决办法的问题，驱散了大家心中的忧虑。几个人不约而同地说："大家都会赞成第三种办法的。"

毛泽东听了，笑了笑，接着说："现在看来，也只有这个办法了。这是我们的唯一出路，是打破封锁、克服困难的最有效、最根本的办法。至于顽固派对进出边区的物资实行封锁，我们边区可以想一些办法，来他个反封锁嘛！"他笑着对萧劲光说，"至于军队的任务嘛，战士们不也都有两只手吗？你们就一手拿枪，一手拿锄头好了！"

为了布置八路军留守兵团和党政机关的生产任务，中共中央于1939年2月2日在延安召开了生产动员大会。毛泽东、张闻天、陈云、李富春以及党政军各机关代表700多人出席了大会。会上，毛泽东代表中央发出了"自己动手""自力更生"的号召。毛泽东问代表们："饿死呢？解散呢？还是自己动手呢？"他马上做了回答，"饿死是没有一个人赞成的，解散也是没有一个人赞成的，还是自己动手吧。开荒种地，渡过难关！"

在党中央和毛泽东的号召下，大会后，军队、机关和学校迅速开展了轰轰烈烈的大生产运动。毛泽东身体力行，加入了生产运动之中。

一天，警卫员们正在开生产动员大会。毛泽东从窑洞里走了过来，问："你们开什么会呀？"

"生产动员大会。"警卫员回答。

毛泽东笑呵呵地说："这很好嘛！"他走了几步，说道，"党中央号召我们开展生产运动，克服目前的经济困难，减轻边区人民的负担。杨家岭山上的土地很多，我们可以种瓜、种菜，还可以养猪，解决自己的穿衣、吃饭问题。"

会后，警卫班的战士们按照生产计划轮流上山，分片开荒。

毛泽东对战士们说："我不能走远了，不能和你们一起上山开荒。可以在附近给我分一块地。只开一亩，不多，也不少。"

听毛泽东说也要参加生产劳动，大家都坐不住了，七嘴八舌地劝阻说："主席工作很忙，身体又弱，不一定非要参加生产呀！我们每个人多干一点儿就行了。"

毛泽东摇摇头，坚定地说："不行！自己动手，克服困难。大生产运动是党中央的决定，我应该和同志们一样，响应党中央的号召参加劳动生产。我现在还能动，决不要人代耕！"

在毛泽东的坚持下，大家就在杨家岭窑洞对面的山沟里开垦了一块长方形的地。毛泽东一有空余时间，就在这块地里劳动。

一天，毛泽东办公累了，扛起镢头去刨地，几个警卫员赶忙跟去抢着刨。毛泽东急了，大声对他们说："你们这么抢，不是没有我的份儿了吗？你们有你们的生产计划，我有我的生产任务，咱们各干各的，好不好？"

警卫员们不管毛泽东怎么着急地叫嚷，一边和他并排刨地，一边偷偷地乐。毛泽东无可奈何地摇摇头，只好跟他们一起干。他使劲挥动镢头，将地刨得又深又平，干热了，就脱掉外衣，又干了一会儿，连衬衣也湿透了，

毛泽东在大生产运动中开荒种地。

土扑了一脸。警卫员们劝他休息，他笑着说："不要紧，劳动就是要流点儿汗水嘛！"

刨完地，毛泽东打算在上面种一些菜，便问警卫员："你们谁会种菜？"

警卫排长指着一个班长说："他是延安县的人，在家种过菜。"

毛泽东笑着对班长说："那很好，我就拜你做师傅。西红柿，我还不会种，你教教我好吗？"

那位班长的脸马上红了，不好意思地说："菜是种过，可种得不好。"

毛泽东说："经验不多不要紧，我们大家一齐来研究研究嘛！三个臭皮匠，合成一个诸葛亮呀！"

很快地，这块地里就种上了西红柿、黄瓜、豆角、辣椒等蔬菜。菜苗出土后，毛泽东经常利用休息的时间施肥、浇水、锄草、打芽。

辛勤的劳动结出了丰硕的果实：毛泽东种的西红柿又红又大，架上的黄瓜顶花披刺、又粗又长，辣椒也长势喜人，嫩绿的豆角摘了一茬儿又一茬儿……这下，大家都能吃到丰富、新鲜的蔬菜了。客人来了，毛泽东就去地里摘自己种的菜来招待他们。有时吃不完，毛泽东就嘱咐警卫员摘一些送给其他领导。毛泽东种的菜甚至还作为礼品送给国际友人了呢。

1942年6月，斯大林派飞机送医务人员到延安，给毛泽东带了一封信、10件皮大衣、10条毛毯和10双长筒皮鞋，还有几双矮靿皮鞋和几箱香烟。毛泽东热烈欢迎了这些不远万里而来的苏联朋友，并详细询问了斯大林的健康状况。

苏联的同志要回国了，送些什么礼物给他们呢？毛泽东想来想去，给斯大林写了一封回信，又请人缝了一个布口袋，装上了自己亲手播种、施肥、采摘、焙干的鲜红鲜红的大辣椒。毛泽东笑着对苏联的同志说："延安这里没有什么特别的东西，我就给斯大林同志送这点儿礼品，表示我的谢意吧。"

这袋红辣椒和给斯大林的信很快被带回了苏联，并转给了斯大林。斯大林收到毛泽东的礼物后高兴地连连点头。

毛泽东以身作则，以普通劳动者的身份积极参加生产劳动，使边区军民深受鼓舞。有一个游手好闲的人，成天闲逛，不愿劳动，当他看到毛泽东冒着酷暑在地里锄草、浇水时，感动得落了泪，马上参加了生产劳动。至于那些劳动观念淡薄的人就更不用说了。在毛泽东的激励下，全边区的大生产运动开展得更加火热了，当年，全边区机关、部队、学校共开荒1055800多亩，秋后收获粮食23572石，大大改善了军民的生活。八路军留守兵团和保安部队的成绩最好，不仅实现了肉食、蔬菜自给，而且有节余，还给每个官兵增发了一套单衣以及毛衣、毛袜、棉鞋等用品，初步尝到了自己动手的甜头。

随着大生产运动开展的不断深入，中央机关生产委员会几乎给每位同志都布置了具体的生产任务，考虑到领导工作异常繁忙，就没有给毛泽东和书记处的几位同志分配生产工作。

一天夜里，毛泽东伏在办公桌上聚精会神地审阅中央机关生产委员会送来的报告，提笔在报告上画了一个大大的问号，然后让警卫员把中央生产运动委员会副主任李富春叫来。

不一会儿，李富春匆匆赶来，气喘吁吁地问："主席，有事吗？"

毛泽东点点头，指着面前的椅子说："富春，坐。"

李富春坐下后，毛泽东拿起桌子上的报告，说："富春同志，这个报告怎么没有规定书记处同志的生产任务呢？"

李富春回答："我们考虑书记处的同志工作太忙……"

"不！不不！"毛泽东打断李富春的话，"这不能成为理由，不能因为忙就站在生产运动之外嘛！"

李富春不以为然地说："书记处的同志要抓那么多的大事，哪能事必躬亲呀！"

毛泽东笑着摇摇头，说："不。该躬亲的事，一定要躬亲。"他语重心长地说，"目前，我们全党集中精力抓生产，克服困难，坚持抗战。对于这样的大事，我们不能只发发号令，必须身体力行，必须用实际行动为全党、全军和全边区人民做出榜样。作为党的领导机关的成员，就更没有理由将自己置身于大生产之外了。"

李富春想了想，说："你和朱总司令肩上的担子太重，情况特殊，不能按一般同志要求。再说，你还种了菜，这也可以算作生产任务嘛！"

毛泽东摇摇头，站起身来，来回踱着步说："我们动员全党、全军和全边区人民参加生产运动，我们领导同志应该首先站在生产的前列，绝不做特殊公民！"

李富春见毛泽东态度坚决，不知说什么好。

毛泽东继续说："我虽然不能和同志们一样去山上开荒种地，但我可以实行变工互助。比如，大家都有制造羊角纽扣的任务，我就可以利用工余时间多干一些嘛！"

李富春无可奈何地笑了，说："我总是说不赢你。那好吧，我们就修改一下生产计划。"

"这就对喽！"毛泽东满意地点点头。

接着，毛泽东询问了大生产的进展情况。李富春告诉他，同志们的热情很高，中直管理局的同志也提出要开荒种地、缴公粮。

毛泽东对吃公粮的人要缴公粮感到很新鲜，忙问："缴多少？"

李富春回答："缴一个月的口粮，按每人每天1斤小米计算，每人上缴45斤。"

"好啊！"毛泽东高兴地说，"我举双手赞成！我也要缴一份！"

"你也要缴一份？"李富春听了，马上说，"那怎么行？"

"那怎么就不行呢？"毛泽东诙谐地反问道。

李富春劝道："你的负担太重了呀！"

毛泽东笑了笑，说："大家也不轻松呀！既要抗日，又要同国民党顽固派的反共摩擦做斗争，还要参加生产运动，可以说是满负荷运转，可是大家仍在奋斗，仍在拼搏，难道我能偷闲？你说呢？"

李富春沉思片刻，征询道："主席，你的那一份公粮，由办公厅的同志代缴行吗？"

毛泽东摇了摇头，说："不，那可不行！做客、看戏可以代替，公民缴纳公粮可是不能代替的。再说一遍：我可不愿意做'特殊公民'哦！"

就这样，毛泽东等领导同志都增加了生产任务和劳动时间。

毛泽东一有时间就去菜地劳动，实在脱不开身时，便利用饭前、饭后或与同志们交谈的机会，拿出刀子刻制羊角纽扣，一天刻几个、十几个，一个月下来就制作了一长串，年底一算账，完成了分配的任务。

艰难困苦，玉汝于成。轰轰烈烈的大生产运动使边区摆脱了困境，为中国共产党打破国民党反动派的封锁、最终战胜日本帝国主义打下了坚实的物质基础。毛泽东亲自参加生产劳动，极大地鼓舞了边区军民自力更生、艰苦奋斗、克服困难的信心，成为推动边区开展生产运动的一股巨大力量。

不仅是在条件艰苦的战争年代，即便是新中国成立后，条件大大改善了，毛泽东仍然亲自参加劳动。

1958年5月，中共八大二次会议在北京召开。会议期间，1000多名与会代表一致通过了刘少奇代表中共中央根据毛泽东创议而提出的"鼓足干劲、力争上游、多快好省地建设社会主义"的总路线。毛泽东号召全党和全国人民为实现社会主义总路线而奋斗，向技术革命和文化革命进军。

中共八大二次会议闭幕后，八届五中全会于5月25日在北京举行。当天13点开始，毛泽东、刘少奇、周恩来、朱德及全体中央政治局委员、候补委员陆陆续续来到中南海怀仁堂集合，几乎每一个人都是普通劳动者的装束：头戴草帽，身着粗布衣，脚穿圆口布鞋。他们要去十三陵水库工地参加劳动。13点40分，满载中央首长的5辆大轿车从中南海出发，开往十三陵水库。

15点20分，当毛泽东和其他中央领导同志出现在十三陵水库工地指挥所时，立即被参加劳动的群众发现了，"毛主席万岁"的欢呼声顿时响彻云霄。

"毛主席来参加劳动啦！中央领导同志都来啦！"消息很快传遍了热火朝天的水库工地，大家群情激昂。工地的大扩音器不断地播出热情洋溢的文章、不停地播放颂扬党和领袖的歌曲。领袖和人民血肉相连、水乳交融的感人场面真是难以言表。

毛泽东拿起铁锹，和彭真往一个柳条筐里装土。这时，聚集的群众都争先恐后地围在毛泽东等领导的身边。毛泽东使用铁锹如同握笔写文章一样洒脱,像一个老农、一个干活的好把式。当毛泽东放下铁锹时,一个战士立刻脱下军服,将这把铁锹包了起来,并激动地说:"看到这把铁锹,我们就想起了毛主席,我们的干劲就会更大了!"

直到18点40分,毛泽东和其他中央领导同志才离开工地,但群众的情绪仍然十分高涨。第二天,《人民日报》等全国各大报纸都发表了这条新闻,并刊登了多幅照片。全国人民看到毛泽东亲临工地,与群众一起为工地洒下汗水,都为之振奋;工地的建设者更是纷纷表示要鼓起更大的干劲,尽快保质保量地完成水库的修筑任务。

从十三陵水库工地回来后,毛泽东对秘书高智说:"你们每人要轮流再去十三陵水库劳动两周。"于是,遵照毛泽东的指示,他身边的工作人员分成了两组,又去水库工地劳动了两周。

长期以来,毛泽东看到了干部脱离群众甚至腐化堕落的某些严重问题,把干部参加劳动看作无产阶级政党同一切资产阶级政党相区别的标志之一,因而把它同加强党的建设联系起来。他在这一时期的论述与在1949年3月举行的中共七届二中全会上论述的全党要警惕糖衣炮弹的进攻的论断有异曲同工的作用。

从"骂声"中改进工作

毛泽东一贯倡导密切联系群众，总是注意了解群众的反映，倾听群众的呼声，以此来改进自己的工作。

1941年6月3日下午，陕甘宁边区政府在小礼堂召开县长联席会议。天空中电闪雷鸣，大雨滂沱，突然响起一声重雷，震耳欲聋，紧接着，闪电径直穿过了会议室，与会人员都受到了巨大震动，头晕目眩地慌忙奔向室外。延川县代县长李彩云因触电过重，经抢救无效，不幸去世。

这天正逢集市，集市上人群熙熙攘攘，十分热闹。一位50多岁的安塞老汉拉着毛驴也来赶集，遇到大雨，便把毛驴拴在木桩上避雨，结果毛驴被雷电打死了。老汉气得又跺脚、又骂娘，还呜呜地哭了起来，边哭边数落："老天爷瞎了眼，为什么偏要打死李县长，打死我的毛驴……"还说了对毛泽东不敬的话。周围的老乡一听，都吓坏了，赶紧上前劝阻他。不料，老汉的话就像长了翅膀，很快传遍了延安城，于是，街头巷尾传言四起——有人说，这是老天爷对人间的惩罚，是一种报应，是大难临头的不祥之兆；有人说，共产党、毛主席领导八路军抗战，是为了咱老百姓能过好日子，可也不能不管咱的死活啊！对于老汉，有人说他是"反革命"，要追查他，有人同情他，还有人别有用心地想进一步把事情搞大。

消息传到边区保安处，有人提议把老汉抓起来，也有人建议要及时向党中央汇报，请示毛泽东。

毛泽东很快就知道了这件事。雷电击人是一种常见的自然灾害，没有什么奇怪的，可街头为什么有那么多传言呢？毛泽东觉得这里面有问题，立即打电话要保安处来人商谈此事。

保安处的小吴来到毛泽东的办公室。

毛泽东和蔼地问："听说你非要拘留那位老乡，为什么呢？"

小吴激动地说："他在大庭广众下侮辱您！"

"是吗？他是怎么侮辱的，你说给我听听。"

小吴气愤地报告了事情的经过，并说："李县长是中了雷电死的，与主席有啥关系！他自己死了驴，心里有气，竟然迁怒于您，而且在延安最热闹的市场上，指名道姓地骂您。我认为这是一桩严重事件，所以应该马上拘留审讯他！"

毛泽东听罢爽朗地笑了，说："他骂了我毛泽东，可没有犯法呀！"

"不！您是人民的领袖，骂您，说明他不是特务汉奸，就是土豪劣绅，是'反革命'，我们拘留审讯他是应该的！"

毛泽东笑着说："你想过没有，真的特务汉奸敢在光天化日下骂我吗？"

小吴一怔，张着嘴不知说什么好。

毛泽东起身走到小吴身边，用温和的目光看着他，问："小吴，你知道人民群众为什么拥护我们、热爱我们吗？"

小吴毫不犹豫回答："是因为我们为老百姓打天下、谋幸福呗！"

"这就对了！"毛泽东赞许地点点头，"人民拥护我们，热爱我们，是因为我们这个队伍是革命的队伍，是为了解放穷苦人民的，是全心全意为人民服务的，所以，我们如果工作中有了缺点、错误，不管什么人，不管他采取什么方式提出批评意见，我们都应该接受！你说对吗？"

小吴辩解道："可他不是提意见，是骂人！"

毛泽东轻轻一笑，说："骂人也是一种提意见的方式嘛！"

小吴不再吭声了。

毛泽东拍拍小吴的肩膀，说："小吴同志，我建议你不要拘留那位老乡，但是，请你帮我了解一下具体的情况，看他究竟对我有什么意见，行吗？"

小吴爽快地答应了。

小吴走后,毛泽东陷入了沉思。作为农民的儿子,老百姓的喜怒哀乐时时牵动他的心。这个老汉究竟有什么情绪及不满,以致当众骂人呢?

原来,问题出在边区政府。当时,陕甘宁边区处于最困难的时期:日寇实行"三光"政策和大规模的"扫荡";国民党反动派对边区实行层层包围和封锁;1939年至1941年,边区连年遭受了水、旱、虫等自然灾害的严重侵袭;几年中,边区军政人员明显增加,全边区非生产人员相继增加10多万人。在此情况下,边区人民的负担逐年加重,伤害了他们的生产积极性,也损害了党和群众的关系,以致在群众中出现了不少牢骚和怨言。

几天后,小吴向毛泽东汇报了这些情况。毛泽东眉头紧锁,听小吴继续说:"抗战初,边区群众的救国公粮只有1万石,1939年是5万石,去年是9万石,可今年猛增到20万石,群众嫌负担过重,对政府有意见,加上某些基层干部只顾完成任务,不注意工作方法,群众难免会产生抱怨的情绪。有些人乍一听到平易近人、一心关心群众疾苦的好县长不幸身亡,情绪一下子很难转过弯来。那位老汉就是对今年分配的20万石救国公粮不满,激动中便借题发挥,冒出了对您不敬的话来!"

毛泽东心情沉重地叹了口气:"噢,原来是这样!"他思索片刻,说,"看来,这位老乡确实给我们提了一个很好的意见,批评得对呀!"

毛泽东立即着手处理此事。他指示西北局组成一个考察团,深入农村进行调查,随后向中央做详细汇报。毛泽东掌握大量的第一手材料后,指示边区政府减征公粮,决定把当年边区征收公粮的数额从20万石减少到16万石。最终确信边区群众能够承担时,毛泽东这才放下心来。

此举一出,使毛泽东在群众中的威信更高了。那个骂人的老汉也悔恨交加,连连拍着脑袋说:"是俺错了!是俺错了!俺千不该、万不该,不该骂毛主席!"

减征公粮后,边区政府还进行了大规模的精兵简政,进一步减轻了农民的负担,农民的生产积极性也提高了。

虽然总的形势有了好转,但是,一些地方征收公粮的任务还是偏重,

毛泽东在延安给干部做报告。

有的地方干部的工作方法简单、粗暴，也损害了党和群众的关系。

清涧县一位农妇的丈夫去世了，3个孩子中，大的10岁，小的才3岁半，还有一个瘫痪的婆母，家中缺少劳动力，生活十分困难。全家住的两孔窑洞临近水沟，水一涨就被淹，家里没钱，也没有劳动力打一孔新的窑洞。这几年，前去她家征粮的县、乡、村干部不少，有些人不顾她家的实际情况强行征粮，甚至还骂人，她忍不住骂了共产党，骂了毛泽东，因此被抓了起来，押至延安，保安处准备对她审讯后予以惩治。

毛泽东知道这件事后下了指示："把骂我的那个妇人带来，我要亲自问问话。"

农妇十分害怕，知道自己闯了大祸，命可能都保不住了。见到毛泽东，她哆哆嗦嗦，说不出话来。

毛泽东温和地对她说："你不用怕嘛！请坐，坐呀！先吃几个枣吧。"

农妇战战兢兢地坐了下来。

毛泽东亲切地询问了她家的情况。农妇说着说着，捂着脸大哭起来，做梦也没有想到骂了共产党，骂了毛泽东，毛泽东还同她亲切地拉家常。她内疚地说："毛主席，咱不对哩！咱不该骂政府哩！……咱犯了大罪嘛！……您就枪……毙咱吧！"说完，她双膝一跪，求毛泽东处罚。

毛泽东连忙俯下身，双手扶起她，说："你不用难过嘛！我们不会枪毙你的。我已经批评了清涧的地方干部，也批评了延安的执法部门。老百姓有具体困难，不予以解决就该挨骂嘛！你骂了政府，被捉了来。我今天同你谈谈，你不用害怕，要对我讲真心话。"

农妇见毛泽东态度诚恳，也就放了心，擦干眼泪，一五一十地把实际情况说了出来。

毛泽东听罢，十分气愤，半晌不语。

农妇试探地问："毛主席，咱讲完了，咱只求您看在3个娃的分上，把咱早些放回去，行不？"

毛泽东满口答应："行！行！"

毛泽东叫来有关负责干部，指着这位农妇说："马上放人！还要派专人护送她回家。记住，去清涧的人，带上公文，讲明这位同志没有什么罪过，这是个好人，是个敢于讲真话、为我们共产党和革命政府提了良好愿望和意见的好同志！要对当地政府讲明，对她家实行具体的特别照顾。同时，清涧的公粮问题，社会调查部和边区政府要做一次认真的调查研究，该免的要免，该减的要减，不能搞国民党反动派那一套——搜刮民财，不管老百姓死活！我们的组织、干部部门，也要对现行的村以上当权的官员进行一次审查，不胜任的，不是全心全意为人民服务的，撤换下来。"

在毛泽东的严厉批评下，这件事得到了妥善处理。

为了从根本上克服严重的物质生活困难，更好地减轻边区人民群众的负担，毛泽东又号召部队干部战士进一步开展大生产运动，使部队和机关生产的农副产品实现了自给或半自给，有力地支持了革命战争的进一步发展。

毛泽东在责骂声中心明似镜，目光敏锐。他的这种善于从牢骚、怨言中吸取有益的东西、用以改进工作的做法，得到了广大人民群众的衷心拥戴。

得知张思德牺牲发了脾气

1943年初夏,毛泽东身边新调来一位警卫员,名叫张思德。

张思德于1915年出生在四川仪陇的一个贫民家庭,1933年参加红军,1937年加入中国共产党。在反国民党军"六路围攻"的战斗中,他的右腿两次负伤,但他强忍剧痛冲入敌阵,缴获了敌人两挺机枪。在长征途中,他两过雪山、草地,历尽千辛万苦。

到达陕北后,张思德被分配到中央军委警卫营任通讯班长,多次出色地完成了任务。为解决中央机关和警卫部队的冬季取暖问题,他奉上级命令,带领通讯班到延安以南的土黄沟的深山老林中执行烧炭任务。开窑出炭是非常辛苦的。烧炭要打炭窑,洞口很小,里边却很大,活像焚化炉,每次要出1000斤木炭。那时没有任何防护用品,连起码的手套都没有,人要爬进炭窑,将木炭一根一根地传出来,外边的人接应,进去一次,人就闷热得好像能脱一层皮。这种最脏最苦的活儿,张思德总是抢在最前面干。他们苦战3个月,经过伐树、烧火、出窑、捆扎、运输等数道繁重的工序,终于把80000斤烧炭运到了延安。

1941年秋,中央军委警卫营加入了大生产的洪流,张思德又和通讯班战士随部队来到南泥湾开荒种地。1942年秋,中央军委警卫营和中央教导大队合并,成立中央警卫团。此时正逢精兵简政,张思德由通讯班长下到班里当战士,他愉快地接受了命令。

张思德从未想到有一天会为毛泽东站岗、放哨,成为毛泽东的警卫员。

报到那天，天气很好。张思德高兴极了，早早地起了床，穿上洗得干干净净的半新的军装，背着简便的行装，兴冲冲地奔向枣园。

从此，在枣园，在毛泽东窑洞的灯光下，经常能见到张思德的身影。

在毛泽东身边，张思德懂得了许多道理。

一次，毛泽东到外面做报告。散会了，张思德想到毛泽东要回去处理急务，就对周围的人说："请让出一条路，让主席先走。"

正在与战友烧炭的张思德（左）。

毛泽东听见了，马上制止："大家都很忙，让同志们先走吧。以后不要同群众抢路。"

毛泽东很关心身边的警卫战士，经常询问他们的生活过得怎么样，有没有肉吃，有一回还指着旁边的一片空地说："你们有空闲，把这片地开出来，种上点儿菜，这样既可以改善生活，又能减轻老百姓的负担。"张思德和战士们愉快地答应了，人人动手，半晌工夫就把地开出来了，撒下了菜籽；没过几天，地里就生出了嫩芽。毛泽东有时也到这块地里除草、间苗，告诉战士们种庄稼的知识。

在毛泽东身边工作，张思德进步很快。

1944年春，中央机关和枣园警卫人员组织了一支小分队，赴离延安70多里的安塞开荒种地，张思德报了名。农历七月后，天气渐渐转凉。由小分队和社会部的同志联合开办的生产农场决定：农活忙时，大家抢农活；农闲时，就组织人轮流进山烧炭。

张思德以前执行过烧炭的任务，有经验，被指定为烧炭负责人。为了加快烧炭进度，他把同志们分成两组，一组负责挖炭窑，一组伐树备料。他说："我们进山后，家里的同志可就忙了。我们要加油干，争取多烧木炭，早日完成任务，向毛主席报喜。"他的话说到了大家的心坎里。

紧张的劳动开始了。张思德领着两名战士起早贪黑地干，很快打出了两眼炭窑。烧窑是一个技术活儿，火要烧得均匀，压火要恰到好处：压火早了，烧出来的是"生头"，劳而无获；压火迟了，木炭会变成灰烬，前功尽弃。为了掌握火候，张思德吃住都在窑边，晚上也要起来几次，爬上窑顶观察烟色，判断火候。当地群众烧一窑木炭一般要10天左右。为了抢时间多烧几窑，张思德和大家就在压火后、木炭尚未完全冷却时出窑，把烧炭周期缩短为7天。出窑时，窑内温度很高，有的木炭上还有火星，烤得人脸发疼，大汗淋漓。每次出窑，张思德就用破布把双手包住，站到窑的最里边拣木炭。在他的带动下，同志们废寝忘食地日夜苦干，一个多月就烧了50000多斤木炭，超额完成了任务。

9月5日，张思德带领几名战士正在拣木炭，突然轰的一声，炭窑塌方了，张思德和两名战士被压在了下面。那两名战士压得不太深，受了伤，张思德却献出了年轻的生命。这一年，他刚满29岁。

不幸的消息传到警卫队，队长古远兴急忙跑去报告毛泽东。

毛泽东听后，站起身来，生气地说："前方打仗死人是没有办法的，后方生产劳动死人就是不应该的！"当听古远兴说张思德的遗体还在窑里压着时，毛泽东生气地说："要尽快挖出来放好！山中狼多，不要被狼吃了。要是被狼吃了，你这个队长就别当了！"古远兴请示能否把张思德的遗体挖出来就地安葬。毛泽东沉思了一会儿，说："第一，给张思德身上洗干净，换上新衣服；第二，搞口好棺材；第三，要开个追悼会，我要去讲话。"毛泽东还指示机要科长叶子龙用汽车接回张思德的遗体。

党的领袖如此关心一名普通战士，远不只出于私人感情，而是体现了革命队伍中人人平等——无论在什么岗位，都是为人民服务。

9月8日这一天，风冷云薄，大地静穆。延安枣园沟口的操场上显得格外肃穆，中央直属机关和中央警卫团等单位1000多人在这里举行了张思德追悼大会。操场的土台前搭起了临时布棚，台前挂着"追悼张思德同志大会"的横幅，台中央悬挂一面鲜红的党旗，党旗下挂着张思德的遗像，台的周围放满了同志们手工制作的花圈。

毛泽东身穿深灰色的旧夹袄，头戴八角帽，从枣园的住所内缓缓地走了出来。这一天，他不像往日那样，步子走得缓慢，面容十分沉重。

追悼大会开始，全体肃立，庄严地高唱《国际歌》。

和大家一起向烈士默哀后，毛泽东拿起自己题写的花圈，献在张思德的遗像前，凝视着烈士的遗容沉默了很久。花圈的一边写着"永垂不朽"，另一边写着"向为人民利益而牺牲的张思德同志致敬！"

与张思德一道长征、共同战斗过多年的老战友胡德山悲痛地哭出声来，这哭声感染了很多人。

中央警卫团政治处张主任报告烈士的简历和牺牲经过后，毛泽东缓慢地走到台前，用坚定、激动的语气发表了追悼张思德的演讲，这篇演讲就是著名的《为人民服务》。

毛泽东开宗明义地说："我们的共产党和共产党所领导的八路军、新四军，是革命的队伍。我们这个队伍完全是为着解放人民的，是彻底地为人民的利益工作的。张思德同志就是我们这个队伍中的一个同志。"接着，毛泽东引用了司马迁在《报任安书》中的一段话"人固有一死，或重于泰山，或轻于鸿毛"来高度评价张思德的一生，"为人民利益而死，就比泰山还重；替法西斯卖力，替剥削人民和压迫人民的人去死，就比鸿毛还轻。张思德同志是为人民利益而死的，他的死是比泰山还要重的。"毛泽东用浅显易懂的道理阐述了"为人民服务"的深刻含义，号召一切革命同志向张思德学习。

毛泽东平时很关心爱护警卫战士，对张思德以身殉职很悲痛，在追悼大会上还动情地强调："今后，我们的队伍里不管死了谁，不管是炊事员，是战士，只要他是做过一些有益的工作的，我们就要给他送葬，开追悼会。这要成为一个制度。""用这样的方法，寄托我们的哀思，使整个人民团结起来。"

毛泽东的讲话使在场的每一个人都深受感动，短短的几百字演讲中反复倡导的"为人民服务"的主题思想也深深扎根在每一个革命同志心中，并且教育了一代又一代人,成了一切革命同志的座右铭。几十年间,"为人民服务"这一光辉的口号同张思德的名字一起响彻了中华大地。

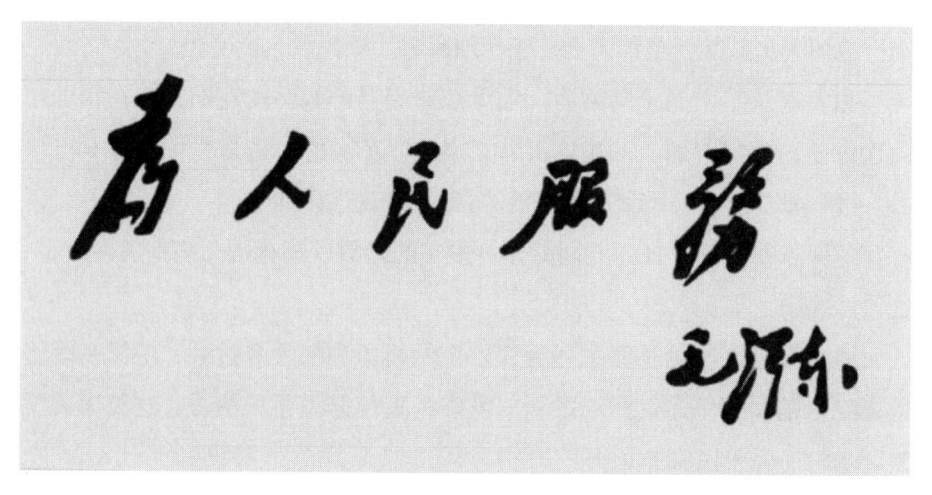

毛泽东手书的"为人民服务"。

枣园的一户居民

1945年大年初一,枣园乡的村村户户、男女老少都沉浸在欢乐的节日气氛中。

这天,毛泽东起得很早。他对周恩来说:"今年赶个早,咱们到老乡家去拜年吧。"

周恩来很赞同地说:"是要早些去,不然,他们又要抢先了。"

原来,这几年每逢过年,附近各乡的群众代表和秧歌队都要前来拜年。

毛泽东不禁想起1943年春节的情景。那天,枣园的乡亲们捧着油馍馍和年糕,提着米酒,带着特意蒸的几个白面大寿桃,举着写有"为民谋利"4个大字的红旗,喜气洋洋地来到延园拜年。听说乡亲们来拜年,毛泽东和中央书记处的同志们满面春风地站在小礼堂前迎接客人。

小礼堂的正中并排摆放了两排桌子,上面铺着延安生产的粗线花条子床单布。花生、糖果、红枣、苹果摆满了桌。毛泽东把乡亲们领进小礼堂,和几个老人亲热地坐在中间的桌子旁,笑着问大家:"年过得好啊?"乡亲们纷纷作答。

枣园区区长把在场的乡亲们一一向毛泽东做了介绍。介绍到枣园乡乡长杨成福时,毛泽东紧紧地握住杨成福的手,亲热地说:"你是枣园乡的乡长,我是枣园一户居民,以后,你们开会,也要叫我呀!"这句话把大家都说乐了。毛泽东回过头来对老乡们说:"我们是老邻居了。今天请大家一起吃顿饭,希望不要客气,多吃,多喝……"

饭菜端上来后，毛泽东不断地到各桌敬酒，要乡亲们多吃些，乡亲们也不断举杯向毛泽东敬酒，整个小礼堂洋溢着欢声笑语。

吃过饭，毛泽东又亲切地和乡亲们拉起了家常。他问："枣园村今年过年杀了几头猪？"

"全村24户人家，过年杀了18头猪。"有人回答。

毛泽东听了笑了笑，说："不多啊！今年还要多养猪，明年过年，争取每户杀一头猪。"他又问大家，"今年是大生产年，你们能不能做到'耕三余一？'"（即耕种三年，积余一年的粮食。——作者注）

大家满怀信心地说："不但能做到'耕三余一'，还要争取做到'耕二余一'哩！"

"有什么措施？"毛泽东笑着问。

"多耕地，多上肥，多锄草。"

毛泽东连连点头，称赞说："很好！但这还不够，还要把劳动力组织起来，实行变工互助。"接着，毛泽东给大家讲了组织起来的好处，"在自愿参加的原则下，大家组织起来，实行人力、畜力、工具互助，这样可以提高效率。将来还要组织生产合作社，实行集体化，这是农民彻底解放的必由之路，由穷变富的必由之路。"他还勉励大家，"革命当然是长期的，但是胜利一定属于我们。中国人民在中国共产党的领导下，一定有好日子过！"

毛泽东的话真是说到乡亲们的心坎里了。枣园区的群众立即按照毛泽东的话成立了不少变工队、互助组。后来，毛泽东还经常找枣园的村长、变工队长和群众谈话，了解变工互助的情况，使枣园的大生产运动搞得越来越好。

从此以后，每到春节，附近各乡的群众代表和秧歌队给毛泽东和其他领导同志拜年就成了惯例。

时间过得真快，转眼过了两年。

吃过早饭，毛泽东和周恩来、任弼时等带着年礼，说说笑笑地来到了枣园乡政府。乡长杨成福一看毛泽东和这么多中央领导同志来了，笑盈盈地迎上前来。毛泽东大步上前，握住他的手，亲切地问："杨乡长，你们辛辛苦苦一年了，年过得可好吗？"

"好，好！主席和首长们好！"杨成福愉快地回答，忙把毛泽东一行迎进屋。

屋里收拾得干干净净，贴的大红对联增添了节日的气氛。杨成福高兴得合不拢嘴，又是沏茶，又是递烟，忙个不停。

周恩来见他忙来忙去，笑着说："老杨，我看你不要忙了。主席今天要给乡亲们拜年，你就领我们到各家走走吧。"

"这……"杨成福一听毛泽东和其他领导同志要给群众拜年，连忙说，"使不得，使不得，主席工作这么忙，还想着乡亲们。我看，主席用不着挨家挨户地拜年了，我回去开个群众会，代您向群众拜年就行了！"

毛泽东笑着说："拜年找人代理，杨乡长，你这个主意可出得不好，还是领我们去吧。"毛泽东的话把杨成福也给逗笑了，但他想：主席和其他领导同志整日操劳国家大事，全村20多户人家，山上山下的住得这么分散，怎么能叫他们到各家跑呢？可是主席一定要去，这可怎么办呢？他想了想，便向毛泽东建议："现在去，他们不一定都在家。我看，把各家的家长请到乡政府来，一则主席能见上，二则这样更热闹些。"

毛泽东看了看周恩来，问："怎么样？"

周恩来笑着说："这样也好。"

于是，毛泽东转身对一名工作人员说："那你就和杨乡长一起去请老乡，能来的都请来。"

随后，毛泽东和大家一齐动手收拾地方，用来摆设烟酒和茶点，准备招待客人。

听说毛泽东、周恩来等中央领导来拜年，枣园的乡亲们真是喜上加喜，整个村子热闹起来。乡亲们扶老携幼，欢快地喊着、跳着，向乡政府跑去。

毛泽东和其他几位中央领导得知乡亲们来了，立刻迎了出来，向乡亲们祝贺新年。他们拉着几位老人的手，请大家坐下，又是递烟，又是让茶，还不时地给孩子们抓瓜子、花生和糖果……乡政府的小院里洋溢着新春团聚的喜悦。

这些世世代代受苦受难的庄户人望着中央领导们那亲切的面容，苦辣酸甜一起涌上心头。坐在毛泽东身旁的一位老人用颤抖的手紧紧地握住毛泽东的手，激动地说："毛主席啊！您领导我们搞大生产运动，现在村村户户粮食吃的有、放的有，从来没有这么好的日子呀！"

毛泽东笑着一边招呼大家，一边详细地询问机关、部队和群众的关系怎么样？干部和部队砍柴的时候，砍了树没有？机关的羊群啃了群众的庄稼没有？借东西，还了没有？损坏东西，赔了没有？机关和部队官兵对老乡们的态度好不好？……

没等毛泽东问完，乡亲们就抢着说起来，这个说，同志们说话和和气气，做事耐心细致，经常帮助村里人干活；那个说，部队和机关处处爱护群众，为群众着想，大家亲热得像一家人……

尽管乡亲们这么夸奖，毛泽东还是请他们多提意见，诚恳地启发他们说："批评我们，就是帮助革命。只有通过批评，才能改正错误，把工作做好，革命就能早日胜利。"

不知不觉地，两个小时过去了。毛泽东要和大家告别了。他拉着乡亲们的手说："我是这里的一户居民，和大家接近得少了，今后得和大家多接近。希望你们常到我那里来。"

乡亲们恋恋不舍地和中央领导们告别，望着他们走远了的身影，感慨地说："毛主席操那么大的心，管那么多事，还时常把咱的油盐柴米挂在心上……"

就这样，枣园村的乡亲们度过了一个终生难忘的春节。

这年的元宵节前夕，延安到处灯火辉煌，锣鼓喧天。

元宵节前一天下午，毛泽东来到枣园前面的田间散步，正好碰到枣园村的几个老人在那里边吸烟、边聊天。毛泽东走到他们跟前，热情地问候了一声："老乡，辛苦了！"

老人们说："不辛苦，不辛苦！要说辛苦，您是第一个人！"

毛泽东一一地问了他们的年纪，知道他们都是60岁以上的老人。其中的侯老汉、胡老汉告诉毛泽东，枣园村一共有24位这样的年纪大的老汉，

枣园的一户居民

毛泽东在延安同农民亲切交谈。

又说他俩是同年同庚生的，第二天是正月十五，就是他俩的生日。

毛泽东一听，马上说："那很好呀！你们正是'六十花甲年高有德'的人，应该给你们贺寿才好！"

一个老人听了毛泽东的话，长长地叹了一口气："像我们这号受苦的人，哪还谈得上过生日贺寿呢。"说着，摇了摇头。

毛泽东听了，认真地对他们说："如今，咱们翻了身，生产搞得也好了，这叫人寿年丰啊！明天就是元宵节，你们都到我那里坐坐，咱们大家一起贺个寿。"临走又嘱咐，"你们一定要来，谁也不要客气。咱们都是老邻居，一家人还分什么彼此！今天晚上，我就派人到每家去请你们。"

老人们连忙齐声说："不敢，不敢，千万不敢！"

毛泽东连连说："不要紧！不要紧！……"边说边举起手来向老人们告别。

当天下午，毛泽东就着手安排给枣园老人们贺寿的事，专门派了一位科长挨门挨户地去24位老人家里发出邀请，又吩咐管理员第二天下午准备3桌酒菜，做一些又细又长的面条，再给每位老人准备一点儿礼物。老人们听到这个消息，欢喜得一夜都没睡着觉，聚在一起，激动地谈到天明。

第二天下午不到两点钟，24位花甲老人一起来了。毛泽东赶紧迎出门。一位老人紧紧地握住毛泽东的手，激动地淌着眼泪说："毛主席呀！我们祖宗3代都没有贺过寿。您把我们庄户人家的大事、小事都挂在心上，都想到了,您是我们受苦人的大救星啊!"

毛泽东亲切地说:"老人家,不要难过。咱们过去是苦,可今天翻了身,生活大改善,自己当家做主人,应该高兴才是呀!"

老人擦擦眼泪,笑着说:"今天,这个世道变了,我不难过了。您给我们引路,共产党给我们谋福,有吃有穿,丰衣足食,我们心里都乐呀!"说得在场的人都笑了。

毛泽东把老人们让进屋,请他们吸烟、喝茶,并向他们表示祝贺。

按照传统习惯,毛泽东招待大家吃寿面、喝寿酒。他举着酒碗祝贺老人们延年益寿、老当益壮,并说:"老年人的经验多,做事情稳重。教育娃娃要靠老人;教小伙子搞生产,支持革命,也离不开老人哩!"毛泽东的话直说得大家心里暖暖的。毛泽东又说:"大家都要学战国时代的廉颇和三国中的老黄忠,人老、心不老嘛,总是要奋斗才好!"

寿宴后,毛泽东亲自赠送老人们寿礼——每人一条毛巾和一块肥皂。

饭后已是黄昏。毛泽东又安排在会议室里专门为老人们放了一场电影——《列宁在十月》。

这一天,这些老汉个个喜得合不拢嘴……

让长子学到书本上学不到的知识

毛泽东一向注重理论与实际相结合,尤其反对脱离中国实际的本本主义。他经常教育党的干部多接触实际,了解中国国情,即使对自己的儿子也不例外。

1945年12月,在一架从西安飞往延安的飞机上,几个人正用俄语进行交流。

当飞机飞到延安上空时,一位50多岁、身着苏联红军将军制服的人从座位上起身,以苏联人特有的豪放将双手摊开,紧紧地把一位年轻的军官搂在怀里,高兴地说:"乌拉——延安!"

那位年轻的军官也很兴奋,立刻将额头抵在舷窗上,目不转睛地俯视机翼下面的一切:起伏的黄土高原,早已在画报上见过的宝塔,蜿蜒的黄土大道,一孔挨一孔的窑洞……

"呃,那是王家坪,那是枣园。延河封冻了,像一条银蛇……"老将军如数家珍地介绍着。

"阿洛夫将军,您到过延安?"年轻的军官很惊奇地问老将军。

"到过,到过。我这回是故地重游了。谢辽沙,延安可是个土得出奇的地方。你回来后,生活上的变化会很大,可以说,一个在天上,"老将军的手向头上指指,又向脚下压压,"一个在脚底!中尉同志,你要有思想准备呀!"

一位身着西装的中年人说:"阿洛夫将军,你过虑了!谢辽沙中尉是毛泽东的儿子，怎么会吃苦呢？"

"米尔尼柯夫大夫，你错了，你完全错了！"阿洛夫将军说，"你不了解毛泽东！"

这些在飞机上用俄语交谈的人是谁呢？为什么来到了延安？

原来，抗日战争胜利后，毛泽东由于积劳成疾，得了一种怪病：身心不能紧张，一紧张便头晕目眩，四肢发颤，大汗淋漓……当时，国内的医疗条件有限，周围的大夫也诊治不出病因，尽管想尽了办法，也无法使毛泽东的病情有所好转，大家束手无策，只好向苏联求助。

后来，苏联拍来了电报，告知斯大林亲自指派红军将军级外科医生阿洛夫和内科医生米尔尼柯夫到中国，很快就可飞抵延安，同行的还有毛泽东的长子毛岸英。

载着苏联专家和毛岸英的飞机从莫斯科起飞，在新疆迪化（今新疆乌鲁木齐）郊区的机场降落，换乘小飞机飞往西安，再秘密飞向延安。

那么，毛泽东的儿子怎么成了谢辽沙，而且还是苏联红军的一名中尉军官？

这还得从18年前说起。

1927年，大革命失败后，参加完八七会议，毛泽东回到岳父杨昌济先生的老家湖南板仓，看望先期回到这里的夫人杨开慧和3个儿子。没待几天，他便踏上征程，前去发动和领导湘赣边界的秋收起义了。此时，毛泽东的长子岸英5岁，次子岸青3岁多，三子岸龙刚出世。为了革命，毛泽东别妻离子，引兵上了井冈山，点燃了燎原的"星星之火"。

1930年10月，毛岸英与母亲及弟弟一同被捕。杨开慧牺牲后，毛泽东十分惦念3个孩子。在中共地下党的努力下，找到了毛岸英三兄弟，历尽艰险，将他们秘密送到了上海，安排到大同幼稚园。不久，毛岸龙因患细菌性痢疾逝于上海。后来，毛岸英与毛岸青两兄弟在上海四处流浪，住在破庙里，靠卖报赚钱糊口，还经常到外白渡桥推车，备受欺凌。毛岸青还被巡捕、特务打成了脑震荡。后几经周折，直到1937年年初，兄弟俩才由党组织送到了苏联。在那里，他们接受了正规的教育和训练。

在延安的毛泽东十分关心远在苏联的两个儿子的成长。

1939年，毛泽东接到儿子的来信，十分高兴，立即回了信。在来往的信件中，毛泽东具体指导了儿子的学习。他谆谆教导儿子："唯有一事向你们建议，趁着年纪尚轻，多向自然科学学习，少谈些政治。政治是要谈的，但目前以潜心多学习自然科学为宜，社会科学为辅。将来可倒置过来，以社会科学为主，自然科学辅之。总之注意科学，只有科学是真学问，将来用处无穷。"

周恩来、邓颖超和毛泽东的儿子毛岸英（右一）、毛岸青（右三）在苏联。

毛泽东不仅关心儿子在知识方面的长进和发展，更关心他们在思想方面的成长。他夸奖儿子："你们长进了，很喜欢的。岸英文理通顺，字也写得不坏，有进取的志气，是很好的。"同时，他也告诫儿子，"人家恭维你、抬举你，这有一样好处，就是鼓励你上进；但有一样坏处，就是易长自满之气，得意忘形，有不知脚踏实地、实事求是的危险。你们有你们的前程，或好或坏，决定于你们自己及你们的直接环境。我不想来干涉你们，我的意见，只当作建议，由你们自己考虑决定。总之，我欢喜你们，望你们更好。"

1941年年底，按照联共（布）中央的规定，苏联老师建议毛岸英加入苏联国籍。毛岸英坚决不同意。在苏联卫国战争最艰苦的时刻，他写信给斯大林，坚决要求上战场。在苏共驻共产国际代表曼努意尔斯基将军的帮助下，他先后到苏雅士官学校快速班、莫斯科列宁军政学校和伏龙芝军事学院学习，并于1943年1月加入联共（布）（回国后，于1946年转为中国共产党正式党员）。军校毕业后，他获得中尉军衔，被任命为坦克连的党代表，参加了苏军的大反攻。在战斗中，他英勇击敌，不怕牺牲。在他回国前夕，斯大林接见了他，送给他一支手枪，作为他参加苏联卫国战争的最高奖赏。

飞机终于降落在延安的简易机场上。站在跑道边的毛泽东以及欢迎的人群马上迎上前去。

从飞机上第一个出来的便是毛岸英。尽管有18年没有见过父亲，但这些年来，毛岸英从父亲寄到莫斯科的照片上以及电影、画报上无数次地看到过父亲的魁伟形象，这时，他第一眼就认出了父亲。

天这么冷，父亲这么忙，又有病在身，还亲自到机场来，毛岸英很激动，几乎是从飞机舷梯上滑下来，飞奔到父亲的跟前。

毛泽东迎上前去，张开手臂，紧紧地抱住儿子，凝视着比自己个头还高的儿子，第一句话是："你长得这么高了！"毛岸英以苏联式的奔放热情紧紧地抱着父亲，不断地呼喊："爸爸、爸爸，我多想你啊！"听着儿子亲切的呼唤，毛泽东的眼睛湿润了，也轻轻地说："我一样想你啊！"

毛泽东仔细打量着儿子：脚蹬牛皮靴，身穿苏军军呢大衣，那英俊秀气的面庞上，特别是开阔的眉宇间，既有母亲杨开慧的影子，也有自己天庭饱满的特征。儿子也盯着父亲，见父亲穿着一身又肥又大的土灰棉衣，加上那一口改不了的韶山土话，觉得既好笑，又亲切。

父子俩在别人的眼里，一个是洋得潇洒，全副戎装，英姿飒爽；一个是土得出奇，一副陕北农村干部的打扮。

苏联专家经过会诊，得出的结论为毛泽东的病情是由于长期操劳过度、负担繁重、精神过于紧张所致，嘱咐他只要注意休息，让精神缓和下来，加上药物治疗，就可以恢复。俗话说："人逢喜事精神爽。"除了苏联专家的治疗，阔别了18年的儿子回到自己的身边，这比任何特效药都有疗效，毛泽东的病很快痊愈了。

回到延安后，1946年2月，毛岸英被安排在中共中央宣传部工作。

这时，在延安的中央机关经常组织干部参加修公路、开荒、收庄稼等义务劳动。每当这时，毛岸英毫不惜力，常把外衣一脱就十分卖力地干起来。休息时，他常常讲一些幽默的故事，逗得大家捧腹大笑。

起初，对儿子的衣着，对儿子说话时手舞足蹈、比比画画、耸肩吐舌之态，毛泽东只是默默地瞟去两眼，后来，他终于忍不住了。他先是让毛岸英脱下那身苏军制服和大皮靴，换上自己穿过的旧棉衣、旧棉裤和江青用边区纺的粗毛线织的毛背心、毛袜子，不久，他又让儿子从自己那儿搬到中央机关住。

一天，毛泽东突然问毛岸英："你吃什么灶？"

毛岸英如实地回答："中灶。"

毛泽东一听便生气了，责问道："你有什么资格吃中灶？你应该跟战士一起吃大灶！"

虽然毛岸英肠胃有毛病，但仍听从了父亲的话，改吃大灶。一个受欧式教育、习惯了吃西餐的人，从喝牛奶、吃面包到啃小米窝头，这是一个很大的转变。

接下来，毛泽东开始教儿子如何待人接物。他说："你回到了国内，要按照国内的习惯方式来生活，不论吃饭还是穿着，都应该按中国的传统方式和人们交往。"他又说，"你先去探望老同志，见了人不要没大没细（小）的。年纪大些的，你喊伯伯、伯母、叔叔、婶婶；最老的要喊爷爷、老爹爹、老奶奶；跟你差不多大的，或者喊哥，或者称同志，不要随便喊人家的名字。"停了停，他接着说，"都是参加革命好多年的，他们对革命有贡献，有丰富的斗争经验，要多向他们学习。"

听了父亲的教导，毛岸英便逐个窑洞地去看望老一辈的革命者。这之后，对老同志，他很尊重、有礼貌，大家都很喜欢他，并称赞他是一个知书达理的好青年；跟同辈青年交往，他不再像以前那样轻率，而是抱着谦虚、谨慎的态度。

一天，毛岸英特意向父亲汇报在苏联的学习情况。毛泽东亲切地拉着儿子坐在院子里的石桌旁谈话。这时，和煦的阳光驱散了寒气，而骨肉团聚的暖流温暖了父子二人的心。

听完儿子的汇报，毛泽东笑着问："你在苏联经常读中国书吗？"毛泽东就是这样,最关心的是儿子的学习,是儿子对中国历史与实际的了解。

"经常读的。能找到的,我就找来读。"毛岸英答道。

"读过什么小说?"

"读过《红楼梦》《水浒》,还有鲁迅先生的作品。《红楼梦》里的诗词不大好懂。"毛岸英想了想,答道。

毛泽东便把读《红楼梦》的心得耐心地讲给儿子听,并说:"应当知道中国的知识,更要懂得中国革命的知识。"突然,毛泽东站起身来,抬头遥望正在延河边的凤凰山上开荒的人群,语重心长地说:"岸英,你在苏联长大,国内的生活,你不熟悉。你在苏联大学读书,住的是洋学堂。你在苏联的大学毕业了,还参加过苏联卫国战争,可是你还没有上过中国这个革命大学,你对中国的情况了解很少,缺乏实践,这一课应该补上。"说到这里,他停顿了一下,脸上露出严肃的表情,接着说,"理论只是知识的一半。你光有外国的书本知识还是不够的,还要把书本知识变成自己的才行哩。你还需要上另一个大学,这个大学,中国过去没有,外国也没有,这就是'劳动大学'。在这个大学里可以学到许多书本上学不到的知识。送你去好吗?"

毛岸英痛快地答应了,并说:"我离开中国这么久,在苏联大多过的是学校生活,中国农村,我不知道,也不会种田。我想到农村去,参加劳动,联系群众,锻炼锻炼……"

毛泽东又给儿子讲了一个有关孔子的故事:有一次,孔子的学生问老师会种田吗?孔子答,不如老农。学生又问老师会种菜吗?孔子答,不如老圃。……毛泽东继而说:"你在莫斯科睡得那么好,一人一个床。到了延安,就是炕上摊张芦席子,底下烧火,不要怕。老百姓有虱子哟,不要怕,有水就多洗一洗;没水,就用手多

身穿苏联红军军服的毛岸英。

捉几个。"讲到这里,毛泽东笑了,"过些时候,我替你找个校长,住'劳动大学'去。"

毛岸英临走时,毛泽东指着旁边的几个同志对他说:"这些同志都参加革命好多年了,在他们身上,有许多优秀的品质。你以后也要多向他们学习。"

上"劳动大学"的事就这样定了。

当时,边区政府规定每人每年都有生产定额,要生产一石六斗小米。毛泽东的工作太忙,边区有一位名叫吴满有的特等劳动模范主动替他完成了耕种任务。有一天,吴满有赶着毛驴来给毛泽东送粮。毛泽东把毛岸英叫了过来,指着吴满有说:"这就是我给你找的'劳动大学'的校长。你过去吃的是面包、牛奶,回来要吃中国的小米!"他又指着儿子对吴满有说,"我现在给你送一个学生。他过去上外国的大学,没住过中国的大学,你要好生教育他。"

"咱叫什么大学,咱啥也不懂。"吴满有有些惶恐地说。

"我知道的你都知道,你知道的我还不知道,更甭说这个娃娃了。我拜托你,教教这个娃。你要教他种地,告诉他,庄稼怎么种出来的,怎么多打粮食。"毛泽东很谦虚地说。

"那我行!"吴满有一下子变得胸有成竹了。

毛泽东笑笑,说:"好吧,就这样说定了。这些小米,你带回去,当作学费。他过几天就去。"

毛岸英抑制不住内心的喜悦,立即把这个消息告诉了周围的同志。

"到哪个'劳动大学'?"大家十分好奇地问。

毛岸英答:"父亲决定让我到农村去参加劳动,从开荒、下种一直到收打完才回来,还要自带行李、口粮和种子……"他完全被即将开始的新的生活吸引了,津津有味地说着。

1946年3月的一天清晨,毛岸英早早就起床收拾行李,准备去"劳动大学"。

"张参谋,眼下乡亲们睡炕还垫褥子吗?"毛岸英手里拿着一床蓝布褥子，问屋里的一名参谋。长期在国外，他对中国农村的情况的确不了解。

张参谋告诉他："老乡们生活很艰苦，都不垫褥子。"

"那我的褥子也不带了，否则，在老乡家里会显得很特殊。"毛岸英边说边把褥子收进了柜子。

"对，下乡就不能搞特殊！"这时，毛泽东笑眯眯地挑起门帘走进屋来，把手里拿着的一件打了不少补丁的棉衣披在儿子的身上，说，"要带上几斤菜籽、瓜籽什么的，这表明你是学习的，就像种子一样，在人民中间扎根、发芽……"

毛泽东要送儿子一程，父子俩踏着清晨的薄雾上了路。路上，毛泽东一再嘱咐儿子："岸英，你要和老乡们一同吃、一同住、一同劳动，要虚心向群众学习，从开荒一直到收割后再回来。这样，你就会切身感受到劳作的艰辛，体会到劳动人民的伟大。"

"我懂。"毛岸英对即将到来的"大学生活"充满了信心。

从王家坪到吴家枣园有30里路。毛泽东回去后，张参谋拉来一匹马，准备给毛岸英驮行李，可毛岸英就是不肯。他认真地说："这就是劳动的开端。从现在起，我就要锻炼自己。"说完，他把行李往背上一放，迈开大步上路了。

吴家枣园是由十几个自然村组组成的一个行政村。这里的郝村长知道毛泽东的儿子要来，便早早地爬上高坡，手搭凉棚，望着山梁边，等待毛岸英的到来。

毛岸英到了"劳动大学"，被郝村长安排住进吴满有家，与吴满有同吃、同住、同劳动。

第二天，天还没亮，毛岸英还在梦乡里，就被吴满有叫醒了。吴满有开始"上课"了。

毛岸英看看窗外还是漆黑一片，星星还眨着眼睛，真的不想起，但看到吴满有和他的儿子们早就起来了，也一骨碌下了炕，背起镢头出了窑洞。

"今天是第一课，开荒。""老师"说罢"课程表"，往手心吐了一口唾沫，举起镢头，狠命地向山坡的荆棘丛砍去。

毛岸英穿着单衣，打着赤脚，学着"老师"的样子抡起了镢头。

看别人干挺容易，轮到自己干还真不是那么一回事！毛岸英紧握镢头，运足了力气使劲砍下去，但不是砍偏了，就是把镢头一下子刨到土里，荆条也砍不断，还常常被荆条反弹回来打了自己。

吴满有转过头来，大声说："镢头不要举得太高，手要握得随意些，不要打转！"

吴满有说的话，毛岸英听是听到了，但实际掌握起来比单纯理解要领难多了，眼看自己落后了。他看了看生疼的手掌，没想到一会儿工夫，手掌有了血泡。

吴满有发现了"学生"手上的血泡，关切地问："岸英，你累了吧？"

"不累！"毛岸英说着，手却没有停下来。

"手打泡了！疼得厉害吧？"

"不碍事。"毛岸英笑着答。

吴满有听了毛岸英满不在乎的回答，再看他那挥动镢头的劲头，过意不去地说："这可让娃受苦了！"

毛岸英停了下来，用衣袖抹了抹脸上的汗水，说："全国的农民都在这样干，不知干了多少年。我刚开始学着干，算受啥苦啊！"

吴满有说："正因为你才开始劳动，还不习惯，要慢慢来。累了就歇歇，不要和我们这些常年劳动的老干家比着干哟。"

毛岸英说："没事，我年轻，有力气，多干点儿，累不坏。大叔放心吧！"停了一下，毛岸英又说，"我必须学着和你们一样地干，才能学好，才能毕业呀！"

说归说，干归干。毛岸英呼哧带喘地到了收工的时间，早已浑身软绵绵的，一丁点儿气力都没有了，饭也不想吃，疲惫得一头栽到炕上，不一会儿就睡着了。

第三天，公鸡的鸣叫惊醒了毛岸英。此时的他感到全身的骨头像散了架，手上磨的血泡也火辣辣地疼，真的一点儿都不想动了，但一想到自己是来上"劳动大学"的，在"劳动大学"不劳动怎么行！想起父亲的教导，他浑身又来了劲头，挣扎着下了炕。

到了"课堂"，他默念要领，学着"老师"的样子，咬着牙坚持干，一次又一次地举起镢头向荆条砍去。热了，他就脱掉汗兜，光着膀子干，干着干着，他渐渐地适应了。

有时，天气不好，不能下地，毛岸英也不休息，挨门串户地看望乡亲们，或是组织青壮年学文化。每天在收工回来的路上，他都拾些柴火，送给烈军属与孤寡老人。

毛岸英没有辜负父亲的期望：他处处拜群众为师，和群众打成一片，刻苦地锻炼自己；随着生产季节的变化，他学会了吆毛驴送粪、犁地、播种等农活，而且样样都抢着干，舍得出力气，很受群众喜爱。群众一提起他，都夸赞说："岸英这娃可好哩！"

毛泽东很关心毛岸英的情况。一天，他把吴满有请到家里，询问儿子在乡下的表现。

吴满有称赞说："小伙子真能吃苦，快和受苦人一样了！你放心吧，准会'毕业'的。"

1946年下半年，国民党军胡宗南部开始进犯延安。村里经请示上级，决定送毛岸英回去。

"我不回去，我乐意与乡亲们在一起！再说，上'劳动大学'也没有这么快就毕业的呀！"毛岸英说。

"娃呀，你来的时候不长，但你的表现，我们都看在了眼里。我说，你'劳动大学'上得不错！"郝村长说。

谷子熟了，小麦种上了。毛岸英背上自己种出来的金黄色的小米——也是实实在在的成绩单，告别了"老师"吴满有，告别了朝夕相处的已有深厚情谊的众乡亲，回到了吴家枣园，回到了父亲毛泽东的身边。

见儿子回来了，毛泽东仔细地上下打量：儿子与临走时完全变了模样，身穿旧灰土布汗背兜，头上扎了一条白羊肚手巾，脸膛黝黑，再不是那个白白净净的书生了，两只胳膊上鼓着疙瘩的肌肉泛着一层古铜色的亮光，简直就是一个地道的陕北青年农民！

毛岸英见父亲使劲地盯着自己，以为自己又有什么不对劲的地方，顿时局促不安起来。

一旁的郝村长说："毛主席，你这娃好哇，让他吃苦了！……"

对儿子的变化，毛泽东看在眼里，喜在心头，扑哧一声笑了，连连说："好！好！吃苦好哇！你看，我送出去一个白胖子，换回来一个黑铁塔，我要谢谢乡亲们啦！"

郝村长说："岸英还不想回来呢，他说他的'劳动大学'还没有上完。其实，劳动这课，他是完全过关了。在村子里，他跟我们一个样，每天要完成一亩地的开荒指标，好劳力都觉得受不了呢，可岸英干得好哇！……"

毛泽东默默地走向前，把儿子的双手摊放在自己的掌心里看着，抚摸着。那些血泡已经一层又一层地叠成了厚厚的茧子。毛泽东笑着说："不用说了，这就是证明，这手上的老茧就是毕业证书。郝村长，谢谢你，谢谢你带着岸英上了中国的'劳动大学'。岸英经过努力，也取得了这所'大学'的毕业证书。"

霎时，毛岸英感到从父亲的大手里传出一股暖流，直入自己的心田。毛泽东又说："噢，你学得还不错，很有成绩，但以后还要坚持劳动、坚持锻炼啊！"

直到现在，延安一直传颂着毛泽东送儿子上"劳动大学"的故事。

……

毛泽东对儿子的教育从未松懈。1947年10月8日，他在给毛岸英的信中说："一个人无论学什么或做什么，只要有热情，有恒心，不要那种无着落的与人民利益不相符合的个人主义的虚荣心，总是会有进步的。"毛岸英十分珍视父亲在这封信中关于人生、事业的教诲，并把它作为自己的座右铭。

新中国成立后，毛泽东又让毛岸英到工厂学习管理生产，接受工人阶级的教育，支持儿子下基层。

"你为我服务，我也可以为你服务嘛！"

1947年9月，毛泽东率领转战陕北的中央机关住在陕北神泉堡的时候，有时到附近村子的农户中去做社会调查。

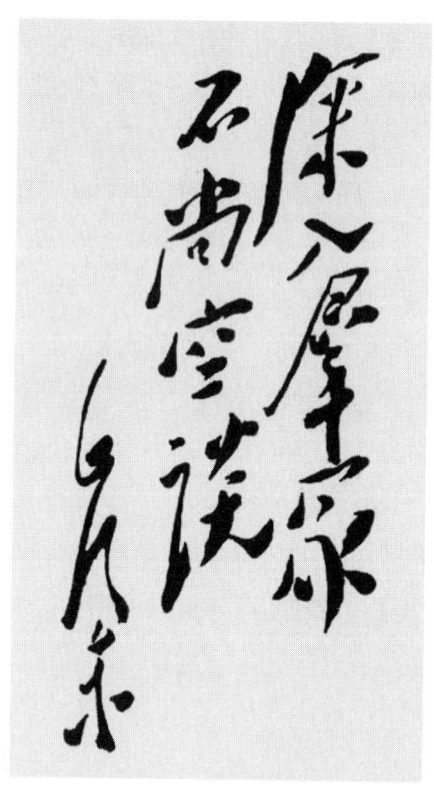

1942年3月，毛泽东题词："深入群众　不尚空谈"。

有一次，毛泽东在田地里见到老乡们正在施肥，就蹲在粪堆旁，用双手捏开粪肥，边看边问他们经常向地里施的是什么肥。老乡们回答，多半上大粪，有时也上牲口粪，或者猪圈粪、草木灰、锅底灰。毛泽东听了，回身指指村里的窑洞问，很多窑洞的墙上和墙顶的土都熏黑了，这是很好的肥料，为什么不用呢？乡亲们憨憨地表示没人用过，不习惯，不敢用。毛泽东立即鼓励他们："你们找块田试试吧。乡亲们是重实际的，亲眼见过才会信。你们试过了，看看黑土能打多少粮食，再向乡亲们推广，好不好？"老乡们都表示一定试试。毛泽东高兴地说："将来打败了国民党，老百姓要过好日子，就要生产更多的粮

"你为我服务，我也可以为你服务嘛！"

食，需要更多的粪肥用到田里。一个窑洞清理出来的黑土，我看够一亩田用的，这样既可以利于生产，又讲了卫生。你们看是不是这么个道理？"乡亲们都纷纷点头表示赞同。

一次，毛泽东做完农村调查，在返回神泉堡的路上，一个警卫员见他满脸汗水，便将自己的军装上衣脱下来请他擦汗。毛泽东不但予以拒绝，还批评这名警卫员说："你们是解放军呢！走在路上要讲讲军容军纪，不能学国民党军队的样子，几个兵走在路上，天热一些就不穿军装了。"

这个警卫员很委屈地分辩："我不是怕天热，我是看主席热得满头大汗的，心里难受。"

毛泽东让他穿好衣服，并对大家说："你们为什么对我这么好？这个问题，我想了很久才想通了：你们这些同志，都只能为官，不能为人。"

警卫员们不禁面面相觑，都觉得毛泽东的这句话分量太重了！一个警卫员说："主席，我们全心全意照顾你，是我们的工作。我们为你服务，也是为人民服务。"

毛泽东笑笑，说："难道我讲得不对吗？"看着警卫员们无言以对、神情都有些紧张，毛泽东解释道，"说你们只能为官，这就是说你们都对我好，不是都为了我这个当官的吗？说你们不能为人，是说你们不能为你们个人考虑嘛！我常见你们这么多人在我身边站岗放哨，一待就是好几年，要是你们在前方，早就是什么'长'了！"毛泽东说完，又问身边的李银桥，"银桥，我讲得对不对？"

李银桥回答："主席不是官，是人民的领袖。"警卫员们这才恍然大悟，明白了毛泽东刚才的话的含义。

那个挨了批评的警卫员说："主席，只要工作需要，为你站一辈子岗、放一辈子哨，我们也情愿。"

毛泽东高兴地说："那我就非常感谢你们了！"

临近神泉堡村口，毛泽东又语重心长地说："你们都要努力学习文化知识，严格遵守部队纪律。我们很快就要进入城市了，以后就要以城市为重点领导全国的革命和建设了。为了做好以后进城的工作，从现在起，你们都应该抓紧学习文化知识，做好进城之后的各项准备。现在环境比较稳定，不经常转移了，警卫班6个人也就可以了。"

警卫员们连连点头答应。他们知道，毛泽东关心他身边的人学习文化，这已经不是第一次了。

这种平等观念不仅在毛泽东的心中根深蒂固，而且他总是身体力行。

1948年9月，西柏坡的雨水非常多。一天晚上又下起了雨。毛泽东开完会，在返回住处的途中，穿着雨衣在前面走，李银桥打着雨伞、拿着手电跟在毛泽东一旁。风吹得伞不停地晃动，李银桥又要打伞，又要打手电，有点儿手忙脚乱，毛泽东便把手电筒拿过来，说："还是让我来给你照路吧！你好好打伞，不要被雨淋了。"

李银桥急忙收起了雨伞，说："那怎么行呢！"

毛泽东说："你为我服务，我也可以为你服务嘛！"

"瓜田不纳履，李下不整冠"

1947年，毛泽东在葭县（今陕西佳县）南河底村做农村调查时，借住在老乡的家里，常常连夜批阅从神泉堡送来的文件。秋收季节，乡亲们家家户户都忙着推碾子磨面，而村上碾子少，石磨也少，都是好几户人家聚到一起轮换着使用一台碾子、一盘石磨。恰好，毛泽东住的窑洞前有一台碾子，夜很深了，前来排队推碾子的人仍然很多。院子里，乡亲们说笑的声音、吆喝毛驴的声音和碾子滚动的声音混杂在一起，窑洞里的毛泽东等人听得清清楚楚。

李银桥觉得毛泽东在这样嘈杂的环境里无法工作，更不用说休息了，便和警卫排长阎长林商量，想请老乡们暂时到离这里远一点儿的地方找碾子用。没想到，这事被毛泽东知道了，他坚决不同意，说："要尊重乡亲们的生活习惯。我们在这里是借住，乡亲们都是村上的主人，我们不可以扰民嘛！"

10月的一天，毛泽东结束了在南河底村的农村调查工作，在回神泉堡前，先去李家坪接7岁的女儿李讷。不久前，江青渡过黄河去接李讷，这天刚到。一家人团聚，毛泽东分外高兴。他们在李家坪住了一夜，第二天一大早回神泉堡。

临近中午，大家在路上走得又累、又渴、又饿。毛泽东让大家在一个小村旁停下来，吃过午饭再赶路。

吃过了午饭，照看李讷的小阿姨韩桂馨领着李讷在村边散步。她俩走

毛泽东正在逗女儿李讷。

着走着，到了一棵大枣树下。这棵枣树长得又高又大。此时正是深秋时节，枣树上挂满了红枣，十分诱人，许多熟透了的红枣散落在地上。韩桂馨拾起几个枣子，用衣服擦干净，顺手就递给李讷吃，自己也吃了起来。没想到，毛泽东和李银桥刚好走过来看见了。

毛泽东严肃地说："你们怎么吃老乡的枣呢？我们有纪律，不能拿老百姓的一针一线。"

韩桂馨解释说："这枣不是我们摘的，是掉在地上的，我们只是捡几个尝尝。"

毛泽东说："你们在枣树下吃枣，群众见了，怎么知道是摘的还是捡的呢？这样做可不好，我们每一个人都要自觉地遵守群众纪律。"

韩桂馨的脸红了，立刻向毛泽东承认这样做不对，并且保证以后坚决执行《三大纪律 八项注意》，不拿群众一针一线。李讷也低着头，把手中的枣子悄悄地扔在了枣树旁。

毛泽东又强调说："我们要做到'瓜田不纳履，李下不整冠'呢！"

同样的一幕几天后又上演。回到神泉堡后的一天，毛泽东带着李银桥和几名警卫员步行去葭县县城。道路两旁枣树林立，红艳艳的大枣挂满枝头，地上也散落了一些熟透了的枣子。李银桥知道不能捡，谁知警卫员中有一个新战士走在后面,顺手从地上捡了几个,边吃边对李银桥说:"组长,俺早就听说黄河边上的枣核小,肉厚,又脆又甜,果然不假……"

不料,这话让毛泽东听见了,他立刻转过头来批评了新战士。新战士急忙解释说是从地上捡的。

毛泽东说:"地上的枣是哪里来的?枣子熟了,当然要掉到地上,总不会往天上飞吧。"新战士赶紧将手里的枣扔回了路边。

另一个战士有些不解:"枣子掉在路上,踩坏了挺可惜的,还不如吃了好呢。"

毛泽东认真地说:"踩坏了可惜,你可以把它捡起来放到树下嘛。老乡如果见你在吃枣,也分不清你是捡的还是摘的,会有意见的。"

大家一听,觉得是这个理,便一起将散落的枣子都捡了起来,堆放在路边的枣树下。

毛泽东高兴地说:"这就对了!我们要时刻牢记,我们是伟大的人民解放军。解放军是有严格纪律的,不拿群众一针一线。无论走到哪里,我们都要严格做到。你们都是我身边的人,不仅要严格要求别人,更要严格要求自己。'正人先正己',事情就好办了。"

返回神泉堡后的一天晚上,毛泽东的警卫员和房东争执了起来。原来,房东在窑洞的院子里腌了两大缸咸菜,这晚,他想到菜刚腌进缸没几天,如果不及时搅缸,不仅菜腌不好,说不定还会全烂了,就过来想把缸里的咸菜翻一翻。警卫员要对毛泽东的安全负责,便对房东说:"首长正在办公,你进去搅菜缸,会影响首长的工作。请你明天白天再来吧。"说着说着,警卫员和房东争执了起来。

毛泽东听到外面的动静,披着一件补丁棉袄走出了窑洞,问是怎么回事。听李银桥报告情况后,毛泽东立刻说:"不要因为我影响了老乡的生活。人家把窑洞让给我们住,这就是对我们最大的支持,房东搅搅缸还不应该吗?告诉那位老乡,他愿来就来!"说完就回窑洞了。警卫员只好去通知那位还站在院子外边的房东进来。

1948年5月26日,毛泽东来到西柏坡,住处是一所院落。住下后,叶子龙对毛泽东说:"这一带有好几个村子,每个村子都住着中央机关的工作人员。这里的老百姓非常好,为了解决中央机关的住房问题,老百姓都克服了困难,宁肯自己家挤着住,也要把房子腾出来。这一带老百姓的觉悟很高,如果有什么事情,只要我们提出来,他们坚决去办。他们知道现在离全国解放的日子不远了,个个都非常高兴,都愿意为最后打败蒋介石出力呢!"

毛泽东听了,高兴地说:"我们在陕北的时候,陕北的老百姓非常好。我们到了河北,河北的老百姓也非常好。越是这样,我们越要努力工作,争取解放战争早一日胜利。革命成功了,让老百姓都过上好日子。"

叶子龙还告诉毛泽东,房东全家为了给中央机关腾房子,都搬到村西住了,家里有两个小男孩儿。毛泽东说:"你去告诉他们,有时间来玩儿吧。我很欢迎他们。"

房东家的两个小男孩儿,大的七八岁,小的五六岁,特别活泼好动,有时会跑回来找李讷玩儿,不久就跟毛泽东身边的人都混熟了。

1948年3月21日,毛泽东从陕北米脂县杨家沟出发,踏上东渡黄河的路程。图为毛泽东和陆定一(左二)、谢觉哉(左九)、王明(右六)、蔡畅(右一)等在陕北杨家沟合影。

这年的12月24日，人民解放军一举攻克了华北重镇张家口。捷报传到西柏坡，人们都高兴极了。连日来，胜利的消息一个接一个，大家欢欣鼓舞。中央机关办公处决定组织几场文艺演出庆祝一下。

这天，房东家的两个小男孩儿正在滹沱河边玩儿，中央警卫团演出队从他们身边路过，其中有一个演员认识他们，就对他们喊："这一次，我们是和军区演出队联合演出。你们想看吗？"两个小男孩儿听了特别高兴，都说想看。第二天，当两个小男孩儿跟着爷爷兴冲冲地去看演出时，发现大礼堂里早就坐满了人，他俩和爷爷以及许多老乡都没能挤进去看戏。

26日早晨，许多老乡没能看上戏的情况被毛泽东知道了。毛泽东叫来李银桥，让他去中央机关办公处拿一些戏票，分头给没能看上戏的老乡们送去。李银桥去送戏票的时候，看见那两个小男孩儿还在不高兴呢。李银桥把戏票给了他们，他们拿着戏票高兴得直跳，大声地喊："毛主席万岁！毛主席早就想着我们呢！"

当天晚上，毛泽东、周恩来等中央领导来到大礼堂，和乡亲们一起观看了《木兰从军》。两个小男孩儿看得特别来劲，都觉得能和毛主席一起看戏真是太幸福了，前一天晚上的那点儿不愉快早烟消云散了。

住了一个月，有个警卫员对毛泽东说："主席，我们看到你院子里有盘石磨，人们出来进去怪碍事的，不如拆了，反正留着也没什么用。"

毛泽东连连摇头，说："拆不得！我要带头遵守群众纪律呢！不但不能拆，还要给老乡保护好。这些东西，老乡将来还要用呢！"

1949年3月23日，毛泽东等离开西柏坡，前往北平。与西柏坡的乡亲们告别时，房东家的两个小男孩儿也跑来给毛泽东送煮鸡蛋。他们说："毛爷爷带在路上吃吧！这是我们的爷爷让我们送来的！"

毛泽东说："谢谢你们了！你们留下吃吧，我们路上有的是吃的呢。"

两个小男孩儿不干，说："那就让李（银桥）叔叔他们吃，反正我们是不拿回去了！"

毛泽东只好收下，说："谢谢你们，谢谢你们全家！要好好学习，长大了，欢迎你们到北平去！"两个小男孩儿一齐说："我们一定去！"

"进京赶考"

1949年年初的一天傍晚，西柏坡。

毛泽东伸了伸有些酸麻的胳膊，大踏步走到院子里。冷冷的空气迎面袭来，他立刻变得精神起来。解放战争快取得胜利了，最艰苦的日子就要过去了。为了革命全局需要，中共中央决定过段时间就开赴华北最大的城市——北平。要去北平的消息使所有的人都十分激动，毛泽东当然也不例外，只是在他的心目中，进北平不仅是一个胜利的标志，更重要的是一个新的考验的开始，而且这个考验还很严峻！

毛泽东开始散步。走了一会儿，他问身边的警卫员："你们的进城工作准备好了吗？"

"搬迁的工作早准备好了，大家还进行了认真学习和讨论，都说进城一定要保持光荣传统。"警卫员回答。

听这么一说，毛泽东很高兴："要早做准备。还有几天时间，我们就要出发了，要抓紧时间把准备工作做好。"

散步回来，毛泽东特意走进警卫员们的屋子，四下一望，对他们说："听说你们进城的工作都准备好了，可是，这房子不像是要搬家的样子嘛。"

警卫排长阎长林代表警卫员们说："大家已经把有用的东西打了两个大包，到时候往汽车里一放就行了。棉衣和被褥都拆洗过了。我们这里没有老乡的家具，桌椅板凳都是公家的，到时候交给行政科就行了。"

毛泽东满意地点点头，问大家："进北平以后干什么，你们想过没有？

你们有没有进城享福的思想？"

阎长林回答："大家在讨论时，都认为进城以后要提高警惕，做好保密、保卫工作，要防止坏人的破坏和捣乱。对大城市的花花世界，要做到贫贱不能移，决不中糖衣炮弹！"

毛泽东高兴地说："你们准备工作做得不错呀，既有物质准备，也有精神准备。"

接着，毛泽东问警卫员们进城后的想法。

这时，气氛活跃了起来，大家七嘴八舌，各抒己见。

有一个警卫员说："进城以后，少出门，防止车祸。"

毛泽东说："不对，应当多见世面，这样才能长知识。"

有一个警卫员说："进城以后，不能看太阳上下班了，要看表按时间办事了，要买一块手表。"

还有一个警卫员说："进城以后，大概不吃小米了吧？我吃小米实在吃伤了，看见小米饭就饱了。"

毛泽东说："这不是思想问题出来了嘛！有了钱，买块手表是可以的。吃小米吃了那么多年，不要忘掉我们是用小米加步枪打败了日本侵略者和美蒋反动派的。就是革命胜利了，进了大城市，可能在粮食上有些调剂，但中国现在还很落后，在短时间内也很难完全做到想吃什么就吃什么。"毛泽东再一次提到了李自成的教训，说，"我们进城后，还要建立新中国的政府，很多人要在政府里做官。不管多大的官，做什么样的工作，都是为人民服务，都是革命工作，都需要努力奋斗。可不要以为进城了，当官了，就不求上进，不愿再过艰苦的生活了，那样，可就成了李自成了。"

警卫员告诉毛泽东，周副主席早就给中央机关人员做了指示，所有人员3个月内一律不准进城。

毛泽东说："好，好。还要有纪律作保障。军队向前进，生产长一寸，加强纪律性，革命无不胜。你们要守纪律，谁也不准违反纪律！"

回到屋里，毛泽东叫来阎长林，让他写一份警卫员的名单送来。而他在桌前坐了下来，习惯性地点燃了一支烟，陷入了沉思……

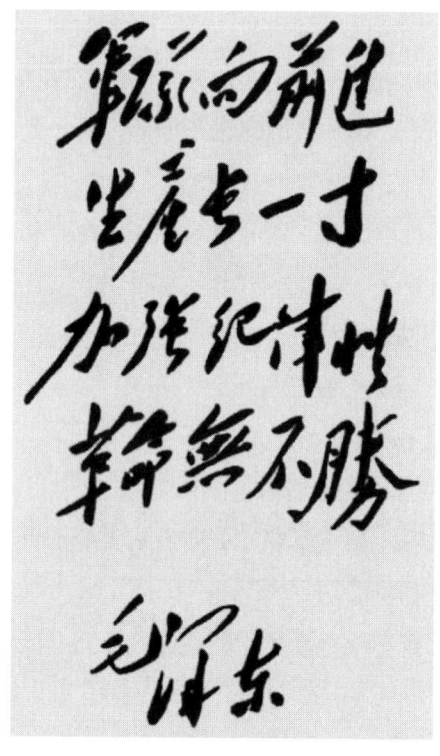

毛泽东题写的"军队向前进　生产长一寸　加强纪律性　革命无不胜"。

早在1944年，毛泽东在《新华日报》上读到了郭沫若的《甲申三百年祭》这篇历史文献。此作叙述的是明末时，李自成领导的农民起义军攻入北京后，部分首领腐化、内部发生宗派斗争、最后导致彻底失败的过程。读了这篇文章，毛泽东异常兴奋，称赞这是一篇很有现实意义的好文章。该文发表后不久，毛泽东就在延安高级干部会议上把它列为学习材料。后来，毛泽东在给郭沫若的复信中写道："你的《甲申三百年祭》，我们把它当作整风文件看待。小胜即骄傲，大胜更骄傲，一次又一次吃亏，如何避免此种毛病，实在值得注意。倘能经过大手笔写一篇太平军经验，会是很有益的……"

在1949年3月举行的中共七届二中全会上，毛泽东又向全党提出：在胜利面前，要防止党内的骄傲情绪，以功臣自居的情绪，停顿起来不求进步的情绪，贪图享受、不愿再过艰苦生活的情绪。毛泽东还提议：不祝寿；不送礼；少敬酒；不拍掌；不以人名作地名；不要把中国同志和马、恩、列、斯平列……

阎长林把警卫员们的名单送来了。毛泽东接过名单，思索了一下，提笔在上面圈了14个人的名字。望着阎长林疑惑的神情，毛泽东解释说："这14名同志，先去文化学校学习，等他们回来了，你们剩下的6名再去。"稍停了一下，毛泽东接着说，"马上就要进城了，以后的工作重点就是搞建设，没有文化不行。你们很年轻，打仗也很勇敢，但不学习就要落后。"

几天后，当毛泽东得知这14名警卫员就要动身去上学的消息时，兴致勃勃地叫来摄影师，与大家合影留念，又让警卫员们拿来笔记本，给每人题上了"现在努力学习　将来努力工作"这12个字。午饭时，毛泽东专门到机关食堂参加聚餐，为他们送行，并再三叮嘱他们一定要好好学习，争取成为知识分子。

3月23日是动身去北平的日子，毛泽东即将离开居住了近一年的西柏坡。这天凌晨三四点钟，毛泽东上床睡觉时，告诉值班的卫士："9点钟以前叫我起床。"

快10点了，值班的卫士才把毛泽东叫醒。

毛泽东睁开眼睛就问："几点啦？叫你们9点以前叫我，为什么现在才叫呢？"

当卫士告诉毛泽东是周恩来的关照时，他才没有再说什么。饭后，毛泽东深情地凝望居住了近300天的小屋，依依不舍地迈步走出了院门。

刚出院门，周恩来就迎了过来，问："没有休息好吧？"

"休息好了，睡四五个小时，精神就很好了。"毛泽东轻快地说道。

1949年年初，毛泽东同中央机关工作人员在西柏坡合影。

"多休息一会儿好。长途行军,坐车也是很累的。"

"今天是进京的日子,不睡觉也高兴啊!今天是'进京赶考'嘛。'进京赶考',精神不好怎么行呀!"毛泽东这么一说,在场的人都笑了起来。

周恩来笑着说:"我们应当都能考及格,不要退回来。"

正一脚踩在车上、一脚踏在地上的毛泽东大手一挥,坚定地说:"决不能退回来,退回来就失败了!我们决不当李自成,我们都希望考个好成绩!"稍停顿了一下,他又补充了一句,"我们共产党人决不能当李自成!"

在场的很多人不由得想起毛泽东在七届二中全会上讲过的话:"……同志们,我们就要进北平了……我们进北平,可不是李自成进北平……""可能有这样一些共产党人,他们是不曾被拿枪的敌人征服过的,他们在这些敌人面前不愧英雄的称号;但是经不起人们用糖衣裹着的炮弹的攻击,他们在糖弹面前要打败仗……"

在"进京赶考"的路上,毛泽东兴奋地和大家说笑着。有人说:现在离开农村进北平是3月,1947年撤出延安也是3月,1948年离开陕北到华北正好又是3月,真是巧得很。

毛泽东听了,说:"3年3次大行动,都在3月份发生。明年3月份应该解放全中国了。全国解放了,我们就再也不用搬家了!"

汽车驶近河北保定时,正是3月24日上午。太阳亮堂堂地照着一望无垠的田野,度过严寒的冬小麦开始泛出蓬勃的绿意,传达着春天的信息,大家的心情也愈发明朗起来。

毛泽东突然从窗外收回目光,沉重地叹了一口气,对身旁的秘书说:"你注意到了吗?在田里干活的大多是老人、妇女、小孩儿,很少看见青壮年。好多田地荒废了。为了战争,老百姓吃了多少苦头啊!"过了一会儿,他接着说,"我们一定不能忘,没有人民的支援,没有人民的巨大牺牲,我们就不可能有今天的胜利啊!所以,我们一定要把国家建设好,让老百姓过上好日子,安居乐业。"

中午时分,车队开进了保定城。街上的行人都注目观看这长长的车队,不少人还围了上来,欲看个究竟。考虑到此时的国民党特务还没有完全肃清，卫士们要求司机开快一点儿。毛泽东连忙制止，说："行人多，车开快了会撞人的！老百姓看看有啥不好？过去日本人、国民党的汽车，老百姓不仅不看，可能还要躲得远远的呢。"

下午，车队来到了河北涿县。凌晨两点，毛泽东和其他领导人将换乘火车，直驶北京。

3月25日清晨，天还未亮，火车到达了丰台。借着点点星光，大致可以看清北平的城墙。毛泽东若有所思地说：整整30年前，也就是五四运动爆发的那一年，他就来过北平，那时是为了寻求救国救民的真理来的，有幸在这里遇到了在我国最早传播马克思主义的李大钊和陈独秀，也正是得到了这二人的教育和影响，自己才找到了马列主义并决定投身于共产主义事业。"如果没有他们的指点和教导，我今天还不知道在哪里呢。"对李大钊等革命前辈，毛泽东充满了怀念和敬重的深情。

天色大亮的时候，火车到达清华园车站。毛泽东一行改乘汽车到颐和园益寿堂，出席中共北平市委举行的接风宴会。毛泽东兴致很高，举起酒杯，建议大家干一杯，庆祝这个值得纪念的日子。

暖暖的春阳照在毛泽东宽阔的面庞上。他信步走出房门，仰望无际的

1949年3月25日，中共中央和人民解放军总部由西柏坡迁到北平。图为毛泽东、朱德、刘少奇、周恩来和任弼时等在北平西苑机场检阅部队。

蓝天，思索着社会主义祖国明天的蓝图。从此，毛泽东以中国共产党和人民解放军的最高领导人、以中华人民共和国缔造者的身份出现在全中国和全世界人民面前，开始领导建设新中国的更加艰难曲折和壮丽伟大的事业，填写他进京后的一份又一份考卷的答案。

紫云轩主人

党中央刚从西柏坡迁到北平时,毛泽东住在北平西郊香山的双清别墅。在双清别墅住了不久,毛泽东便开始临时进城办公,中南海的菊香书屋便成为他在城里临时休息的处所。

北平的建筑群是以帝王宫殿紫禁城为中心的,象征了封建皇权的无上权威。从清朝起,位于紫禁城西面的中南海便成为重要的政治活动场所。著名的"戊戌变法"失败后,慈禧太后把光绪皇帝赶出了紫禁城,囚禁在中南海内的瀛台,一直到其离世。后来,袁世凯称帝,皇宫也定在中南海。民国期间,中南海曾被不少达官贵人选为府邸。所以,在中国近现代史上,"中南海"3个字也是政治权力的代名词。

"翡翠层楼浮树杪,芙蓉小殿出波心。"明清帝王们开辟为皇宫禁苑的中南海,如今回到了人民的手中。

在中南海高大的院墙内有许多相对独立的建筑群。从中南海的南门,也就是新华门往里走,顺着南海西岸的马路行至北头,便会看到一个大院,院门口上方的黑色大匾上书着清朝乾隆皇帝的3个金色大字"丰泽园"。丰泽园是一座相对独立的建筑群,由许多小院落组成。丰泽园大院的东侧有一个小院,叫"菊香书屋"。北平和平解放后,住进中南海菊香书屋的第一位中共领导人是林伯渠。当时,林伯渠居住在北屋。毛泽东和周恩来临时休息的地方分别被安排在菊香书屋的东屋和南屋。为了创造一个好的环境,花匠在屋里屋外摆了一些盆花。

此时，毛泽东临时进城主要是在中南海颐年堂会见民主党派和人民团体的负责人，召开一些小型座谈会，座谈的中心是广泛听取各界对即将召开的新政协的意见和建议，下午进城，晚上在含和堂吃饭，晚上8点多钟返回香山住处。这是毛泽东临时进城一天的时间表。

为了迎接将要举行的开国大典，经过几个月夜以继日的劳动，中南海里里外外已经焕然一新，于是，北平市市长叶剑英打了一个报告，请党中央正式迁入中南海。

等了几天，没见动静，叶剑英专门到香山双清别墅去催批他的报告。

"我不搬，我不做皇帝！这个剑英真固执！"毛泽东等叶剑英走了，很严肃地对周恩来说。

"你还是应该听'父母官'的。"周恩来含笑而言。他同意叶剑英的意见，但又不好直说。

"我偏不听。这是原则问题。"

"剑英坚持你进中南海也是原则，这个地方连围墙也没有……"周恩来希望毛泽东搬进中南海，主要是考虑住在香山不安全，而中南海四周的红泥高墙是天然的屏障。此时，毛泽东每天都要接见各民主党派代表人物和各界人士，还要指导筹备政治协商会议预备会的工作，住在香山，确实很不方便开展工作。

"不谈，不谈。"毛泽东打断了周恩来的话头。这样，周恩来只得去搬"援兵"。

周恩来请朱德一起同毛泽东谈搬迁问题。起初，毛泽东还是坚持不去中南海住，周恩来和朱德便开始做工作了。

"毛主席住进去，我

毛泽东在北平香山双清别墅看南京解放的捷报。

们才好高枕无忧啊。"周恩来对朱德这样说。

朱德表示赞同,并说:"现在就造办公大楼也来不及呀!"

毛泽东也不愿意在新中国刚刚成立时就大兴土木为党中央建办公地址。后来,他说:"这样看来,还得少数服从多数啊!"

1949年5月,直到党中央以少数服从多数的决议一致通过,毛泽东才搬进中南海丰泽园的菊香书屋院内。林伯渠从这座古老的四合院里搬到了中南海颐园。

这是一座古老的四合院,有5间东房,中间一间是过道,是首长和来宾挂衣服的地方,也是毛泽东吃饭的地方,兼为全家和来宾的餐厅;靠北边的两间是办公室,书记处的5位书记经常在这里开会,彭真、罗瑞卿、陆定一、杨尚昆和胡乔木等经常在这里谈工作;靠南边的两间是会客室。南房也是5间,是家属住的地方。5间西房中间的一间是过道,是从菊香书屋外出的主要通道;靠南边的两间是值班室和工作人员办公的地方;靠北边的两间是毛泽东的放书之所。5间北房中,西边的两间是家属住,东边的两间是毛泽东住,房子很高大,很宽敞,5间屋的当中一间的门上挂有"紫云轩"的匾额。从进住中南海到"文化大革命"前,毛泽东的工作和生活的多一半时间是在紫云轩度过的。他也在万寿路的新六所和玉泉山住过,但都是暂时性的,住的时间都很短。他最喜欢住紫云轩,说住在这里有"家"的感觉,他身边的工作人员也因此称他为"紫云轩主人"。

紫云轩主人特别崇尚自然。菊香书屋4面房子形成一个封闭的小院。院内南北、东西两条小路交叉成"十"字形,把草坪对称分开,使整个草坪成一个"田"字形状。几棵百年老树为院里增添了几分幽雅。刚进住这里时,工作人员打扫卫生,总是习惯把院子里的小草拔光。毛泽东见了,便说:"莫拔莫拔!莫伤了无数生命!"说这草不但不影响卫生,而且有好处。秋天,树叶落满院,他不让工作人员扫,说留着很好;冬天,他也不让工作人员把雪扫掉,说雪很好看,为什么要扫掉呢?

紫云轩主人讨厌奢华、排场和浪费,一再告诫身边的工作人员要时刻保持艰苦朴素的作风。

毛泽东住进菊香书屋之初，工作人员想把这个庭院装饰得好看一些，让毛泽东有个好的居住环境，可以呼吸到新鲜的空气，让他赏心悦目，调节心情，以减轻疲劳，就在一天傍晚趁他没在院子里的时候，精心布置了一番，摆放了许多盆花，同时在他的办公室门前的台阶上放了4个大鱼缸。此时正值春暖花开的季节，菊香书屋院里立刻变成了百花争妍的小花园。

起先，毛泽东没有注意到。第二天上午，到了毛泽东休息的时间，他只躺了一会儿就起床了，刚走出房门，就看到卫士安科兴正在门外台阶上喂金鱼。

毛泽东走到鱼缸跟前看了一眼，问安科兴："你干什么呢？"

"我喂鱼哩。"安科兴只顾喂鱼，头也不抬地回答。

"喂的是什么？"

"喂的是鱼食。"安科兴仍然低着头，边喂鱼边回答。

这时，毛泽东的语调有点儿变了，问："这鱼食是从哪里来的？"

"从中山公园买来的。"安科兴满不在意地回答完，突然察觉到有些不对劲儿，猛一抬头，毛泽东那严肃的目光与他的视线碰在了一起，他赶紧立正，好像做错了什么事的模样。

毛泽东面带愠色地站在台阶上，但没有发脾气，而是克制着情绪，耐心地对安科兴说："养那么多的鱼叫我一个人看，这得花多少钱？这不是浪费吗？我常给你们讲，咱们打了20多年的仗，现在，国民党给咱们留下这么个烂摊子，人民需要休养生息，恢复元气，国家要争取财政、经济早日恢复，这就需要我们每一个国家工作人员无论办什么事情，都要勤俭节约，不要铺张浪费，减少行政开支，不应该花的钱，一分也不能花。你想到没有，国家的困难多着哩，全国上千万的灾民需要救济，我们要积极创造条件发动灾区人民生产自救；还有几百万城市工人，因为有的工厂被破坏了，有的工厂虽然没有被破坏，可是因为没有原材料，也开不了工，那些工人都没有工作，他们也得要吃饭、穿衣。我们是共产党，我们不能对他们不管，在他们没有恢复工作以前，我们把他们的生活包下来。另外，还有国民党原有的几百万旧军政人员，我们把他们包下来养活起来，我们的包袱很重。所以说，要想提高、改善生活条件，先得恢复生产，发展生产才能做到改善生活条件。"

毛泽东边说边走下台阶，来到院子里，这才发现一夜之间，院子里变了模样，看到摆放了这么多花盆，他更不高兴了。他在院子里边踱步边继续对安科兴说："栽这些花，养这些鱼，并非不可，而是现在的经济条件不允许。等生产发展了，人民的生活逐步提高了，大家都可以种花、养鱼，改善生活，美化环境。"他接着说，"过去，这里是公共场所，由他们随便布置，我不干涉，可现在，我住在这里，就不要摆这么多的花了，少摆几盆，再摆一点儿松柏树就可以了。你们知道，到我这里来的人很多，以后还会有工人、农民的代表来。他们来了，就是为了看看我，看看我住的地方。如果我这里摆了那么多漂亮的花，那他们也会上行下效，向我看齐，养成这种风气就不好了。"他又说，"你去叫叶子龙来，把这些花和金鱼给我拿走，我这里不要这些玩意儿。"

按照毛泽东的嘱咐，大家很快把花搬走了，在院内的十字路口处摆了两盆棕树、两盆无花果，在凉台上放了两盆绿草。

布置完了，毛泽东看了看，很满意地说："这不是很好嘛！我不是不喜欢花，而是现在摆得太多了，不大合适。"实际上，院子里的鱼缸和花盆是卫士们想办法搞来的，就连安科兴喂的鱼食也是卫士们用自己的津贴买的。大家知道毛泽东不赞成养鱼、摆花盆后，当天下午就把鱼缸搬走了。从这以后，直到1966年，毛泽东搬离菊香书屋，这个庭院里再也没有放过鱼缸和花草之类的东西。

毛泽东的卧室在北房，办公室在东房，从卧室到办公室必须经过院中心，晴天挺好，走几步路还可以活动活动身体，可是遇到刮风下雨，尤其是冰冻路滑时，来往就显得不太方便了，如果卧室与办公室中间有一条走廊相通，这个问题就很容易解决了。尽管盖一个走廊很实用，不像摆花盆那样可有可无，但工作人员与毛泽东商量了几次，他就是不同意。他说："我看没有那个必要，花好多钱搞个走廊，就与艰苦奋斗的精神不相符了。"

当时，丰泽园的大门和外边门柱的油漆脱落了不少，有的柱脚连里面的麻皮都露出来了。一天，毛泽东看见工人们正在那里搭架子准备油漆，便对阎长林说："告诉行政部门，这里现在不需要刷油漆，过几年再修理吧。我住的地方不要和公共场所一样花那么多钱、搞那么漂亮。"

刚搬进中南海就遇到了上厕所难的问题：毛泽东的办公室和卧室附近没有厕所，上厕所要走很长一段路到后院；毛泽东又经常召开会议，接见客人，别人来了，上厕所也很不方便。毛泽东对此倒不在意，但身边的工作人员过意不去，便与有关方面协商，在毛泽东办公室后面盖了一个卫生间，与办公室打通，这才解决了这一难题。毛泽东看到这个变化后，连声称好。

菊香书屋的房子在冬天都是靠烧地炉子取暖，但因年久失修，地道不通了。后勤部门经过研究，决定在院里的一处空地上砌一座小锅炉，这才解决了冬天取暖的问题，而且使喝水和洗澡也变得方便了，要洗澡的时候，把水龙头一开，热水就哗啦哗啦地流进了澡盆。毛泽东满意地对身边的工作人员说："现在可好了，已经是自动化了。"

勤政殿是中南海里最高的建筑，过去是皇帝休息和办公的场所，因而装饰得比较豪华。殿内正厅面积较大，可供上百人开会，新政协的筹备会议便选定在此召开。有一天，毛泽东散步走到殿前，对工作人员说："过几天就要在这里开会了，咱们先进去看看。"

进了大门，通过院子便来到了过厅。过厅很大，宽10米，长50米，两旁摆放了一些名贵的花瓶、古物和工艺品。毛泽东走上前去一一观看后，摇了摇头，长长叹了一口气，说："过去的皇帝只管自己的排场，可苦了老百姓啊。"当检修工作的负责人员问毛泽东有什么指示时，他说："检修工作，总而言之就是一条，少花钱，多办事。"

为了保持艰苦奋斗的光荣传统，根据毛泽东的指示，丰泽园的大门和院内的所有房屋都保持了原样，就连颐年堂这个毛泽东经常开会和会客的地方也只是被彻底清扫了一下，没有花钱修理、没有刷油漆就继续使用了。

长子的婚事

毛泽东与儿子毛岸英在延安团聚时,毛岸英已是24岁的青年,正是谈婚论嫁的年龄。

1948年5月,毛岸英从山东参加土改后来到西柏坡,在中央宣传部任编辑助理。这时,刘谦初烈士的女儿刘思齐到西柏坡探亲,住在毛泽东家里。两个年轻人接触多了,便相互产生了爱恋之情。经邓颖超和康克清帮忙,毛泽东同意了毛岸英和刘思齐确立恋爱关系。过了一些日子,随着感情的进一步加深,两个年轻人希望早日结婚。

毛岸英知道这件事情必须得到父亲的同意,于是8月的一天,他与刘思齐前来,征求父亲的意见。

知道两个人的来意后,毛泽东和蔼地说:"你们都同意,我没有什么意见。你们接近、交谈,早已跟我说过了,我也早同意了。我没有意见,同意你们结婚。结婚后,你们要好好工作,好好学习。"说完,毛泽东又问刘思齐,"你正在学校学习,还没毕业,现在结婚不怕影响你的学习吗?"

刘思齐满怀信心地回答:"结婚后好好安排安排,不会影响的。"

谈话就要结束了,毛岸英和刘思齐起身要走,毛泽东突然又问:"岸英是1922年生的。思齐,你是哪一年生的呀?"

"我是1931年生的。"刘思齐回答。

"1931年生的?岸英比你大八九岁呢,你到18周岁了吗?"

刘思齐说,只差几个月就到了。

毛泽东听了沉默片刻，对刘思齐说："你还不到18周岁，着什么急呀？过几个月，满了18岁再结婚吧。反正我同意你们结婚，等一等好不好？"

听了毛泽东的话，刘思齐望向毛岸英。毛岸英勉强表态："好，听爸爸的。"

两个人离开后不大一会儿，毛岸英又回到了毛泽东的住处。

"咦，你怎么又回来了？"毛泽东有点儿疑惑。

"我从来都是听爸爸的。"毛岸英避开父亲的目光，说，"可我今年快27岁了。我想，结婚以后专心学习、工作，这样就不必再在这方面花费那么多时间和精力了。"

"你的意思是不是让我同意你们结婚呀？"毛泽东知道了儿子的来意。

"是的，就差几个月了，很快就到了。"

"差一天也不行！"毛泽东发了脾气。

"我自己的事还是让我自己做主吧！"看到父亲生气了，毛岸英恳求道。

这一下，毛泽东更生气了："你找谁结婚由你做主，但结婚年龄不到，你做得了主吗？纪律和制度要做你的主！"

毛岸英不服气地说："岁数不到就结婚的人多着呢！……"

"再急，你也不能违反法律！解放区的婚姻法规定：男满20岁、女满18岁才能结婚，还有我们军队规定连长以上的干部不到30岁不能结婚。你凭什么不到30岁就要结婚，来破坏这条规定？就因为你是我毛泽东的儿子，你就可以特殊化，不遵守军队的规定，任意破坏纪律？！都照你这样不受纪律约束，军队还能打仗吗？"毛泽东沉着脸严厉地说，"现在，你们的条件都不够，最主要的是思齐还不满18周岁。不管说什么，法律是公正无私的，不允许任何人不遵守，你毛岸英、刘思齐也不能例外！"

毛岸英没有料到父亲会跟他发这么大的脾气，他气得脸色发白也没有办法，转身就走。

毛泽东一贯是遵守纪律的典范，不仅自己以身作则，对于儿子，也决不允许有一点点的特殊。

毛岸英想不通，回到住处就趴在床上，饭也不吃，别人怎么劝也劝不住。

长子的婚事

卫士把这些情况向毛泽东做了报告。毛泽东听后，勃然大怒，来到儿子的房门口，大声吼道："毛岸英，你想干什么？"

父亲的这一吼可比别人的劝说管用多了，正躺在床上耍性子的毛岸英立刻安静下来。

"没出息！"毛泽东走进屋子，狠狠地训斥了儿子。

几天后，毛岸英想通了，向父亲做了检讨，承认了自己的错误，并表示等革命成功以后再结婚。

看到儿子终于明白过来，毛泽东笑着说："很好！这样，你就是一个模范的守法者，而不是一个违法者了。"

直到1949年9月，毛岸英和刘思齐才商量好准备结婚的事宜，征求刘思齐的母亲张文秋的意见后，两个人初步定下了婚期。

10月4日下午，毛岸英来到父亲住处，把想结婚的打算告诉父亲，再次征求他的意见。

毛泽东说："我同意。你们准备怎么办婚事呀？"

"我们商量了，越简单越好。我们都有随身的衣服，也有现成的被褥，不用花钱买东西。"

毛泽东听了非常高兴："不花钱办喜事，这是喜上加喜。浪费可耻，节约光荣，还是应该艰苦朴素。"顿了顿，又说，"但你们结婚是一辈子的大事呀，我请你们吃顿饭。你们想请谁就请谁。你跟思齐的妈妈说说，现在都是供给制，她也不要花钱买东西了。她想请谁来都可以，来吃顿饭。"

经过商量，毛岸英和刘思齐列好了客人名单，有邓（颖超）妈妈、蔡（畅）妈妈、康（克清）妈妈、谢觉哉伯伯、陈瑾昆伯伯等。

看过了名单，毛泽东摇摇头，说："你们只请邓妈妈不行，请了邓妈妈，还应该请恩来叔叔；请了蔡妈妈，还应该请富春叔叔；请了康妈妈，还应请朱总司令；请了谢老，还应请王定国；请了陈瑾昆，还应请梁淑华；还有少奇和光美同志，也要请。弼时同志有病，住在玉泉山休息，就不要麻烦他了。该请的人由岸英去请，打电话或亲自去请都可以。吃什么，也由你们跟他们商量，最好是家常便饭，简单一些。你俩的意思是婚事简办，

1949年4月，毛泽东同毛岸英（右二）、刘思齐（右一）和李讷在北平香山合影。

我完全赞成，就是要改一下旧习嘛。"

10月15日晚，中南海丰泽园喜气洋洋。这一天是毛岸英与刘思齐大喜的日子。他们没有婚礼礼服，毛岸英穿着当翻译时穿的工作制服和一双半新的皮鞋，刘思齐身着灯芯绒布上衣和半新的裤子、穿着一双新买的方口布鞋，免了鞭炮迎亲，少了锣鼓齐鸣，共和国主席长子的婚礼就这样举行了。

后来，这场婚礼被称作最高规格、最低场面的婚礼。说到规格，新中国成立时的政治局常委基本都参加了；说到场面，婚宴一共只设了两桌，一桌就坐的是领导人和他们的夫人，另一桌就座的是一些小朋友。菜肴也很简单，以腊肉、腊鱼为主，兼有湖南风味的辣椒和苦瓜。

丰泽园里，大家欢聚一堂，都夸毛岸英和刘思齐是一对好夫妻，说毛主席找了个好儿媳。毛泽东欣喜地拉起刘思齐的手，慈爱地说："今天，你是新娘子，成了大人，不是小孩子了。你过去是我的干女儿，现在成为我的大儿媳妇，我祝愿你和岸英和和美美，共同进步……"一对新人的伯伯、叔叔、阿姨们还带来了小礼物，向他们表示祝贺：蔡畅和康克清各送了一对枕头套，王光美送给刘思齐一套睡衣。毛岸英让刘思齐好好保存这些喜礼，留作纪念。

席间，毛泽东举杯走到刘思齐的母亲张文秋面前，说："谢谢你教育了思齐这个好孩子。为岸英和思齐的幸福、为你的健康干杯！"

张文秋说："谢谢主席在百忙之中为孩子们的婚事操心。思齐年幼，不大懂事，希望主席多批评指教！"

婚礼结束后，毛泽东对大家说："今天是非常高兴的一天，因为这是岸英和思齐结婚的日子，这喜酒和便饭，是岸英自己张罗的。他办得还可以，我要表扬他。如果办得不好，我也会批评他的。"

随后，毛泽东拿出随身带来的一件半旧的黑呢子大衣，递到毛岸英手里，说："我没有什么贵重礼物送给你。这是我赴重庆谈判时穿过的大衣，后来未曾动用，现在送给你。"毛岸英接过了大衣。毛泽东又看了看刘思齐，觉得自己没有给新儿媳什么礼物，就补充说，"这样吧，白天，岸英穿在身上，晚上盖在被子上，思齐也有份。"刘思齐一笑，深情致谢。毛泽东接着说："爸爸欠你们、欠亲人的太多了！只要你们幸福，我也就别无遗憾了。"

毛岸英和刘思齐的新房是社会部的宿舍，门上贴着大红"喜"字，房间里面的床铺、桌子和椅子是向公家借的。床上只有两条薄被，一条是供给制时由公家发的统一规格的被子，另一条是刘思齐作为嫁妆带过来的，还有一些必不可少的生活用品。

毛泽东对儿子婚事的关心有独特之处，他给予一对新人的关爱不是华丽和奢侈，而是培养他们遵纪守法、勤俭节约的优良作风。

痛批"吃喝风"

1950年2月17日,毛泽东、周恩来等圆满结束了对苏联的友好访问,于26日乘坐苏联专列到达满洲里,很快换乘了中国专列。坐上自己国家的专列飞驰在祖国的领土上,和在异乡乘坐外国专列的心情当然有天壤之别,毛泽东的心情由此变得格外好。27日下午2时15分,专列驶进了哈尔滨站。

在省市有关领导的陪同下,毛泽东一行乘车经月牙街、红军街、邮政街来到现在的颐园街一号。这是一座带有欧式风格的建筑,虽然不能和现在的高楼大厦相比,但在那时完全称得上高大建筑,里面的设施也很先进,

1949年12月至1950年2月,毛泽东首次访问苏联,在抵达莫斯科车站时,受到布尔加宁(右一)、莫洛托夫(右二)等苏联党政领导人的热烈欢迎。前排左二为王稼祥。

装饰得很漂亮。

毛泽东下车后，上下打量了一下这座楼。当他发现开车的司机拘谨地站在自己身旁时，便主动问："司机师傅贵姓？"

"主席，我免贵姓崔，叫崔洪松。"崔师傅很激动，抢前一步，和毛泽东边握手边回答。

"谢谢你为我们服务。"毛泽东微笑着说。

崔师傅激动得掉下了眼泪。

毛泽东马不停蹄地来到会议室，认真听取了省市有关领导的汇报。下午3点30分，毛泽东稍作休息后，来到哈尔滨车辆厂视察，勉励大家要管理好工厂，为全国做出好榜样，并与厂里的工人亲切地交谈。当毛泽东等回到颐园街一号时，已是晚上6点多钟了。他和周恩来又接见了省市有关领导。

晚上，省市领导一方面出于对领导人的热爱，另一方面为长途奔忙的毛泽东、周恩来等接风洗尘，便在颐园街一号的一楼举行晚宴。晚宴开始前，毛泽东、周恩来还专门请同车归来的越南民主共和国主席胡志明一起用餐。因为有胡志明在场，看到晚宴很丰盛，毛泽东虽然没有说什么，但能看出他对这些吃的并不感兴趣，只是在两三个盘中夹菜，吃了半碗米饭。

晚宴结束，毛泽东语重心长地对时任哈尔滨市市长饶斌说："我们国家还很穷，不能浪费，不能搞大鱼大肉、山珍海味。吃米饭和蔬菜就可以嘛！"饶斌听后，表示"一定照办"。第二顿饭就简单多了。

颐园街一号的工作人员为让毛泽东好好休息，特意准备了高级沙发床和新被褥，房间的摆设也很豪华。当毛泽东走进为他安排的卧室时，感叹地说："噢，这么漂亮的床！"说着，用手按按软床，发现是弹簧的，笑了笑，对身边的卫士李家骥说："还是换我们带的东西吧。这些让他们拿去，我睡硬板床。我没有这个福，享受不了这些东西。"

李家骥把毛泽东用了多年的被子、两条灰毛毯、毛巾被和荞麦皮枕头都抱了过来。正在看书的毛泽东抬头看了看，说："还是我们的好！搞那么好的东西没必要，如果到一个地方换一套，我用了，别人怎么用？那是浪费！"

说起床铺，毛泽东是很"讲究"的。他说过："人生命三分之一是在床上度过。我在床上的时间可能更多些，所以一定要搞舒服。"毛泽东的这些话并不是说他睡觉多，相反，他睡觉时间比平常人大约少一半。他在床上的时间多，是因为他有躺在床上读报看书、批阅文件的习惯。

毛泽东怕热，不怕冷。在陕北时，他睡不惯当地的火炕，走到哪儿都是睡门板。进城后，他一直睡木床。巡视全国，他走到哪里，都是睡硬板床。夏天天热，他的硬木床上就尽量少铺些东西；出汗多，他就在枕头上垫几张旧报纸，报纸经常被汗水浸湿、弄破。他对被褥也有"讲究"，什么鸭绒、驼绒的，他都不喜欢，更讨厌的确良布，而是喜欢棉布、棉花，被褥里外均为白布，荞麦皮枕头用一块白布包着，睡衣和毛巾被补了又补。他进城就是使用这些床上用品，逝世前仍然用着这些东西。外出时，他还总带一块旧毛毯。他习惯将毛毯搭在床栏上，下面塞个枕头，靠在上面办公、批阅文件。宋庆龄得知他有躺在床上批阅文件的习惯，曾送给他一个高级的大枕头。他对宋庆龄特别尊敬，便收下了，可是在床上摆了一段时间，感觉享受不了，又收进了仓库，仍将旧毛毯搭在床栏上，下面塞了那个白布荞麦皮枕头办公。

毛泽东第一次访问苏联期间，睡觉时也是一直用自己的这些"宝贝"。一天，在担任翻译工作的师哲的陪同下，毛泽东走进苏方为他准备的卧室。他按了按床，看了看那些高级被褥，皱了皱眉头，说："我睡不了这种沙发床，把我用的东西和书拿来。"他又按了按鸭绒枕头，笑着说，"这能睡觉？头都看不见了。"

卫士李家骥在一旁接话道："主席，我们把垫子掀开，铺上木板就行了。"

毛泽东点了点头，但马上嘱咐："不能麻烦人家。"

于是，工作人员请我国驻苏联大使馆的同志帮助解决这一问题。

大使馆的同志把木板送来后，大家一齐动手给毛泽东做"新床"，并把苏联提供的高级被褥换掉，将毛泽东平常用的褥子、白床单、灰毛毯、毛巾被和荞麦皮枕头放好。

痛批"吃喝风"

1949年12月至1950年2月,毛泽东一行访问苏联期间,与斯大林等苏联领导人在一起。

1949年12月,毛泽东在苏联访问期间,到克里姆林宫医院看望任弼时。

两位苏联女服务员看着这些中国人做"新床",满脸的迷茫和惊奇,用俄语嘀咕了一阵儿就走了。一会儿,苏方的卫队长别里别契跟着她俩走了进来,用手势问为什么把卧具换掉。

师哲用俄语解释说:"毛泽东同志有用自己被褥的习惯。"看到别里别契和女服务员们疑惑的表情,师哲又进一步解释,"这样才能睡好觉。"

他们听了,耸了耸肩,表示不理解。

大家继续做"新床"。两位女服务员虽然不明白为什么换卧具,但还是很有礼貌地主动帮忙。

后来,师哲特意向别里别契详细地介绍了毛泽东多年以来养成的习惯和他艰苦奋斗的品格。别里别契终于明白和理解了这些中国人的做法,并钦佩地伸出大拇指,连声说:"毛泽东真伟大!毛泽东太俭朴了!"

2月28日上午,毛泽东一行乘坐的专列离开哈尔滨,中午抵达长春站,随即换上小轿车,观看市容。当车子驶进市区时,大街小巷里一个人也看不见。毛泽东问一位当地的领导:"为什么街上一个人也看不到?"这位领导回答:"现在正吃中午饭。"毛泽东一听便知他说的是假话,于是风趣地说:"老百姓行动这么一致,比军队还整齐!"实际上,当地的领导为毛泽东的安全着想,实行了戒严。这本也是好意,但毛泽东不赞成这么做,沉下脸批评道:"你们在说假话。搞戒严,不让老百姓出来,这样太脱离群众了!"当地的领导受到了批评,马上解除了戒严。看到很多老百姓上了街,毛泽东的气才消了。

当天,专列离开长春,到达了沈阳。毛泽东一行入住和平宾馆,并听取了当地领导的汇报。

晚餐时间到了,毛泽东在高岗等领导的陪同下来到食堂。看到餐桌上的饭菜搞得很丰盛,毛泽东马上沉下脸来。在吃饭的整个过程中,毛泽东仅吃了摆在眼前的空心菜等几个菜和一点儿米饭,很快便放下筷子,吸起烟来。他虽然不高兴,但仍然礼节性地让胡志明多吃一点儿。整个晚饭也就花了半个多小时就结束了,始终没有掀起"高潮",剩了不少菜。

饭后,毛泽东和其他领导陆续来到一楼会议室。大家闲谈了一会儿,毛泽东便收起笑容，欠了欠身子，开始发言。他先说到晚饭搞得太多，接着用带有批评的口气说道："同志们，我们是人民的公仆，是为人民服务的。如果你们一层一层仿效下去，这么吃起来，在人民群众中将会有什么影响？你们应重温七届二中全会精神。"

叶子龙见毛泽东不高兴，便小声向毛泽东询问怎么处理刚收到的电报，这才把话题岔开，引到了别的话题上。

第二天，毛泽东在东北局、辽宁省、沈阳市领导干部会上又重点讲到了勤俭节约、艰苦奋斗的问题。他主要讲了三点：一是恢复经济建设，二是肃清反革命、国民党残余势力，三是重点讲了七届二中全会精神。

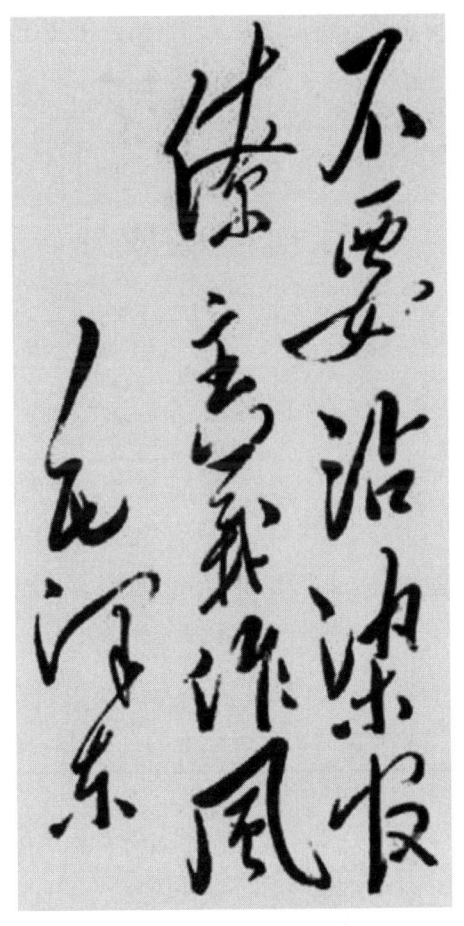

1950年2月27日，刚从苏联访问回国的毛泽东给中共松江省委题词。

毛泽东说："我们的基层组织是贯彻中央精神的，总的形势是好的，但是也存在问题，包括我们各级领导干部在内。"他稍微顿了一下，讲起了这几天的亲身经历，"这次，我和恩来等同志路过东北，主要想了解一下东北的工作情况，了解东北地方工业生产情况。发现浪费太大。我在哈尔滨提过不要大吃大喝，到沈阳一看，比哈尔滨还厉害。我和恩来不是为了吃喝，搞那么丰盛干什么？"他气愤地说，"你们要做刘宗敏，我可不想当李自成啊！中央三令五申，要谦虚谨慎、戒骄戒躁、要艰苦奋斗，你们应做表率……"

家庭阶级成分,该是什么就是什么

1949年8月,毛泽东的家乡湖南韶山解放了。

1950年6月,《中华人民共和国土地改革法》公布并实施。7月,中共长沙地委、县委派工作组到如意乡(现如意乡的杨营、杨佳、如意3个村,韶山乡的朝阳村和杨林乡的石马村)进行土改试点,随即在区内10个乡全面铺开。在土改过程中,涉及了没收地主的土地、房屋、耕牛等财物,并按政策征收富农出租土地的一部或全部。这年冬天,韶山的土地改革进行到划分阶级成分的阶段。

一天,毛泽东在中南海菊香书屋看到一封来自家乡的信。信是由韶山乡党支部书记毛仁秋代表乡党支部和乡政府写给毛泽东的,大意是:家乡人民在党的正确领导下,在您的亲切关怀下,土改现已进入划分成分、分田的阶段了。您老是知道的,韶山山多田少,耕地不足,据初步推算,人平均只有九分三左右。不知您老家里有几口人分田?特向您汇报,请指示。

毛泽东一看信,就明白了这是家乡在问自己如何划分成分的事情。该给自己家划什么成分呢?他想起了家里的往事……

毛泽东家世代都是农民,曾祖父毛四端、祖父毛恩普都是勤劳质朴的庄稼人。祖父毛恩普当家时,因为家境窘迫,不得不把祖传的一些田产典当给了别人。父亲毛贻昌,字顺生,17岁开始当家理事,因为负债,被迫外出当兵,积累了一些银钱,回到韶山后,赎回了典当出去的土地,又买进了一些,使自己家的田产增加到了22亩。之后,父亲集中精力做稻谷和猪牛的生意，把自家省吃俭用节余下来的稻谷加工成白米，挑到集市上出售，有时也零售给附近的劳苦樵夫以及手工业者，如此这般，家里的资本逐渐滚到了两三千元。父亲还自制了一种叫"毛义顺堂"的流通纸票。在小小的韶山冲，他们的家庭算是数得着的殷实人家。

父亲每年收入不少，但住房还是祖父毛恩普在1878年盖的土砖墙、茅草顶的房子，直到父亲辞世的前两年，才把茅草屋顶改成了瓦屋顶。1920年，父亲去世后，家里的产业由毛泽东的大弟弟毛泽民掌管。毛泽民把家务管理得井井有条，保住了祖业。后来，毛泽东回家说服亲人们干革命，亲人们先后离开了家乡，家产便委托堂叔毛佑生和其他亲友管理。大革命失败后，国民党反动派没收了毛泽东家的田产和家业，住房被破坏得凌乱不堪，家乡解放后，才收归人民政府管理，并将旧居修葺整理，对外开放。

对于自己家的成分，早在1936年，毛泽东与斯诺在保安谈话时就曾做了初步的"划定"。他说："我的父亲是一个贫农，当他年轻的时候，因为负债累累，便去投军，他当了一年多的兵。后来他回到我生长的村上，由于拼命地节省，他靠着做小生意和其他事业赚了一点儿钱，赎回了他的田地。""这时，我家有15亩田地，成了中农了。在这些田中，每年可以收获60担谷。全家五口每年一共消费35担——这就是说，每人约7担——这样，每年可以多余25担。靠了这个剩余，父亲积聚了一点资本，不久又买了7亩田，使我家达到'富'农的状态。这时，我们可以每年在田里收获84担谷。""当我10岁，我家只有15亩田的时候，一家五口是：父亲、母亲、祖父、弟弟和我自己。在我们增加了7亩田之后，祖父逝世，但又添了一个小弟弟和两个妹妹。不过我们每年仍有35担谷的剩余。因此，我家一步步兴旺起来了。""这时，父亲还是一个中农，他开始做贩卖粮食的生意，并赚了一点钱。在他成为'富'农之后，他大部分时间多半花在这个生意上。"……

韶山乡的领导怎么想起给毛泽东写信了呢？

照理说，给毛泽东划分成分这件事并不难，只要以他家原有的财产，比照当时的土改条文就可以做出一个相当的定论，即划为富农，但是，毛泽东早年离开家乡追求真理，他的弟弟和妹妹在他的影响下陆续走出家门参加革命，家中有6位革命烈士，不存在也没有必要再划成分，理所当然是革命家庭。把富农成分加给一个革命领袖的家庭，那怎么行？

这件事着实把当时韶山乡负责土改工作的毛仁秋难住了。最后，毛仁秋与其他乡领导商量了半天，迫不得已才想出这个主意——给毛泽东写信。

毛仁秋写完信，乡政府郭秘书看到信上只有寥寥数语，不解地问："那成分的事，信上还是没讲呀？"毛仁秋说："只要主席一看，就会晓得我们的意思。"

果然不出他们所料，毛泽东看了信，马上明白了他们的难处。毛泽东认为，为了不使乡政府为难，还是应该给他们捎个信去。不久，毛岸青回韶山看望父老乡亲时，转达了父亲毛泽东给韶山乡政府的意见：一、家人不参与分田，家产由政府处理；二、家庭阶级成分，实事求是，该是什么就是什么；三、人民政府执法不徇私情，按政策办事，人民会拥护政府。

毛泽东模范地执行政策和尊重地方政府的高贵品质，教育了家乡人民和乡政府的同志，"照政策办事"的话成了韶山人民的一句口头禅。其实，一个人的家庭出身是无法选择的，一个人走什么样的道路却可以选择。实事求是地介绍毛泽东的出身，丝毫不会损害他的光辉形象。

要求子女与工农子弟画等号

毛泽东对儿女是极富怜爱之情的。他有过10个子女，在艰难困苦的战争年代，幸存下来的只有岸英、岸青两兄弟和李敏、李讷两姐妹。毛泽东自投身革命时起，大部分生涯都处于动荡之中，岸英、岸青两兄弟早年与他失散；1940年，李讷降生后，李敏又赴苏联与其生母贺子珍团聚。他很渴望得到儿女亲情的慰藉，因此再不忍心让李讷离开自己，尽管工作繁忙，也没有把李讷送进保育院，而是让她在自己身边长大。李讷记不得小时候有多少次，毛泽东紧张工作之余，抱着她，轻轻拍打着她的后背说："娃娃，我的好娃娃，乖娃娃……"每当这时，李讷就用小手搂住父亲的脖子喊："爸爸，我的小爸爸，乖爸爸……"即便如此，毛泽东也从来不允许李讷在生活上有丝毫特殊。

1947年，胡宗南率20多万国民党军进犯陕北，陕北的粮食供应更加困难。

一天晚饭后，毛泽东嘱咐照看

1946年，毛泽东与李讷（左）和叶燕在一起。

李讷的阿姨："以后，你就带李讷吃大食堂吧。"

大食堂的伙食是一天两顿水煮黑豆，连皮都不去，即使大人吃了都胀肚子、不停地放屁，小女孩儿吃了怎么受得了呢？卫士长忍不住劝道："孩子才7岁，还是跟妈妈一起吃吧。"

毛泽东听了，大手一挥，说："陕北老乡的娃娃吃黑豆一样长得壮。你不要说了！"

毛泽东说定了的事，不会轻易更改。第二天，阿姨便带李讷去和战士们一起吃大食堂了。

每到开饭的时候，小李讷也像大人们一样，自己拿着一个小搪瓷碗，排队打一碗饭、一份菜，甚至在最困难的时候，她在一个多月里天天吃黑豆。才7岁的她跟官兵们一样行军，一样风餐露宿，一样经受飞机轰炸，听惯了子弹的呼啸，闻够了硝烟的刺鼻味道。行军之余，天真活泼、特别机灵的她还头扎花头巾，腰系绳子，"隆格里格"地唱一曲《打渔杀家》，稚嫩的童音给大家带来了无尽的欢乐。

有一天，李讷悄悄地问毛泽东："爸爸，我的牙齿很黑吗？"

毛泽东兴致勃勃地逗她："张嘴，张嘴，让爸爸瞧瞧。"

李讷望望四周，皱紧眉头，十分忧愁地说："我也是天天吃黑豆……"

在枣园毛泽东住的窑洞前，马海德的儿子幼马哭着说："李讷拿走了我的小玩具。"右为马海德的夫人苏菲。

毛泽东明白了，自己刚才和一名警卫战士开玩笑，李讷在旁边听到了。刚刚，毛泽东说："朱老四同志，你的牙齿怎么这样黑呀？是不是吃黑豆吃的？"毛泽东说着，自己先笑了，大家也跟着笑了起来。朱老四爱抽烟，牙是被烟熏黑的。朱老四也笑了，冷不丁噗的一声，放了一个屁。

"不（噗）？不是吃黑豆吃的啊。"毛泽东趁势逗乐，众人又笑了起来。

在旁边的李讷没有笑，而是悄悄舔了舔牙。谁知她有了心思，当了真。她朝爸爸张开嘴，露出缺了门牙的两排洁白的小牙。

毛泽东把女儿抱在怀里，轻轻地拍着说："我的娃儿，黑豆怎么能把牙齿吃黑呢？爸爸是跟叔叔开玩笑的。黑豆是好东西，营养价值高，越吃牙齿长得越白、越结实。"

如果说战争年代的条件太艰苦，毛泽东的小女儿只能适应，那么新中国成立后，条件大为改观，他总该对小女儿有些照顾了吧！其实不然。一次，阿姨提出请他带李讷一起用餐时，他语气坚定地说："不要跟我，还是跟你，你带她一起吃大食堂吧。"平日里，毛泽东仍然不允许家人与他同桌共餐。

1960年冬，正是国家经济最困难的时候。当时，李讷在北京大学历史系读书，常常两三个星期才能回一趟家。

有一次，毛泽东的卫士尹荆山偷偷找了一个机会溜到北大看望李讷，见她脸色不大好，便问她是不是生病了。李讷忸怩了半天，才小声道出了真情："尹叔叔，我确实很饿……"

原来这几个星期，李讷一直在忍受饥饿的折磨。她觉得自己是一个共青团员，应该分担国家的困难，降低自己的粮食定量，因此在学校报粮食定量时，只报了27斤。毛泽东知道这件事后，还表扬了她。但是，忍受饥饿的考验绝不像报定量时想得那么简单，上课时，她的肚子老是咕噜咕噜地叫，思想也难以集中。有一次回家，她妈妈心疼她，塞给她一包奶粉，毛泽东知道后很生气，叫她以后不要往学校带东西。

尹荆山见到李讷后很心疼，回来就将情况向李银桥做了汇报。卫士们听说了这件事，也都又急又难过。且不说李讷是毛泽东的女儿，就凭当年她与他们一起转战陕北的情谊，又想到她吃了黑豆还坚持为大家表演京剧的情景，也不能不管。于是，李银桥想办法搞到了一包饼干，悄悄给李讷送了过去。

谁看到他们见面时的场景，都会感到心酸：李讷接过饼干，先看看四周，观察到附近没人，才把两片饼干塞到嘴里，匆匆嚼了吞下。剩余的饼干，她舍不得吃，小心翼翼地藏好，准备慢慢"享用"。然而，这包饼干是她享受到的最后一次"特殊化"待遇，因为事情最终被毛泽东知道了。

毛泽东把李银桥叫进屋，严厉地问："三令五申，为什么还要搞特殊化？"

"也有别的家长给孩子送东西的。"李银桥小声地为自己辩解。

毛泽东一拍桌子，大声说："我的孩子，一块饼干也不许送！"

距离送饼干时间不长的一个星期天，李讷回到家里。尹荆山在给毛泽东倒茶时问："主席，李讷回家了，两三个星期没见，一起吃顿饭吧？"

毛泽东停下笔，抬起头，目光柔和，嘴角微微一翘，露出笑容："嗯，那好，那好。"

尹荆山忙去报告江青。江青略一犹豫，小声叮嘱："多下点儿米，多放点儿油。"

炊事员搞了四菜一汤，还有辣子、霉豆腐等4个小碟。他满意地说："我今天多下了一倍的米！"

李讷在毛泽东的卧室汇报学习情况，末了委婉地说："我的定量老是不够吃，菜少，全是盐水煮的。油水还不够大师傅沾光呢，上课时，肚子老是咕噜咕噜叫。"

毛泽东轻声细语地说："困难是暂时的，要和全国人民共渡难关，要带头，要做宣传，要相信共产党……"他还开起了玩笑，"大师傅掌勺，连我也管不了啊！"

毛泽东的住处没有饭厅，每次都是卫士用饭盒把饭提到他的卧室或办公室后就餐。这时，毛泽东拉着李讷的手来到桌旁，说："今天一起吃饭。"

李讷看着桌上的菜，闻着久违的香味儿，立刻挣脱了父亲的手，一边去抓筷子，一边把鼻子伸到热气腾腾的米饭上，边深深地吸气边说："啊！

真香啊！"然后抬头望着父母粲然一笑，一副天真无邪的样子。

江青望望女儿，又望望毛泽东，想说什么，但看到卫士在旁边，便忍住了，勉强笑了笑，夹了菜放在女儿碗里。

"吃吧，快吃吧……"毛泽东用筷子示意李讷快吃，眼睛却有些湿润了。

毛泽东的话还没说完，李讷已经向嘴里扒拉饭了。饭太烫，她咝咝地向外吹了几口热气就咽了下去，连眼泪都烫出来了。

"吃慢点儿，着什么急？"毛泽东尽量平静地说。他轻轻地笑着，但是笑得越来越不自然。

李讷不好意思地瞟了一眼旁边的卫士，腼腆地说："在学校吃饭都快，习惯了。"

"现在是在家里嘛。"毛泽东的话音很低，微笑已经变成了苦笑。

"吃菜，多吃菜。"江青不停地往女儿碗里夹菜，脸色有些苍白，嘴唇虽然保持了笑的样子，却是哆嗦的、僵硬的。

李讷在父母面前没有什么拘束，也无须保持形象，只慢慢吃了几口，就又变成了狼吞虎咽，几乎嚼也不嚼就把一口口饭菜吞了下去。她朝嘴里扒拉饭时，偶尔抬一下眼皮，目光匆匆扫过桌面——她是在看饭菜还剩多少。这就是毛泽东的女儿啊！谁能相信毛泽东的女儿也会饿成这个样子！

开始时，毛泽东一边慢慢地陪女儿吃，一边说点儿什么，渐渐地，他不说话了，默默地夹了菜或饭往嘴里送，嚼得很慢，很慢……终于，他停下了筷子，停止了咀嚼，怔怔地望着女儿出神。

江青早已停了筷子，看看女儿，又看看毛泽东，接连喘了几口粗气，眼睛便盯住毛泽东不动了。她有时心里有话却不说，而是希望毛泽东能够理解，能够先说。如果几次下来，毛泽东仍不有所表示，她的坏情绪就会按捺不住地爆发，甚至又哭又闹。

"哎，你们怎么不吃了？"李讷的嘴好不容易离开了碗沿，抬起头来诧异地问。

"哦，"毛泽东身子一抖，笑了笑，说，"老了，吃不多。我很羡慕你们年轻人。"说完，抓起旁边的报纸侧身去看，仿佛看得很专注。

江青又怨又嗔地瞥了毛泽东一眼，忽然端起碗，把剩下的半碗饭拨到李讷的碗里，动作像是赌气，然后起身匆匆地离开，眼里噙满了泪水。

毛泽东似乎什么也没看到，可是，江青刚走回她的房间，毛泽东便抬起头望着女儿，慢慢地说："我年轻时在湖南农村搞社会调查，有一次饿了一天，讨到一块糍粑……"他没有讲完，因为李讷的心思显然只在饭菜上。

李讷吃得正香，说："你们不吃，我就全打扫了啊。"

"打扫完。"毛泽东的目光在女儿脸上稍触即离，重新盯着报纸，手在桌上点了点，"'三光'政策。不要浪费。"

其实，李讷不知道父亲平时吃什么，如果她知道父亲有时一天只吃一顿马齿苋，一定不会这样"肆无忌惮"了。她把饭菜吃得干干净净，连一片葱花也不放过，仔细夹起来送到了嘴里。然后还可怜巴巴地坐在桌边，没有离开的意思，拐弯抹角地说："爸爸，我还要发育呢，饭量特别大……"她用手比画着碗口大小，说，"这么大的窝头，我能吃3个。"

毛泽东没有看李讷，也没有再说话，眼睛始终盯着报纸。

"今天的饭菜真香啊，可惜……"李讷瞟了父亲一眼，又孩子气地望着尹荆山说，"尹叔叔，还有汤吗？把这盘子涮涮，别浪费。"

看到李讷饿成这个样子，尹荆山感到心酸！

"唉，李讷这孩子也真受苦了！"炊事员边嘟哝，边找出两个白面掺玉米面的馒头。尹荆山等不及他在火上烤，便拿来给了李讷。

李讷不好意思地看了看父亲，掰了一块馒头擦了擦盘子，再塞到嘴里。尹荆山拿来开水，帮李讷一个盘子一个盘子地涮，看着她把水喝了下去。

毛泽东的喉咙里咕噜咕噜地响了两声，没说什么便站起身走开了。他先走向院子，可是到了门口，又折回来走向卧室，没进卧室，还是走向了院子，好像不知道自己想要干什么。他在院子里踱了几步就停下了，久久地望着那几棵老柏树。

晚上，江青走进了毛泽东的卧室。半小时后，她出来了，眼圈儿红红的，显然哭过。卫士明白这是为什么，也走进毛泽东的卧室。

"主席，李讷太苦了，您看是不是可以……"

"不可以！"毛泽东断然地说，"和全国老百姓比起来，她还算好的。"

"可是……"

"不要说了！我心里并不好受，她妈妈也不好受。"毛泽东深深地叹了口气，不无忧伤地说，"我是国家干部，国家按规定给我一定待遇。她是学生，按规定，不该享受就不能享受。还是那句话，谁叫她是毛泽东的女儿呢？还是恪守本分的好，现在这种形势尤其要严格！"

毛泽东抬起右手轻轻一挥，卫士只好悄悄地退了出去……

北大在北京西北郊区，李讷乘公共汽车到中南海至少要换两次车，两头还要步行很长的路，如果学校有活动，天黑才能离校。一次，李银桥想到女孩子独自走夜路不太安全，便瞒着毛泽东，把汽车开到校外僻静之处后，去宿舍悄悄地把李讷叫出来，坐汽车回到了中南海。李银桥满以为这样做，学校的老师和学生不会知道，不会造成什么不良影响，但没想到还是被毛泽东察觉了。

毛泽东严厉地批评了李银桥。李银桥不服气，争辩说："不然，我也不接。天太黑，一个女孩子走夜路不安全……"

"别人的孩子就不是孩子？别人的孩子能自己回家，我的孩子为什么就不行？"毛泽东严厉地盯着李银桥问。

"谁叫她是毛泽东的孩子呢？"李银桥辩解道。毛泽东听了一怔。李银桥接着大声说："别人的孩子，敌人不感兴趣；毛泽东的孩子，国民党特务可是很感兴趣呢！"

毛泽东笑了，显然对李银桥的敌情观念很满意，但还是不松口："不许接！说过的要照办！让她骑车子回来。"

就这样，平日里总是穿一身旧蓝布衣服的李讷和同学们一样上课、劳动、挤公共汽车，除了熟悉的人，谁也不会想到她是毛泽东的女儿。

毛泽东不是不疼爱李讷，他对这个小女儿是格外疼爱的。1958年年初，李讷因患急性盲肠炎打针，针头断在肌肉里，连续做了两次手术，伤口感染，引起了发烧，毛泽东为此非常担心。一天，他工作了一个通宵，临睡前，为解除李讷的思想负担，挥笔给女儿写信。信中写道："李讷：念你。

害病严重时,心旌摇摇,悲观袭来,信心动荡……意志可以克服病痛。一定要锻炼意志。你以为如何?……"信末还抄录了一首诗,"青海长云暗雪山,孤城遥望玉门关。黄沙百战穿金甲,不斩楼兰誓不还。"在信中,毛泽东要李讷充分体验意志的力量,通过与疾病做斗争,使自己意志更加坚强。

对于李敏,毛泽东同样十分疼爱。李敏是毛泽东和贺子珍唯一留下来的孩子,毛泽东给她起了个小名叫"娇娇"。1947年,贺子珍带她回到了祖国。1949年初夏,毛泽东派人把她接到了北平。娇娇回到自己身边,毛泽东十分高兴,逢人就说:"我家有个会说外国话的洋宝贝。"然而,即使有这样深厚的父女之情,毛泽东也决不允许李敏有一点点特殊。李敏还小时,毛泽东便对这个爱女敲了警钟:"你还在上学,告诉人家你是学生,不要说你是毛泽东的女儿。"

李敏和李讷准备进北京师大附中读书时,毛泽东让保健医生、秘书王鹤滨带着她俩去报名。校方给了两张学生注册登记表,表中有一栏要填写家长的姓名。王鹤滨认为不能自作主张,便把登记表带回了中南海。结果,毛泽东连登记表都不看一眼,就说:"你带去的学生,就填你的名字嘛!"于是,在这两张学生注册登记表的"家长"栏中,填写的都是"王鹤滨",由

1949年7月,毛泽东同李敏及身边工作人员李银桥(左一)、韩桂馨(右一)等在北平香山合影。

此，李敏和李讷这对姐妹多了一个"王爸爸"。在两姐妹上学期间，老师和同学们从不知晓她俩是毛泽东的女儿。她俩过着与工农子弟画等号的生活，同普通人家的子女一样吃住在学校，与几个同学合住一间宿舍，睡上下铺，吃一样清淡的伙食，下乡参加一样的劳动，出行一样挤公共汽车。只有到了周末，大家都可以回家的时候，她俩才能得到回家见见父母的机会，而回到家里，还是照例去机关食堂就餐。

1956年的一天，毛泽东在院里散步，问身边的卫士："依你看，是李敏好呢，还是李讷好？"

"都挺好。"卫士爽快地回答，"她俩对我们都很尊重，身上没有高干子女的那种优越感。她们对自己要求很严格，有上进心。"

听了卫士的回答，毛泽东不以为然地说："我看她们不如你们有出息，也不如你们有前途。她们比你们吃的苦少。能吃苦的人才有出息。"

"主席，您还想叫她们怎么吃苦？比起普通人家的子女来，她们吃的苦只多不少！"

毛泽东不同意这个说法，摇摇头，说："不对。你讲吃苦的时候，思路不对头，首先想到她们是我的女儿，所以给她们定了不同于一般人家子女的标准。她们不就是吃食堂吗？食堂的伙食要比多数农民家庭的伙食好，不是这样吗？"

"主席，您总找低的比，这不公平。"卫士争辩道，"大多数城里人家的伙食未必比学校食堂差。我家里就比大食堂的伙食好。"

"你为革命做了贡献嘛，吃好点儿，人民没意见。"毛泽东收起了笑容，严肃地说，"她们还没有做贡献呢。人呐，生活还是跟低的比有好处。不比贡献，比享受，那就没出息了。"

父母对子女有舐犊之情，也是子女的第一任老师。毛泽东对青年一代的希望践行在对子女的严格要求上。他希望青年做到的，首先要求自己的子女做到。他所耕种的"教子实验田"，于小家是五谷丰登，于大家是功德垂范。

两天就给群众回了30多封信

1950年5月中旬的一天,警卫员抱来了一些礼品和信件,轻轻地放在桌子上,高兴地对毛泽东说:"主席,你看这是什么?"

毛泽东打量着桌子上的礼品和信件,小声地数着:"两只火腿、两只板鸭,一大包海米……"继而严肃地对警卫员说,"信,我收下,这些礼品交给杨尚昆主任处理。"

"不行啊,这是杨主任交给我完成的任务!……"警卫员着急地说。

恰好这时,另一个警卫员提着一个袋子走了进来,对毛泽东说:"主席,这是杨主任让我转交给您的。"

毛泽东一看袋子就生气了,说:"今天,你们这个杨主任怎么啦?是不是有意让我违犯党的纪律啊?"

刚进来的警卫员赶紧解释:"杨主任不是这个意思。这个口袋非得您处理不行!请您先看信,后做处理。"

"不看!一并退给杨主任!"毛泽东生气地说。

正在此时,杨尚昆走了进来,说:"主席,这封信,您不能不看,否则,我们怎么向这位吃了一辈子苦的妇女交代啊!"

毛泽东听了一怔,问杨尚昆是怎么一回事。

杨尚昆从袋子里取出一条毛围巾、一双毛手套,还有一封信。他把信放在毛泽东面前,说:"主席,您看了她写给您的信,就明白了。"说完,他就去办别的事了。

毛泽东立即打开信。信是由丁张秀清写的。她在信中说："我出生在河北省蓟县一个贫农家庭，家中无地，租种地主的地，一年到头除去交租的，所剩无几。父亲得了肺病，还得下地、做小贩，不够吃，我每天都得去挖野菜，一过年节，父亲只有外出躲债。一家11口人，病、饥无钱治，死了9口，只剩下我和母亲。以后，我娘儿俩来到北京，给人养兔子、纺线，过着受剥削的生活。日本鬼子的侵略，国民党反动派的统治，杀人放火，无恶不作，粮价一天三涨，生活没有保证，日子实在难熬啊！"

看到这里，毛泽东的脸色沉了下来，说："受过这样苦难的老百姓何止千千万万！"他继续看信。信中还说：毛主席、中国共产党领导人民闹革命，北京解放了。人民的领袖毛主席1949年春进了北京，10月1日在天安门宣告中华人民共和国的成立。我的心里高兴极了，那一天，我代表街道居民参加了庆祝游行，幸福地第一次看到了毛主席，幸福得流下了热泪。天气渐渐冷了，我想着毛主席冷，就动手剪下自己养的兔子（的）毛和以前收着的一些纺成线，织成一条围巾和一双手套。要把这一自己的劳动成果作为礼物献给毛主席……

毛泽东看罢丁张秀清的来信，站了起来，捧着那条毛围巾和那双毛手套，看着看着，两眼渐渐地湿润了。他说，这是人民一针一线织成的围巾和手套，这是人民热爱共产党的一颗心啊！

毛泽东转过脸问警卫员："这包东西是谁转来的？"

警卫员回答："杨主任告诉我，这是文物局副局长王冶秋同志转来的。"

毛泽东声音低沉地说："信收下，围巾和手套也收下。请你把火腿、板鸭、海米交给杨主任，告诉他，这些东西作为礼品回赠丁张秀清这位女工，由王冶秋或郑振铎去办这件事。"

警卫员听了很高兴，立即把这些东西包好，正准备往外走时，毛泽东叫住了他。

毛泽东认真地说："还要给这位女工回封感谢信呀！"随手拿起笔写道："去冬承惠珍品，极为感谢。兹有薄物数事奉上，尚祈哂纳为幸。"

警卫员拿着毛泽东的回信和礼品去照办了。

5月21日，文化部部长郑振铎在北京北海团城接见了丁张秀清。郑振铎握着丁张秀清的手说："你送给毛主席的礼物，毛主席收到了，主席很高兴，并让我问候你身体好！"他指着放在桌子上的东西说，"这是毛主席送给你的，还有这封亲笔信。"丁张秀清捧着信，看看桌子上的两只火腿、两只板鸭和一大包海米，激动得不知如何是好。

郑振铎说："主席的信，我们收藏吧！"

丁张秀清不愿意地说："不给，我舍不得！你们分享毛主席送的东西吧。"

后来，丁张秀清说："主席的亲笔信鼓舞着我。从1949年到1962年，我大病前共做了十几年街道工作，得到了多次表扬、奖励。"

有一次回忆起郑振铎接见的情景时，丁张秀清说："我心里感到无比的温暖和幸福。毛主席呀毛主席，您经历了千辛万苦领导着中国共产党挽救了中华民族，是我们的大救星，可您在百忙之中给我来了亲笔信。看着他老人家的亲笔信，心里热乎乎的，一字一句是那么亲切，那么谦虚，那么的热爱人民，那么的和人民心连心。当时我什么也说不出来，心里却有说不完的话，只说了一句：'请您（指郑振铎。——作者注）转达我祝毛主席身体健康。'"

毛泽东虽然日理万机，但非常重视人民来信，经常亲自拆阅群众给他的信件，并尽可能地回信。据不完全统计，1950年5月上旬，毛泽东就给全国各地群众回了将近80封信，仅5月7日和8日两天就回了30多封信。1951年5月，毛泽东在一个报告上做了批示："必须重视人民的通信，要给人民来信以恰当的处理，满足群众的正当要求，要把这件事看成是共产党和人民政府加强与人民联系的一种方法，不要采取掉以轻心、置之不理的官僚主义的态度。"毛泽东以自己的行动为全党做出了表率。

举荐了第一位参加志愿军的战士

1950年6月,朝鲜战争爆发,战火很快烧到了鸭绿江边。

朝鲜战争爆发的消息令全国人民群情激愤。此时,毛泽东的长子毛岸英在北京机器总厂担任党总支副书记。他结婚还不到一年,对未来的生活充满了信心和希望。得知父亲力主出兵后,曾经参加苏联反法西斯战争的他按捺不住内心的冲动,深知为了支持父亲,自己只有一个选择,那就是要带头参战,所以,他立即向党中央和父亲提出了要求去前线的申请。

"好哇!你去朝鲜,可以在战火中经受考验嘛。"毛泽东听了儿子的想法,立即表示大力支持。毛岸英又找到即将赴任中国人民志愿军司令员兼政治委员的彭德怀,请求从戎。彭德怀听了,没有表态。

10月7日晚,中南海清幽寂静。毛泽东在自己家设便宴为彭德怀送行。

毛泽东的住处没有专门的餐厅,便宴就在书房兼办公室和客厅的"菊香书屋"内举行,气氛轻松而随意。因为江青有事外出,在场作陪的只有毛岸英。毛泽东请彭德怀到家里来,也是为了当面和他商谈有关毛岸英参战的事。

"岸英,你在哪个单位工作?"彭德怀问。

"北京机器总厂。"

"工人对朝鲜战争有什么反应?"

"工人的觉悟很高,坚决要求支援朝鲜人民,大家都被发动起来了。"

这时,毛泽东插话说:"不是发动,正义的战争还用发动吗?岸英,你要去朝鲜难道是我'发动'的吗?"

毛泽东虽然是微笑着说的,但这话使彭德怀愕然停箸:"主席,这……"

"噢,彭叔叔,是这样,我要第一个报名去当志愿军。"毛岸英说。

彭德怀听了,把目光投向毛泽东:"主席,这怎么行?"

毛泽东指着毛岸英对彭德怀说:"我这个儿子不想在工厂干了,他想跟你到朝鲜打仗去,他要我批准,我没有这个权力。你是司令员,你看要不要收他这个兵啊?"

彭德怀听后一愣,对毛岸英说:"你在单位负有重要责任,离不开吧?去朝鲜可有危险哟,你还是在后方嘛,搞好社会主义建设也是对抗美援朝的支持嘛。"

毛岸英一听彭德怀要封口,有些着急:"彭叔叔,我考虑好几天了。你就让我去吧。我在苏联的时候,当过坦克兵,和德国鬼子打过仗,参加了苏联的大反攻,一直攻到柏林呢。朝鲜战场的战火再这样烧下去就要到鸭绿江边了,'唇亡齿寒',我应当带头上前线呀……"毛岸英急得把一肚子的话一口气全说了出来。

彭德怀点点头,笑着说:"好,有勇气!你这位参加过第二次世界大战、打败过希特勒的坦克中尉,虽然人不大,但不仅有丰富的现代化作战经验,而且政治觉悟也蛮高的嘛!"说完,彭德怀转向毛泽东,用询问的目光看着他,似乎在说:这个事还得你做决定呀!就看你是同意还是不同意了。

"彭老总,那我就替岸英求个情,你就收下他吧!"毛泽东表态了。

彭德怀着实有些为难:毛泽东一家人为革命已经付出得够多的了,战争不是儿戏,万一有个三长两短……他犹豫地望着毛泽东,婉言劝道:"主席,这件事是不是再考虑一下?"

毛泽东哈哈笑道:"彭老总,你就收下他吧。岸英会讲俄语和英语,你到朝鲜,免不了要跟苏联人、美国人打交道呀,有他在你身边,同各方面联络都比较方便嘛。"

"主席,让那些记者知道了,这可是头条新闻哟!"彭德怀话中有话。

"还是不让记者知道的好。要是传到杜鲁门的耳朵里,又要说我毛泽东好战喽!"毛泽东笑着回答。

彭德怀见毛泽东端起了一杯酒,就明白了毛泽东的态度——毛岸英上前线的事是他们父子已经商量好的。

见事已至此,彭德怀只得向毛岸英表态:"那我就收下你这个第一个报名入朝参战的志愿军战士。你就留在司令部当翻译吧。岸英,你愿意吗?"

毛岸英高兴地站起来,郑重地向彭德怀敬了一个军礼,大声说:"谢谢彭叔叔!"

看着儿子站起身来斟满一杯酒,毛泽东也举起了酒杯:"那么,我这酒是为你们两个人饯行喽!"

酒满心诚,3个人碰杯,一饮而尽。

毛泽东决定送儿子出国参战,再次表明了他出兵援朝的决心和必胜的信心,也展现了他大公无私的爱国主义和国际主义精神。

有些中央领导同志和毛泽东身边的工作人员听说他义无反顾地要送儿子去前线,一再劝阻,并说:毛岸英在单位也负有重要责任,单位离不开他,不要让他参战了。毛泽东坚决地说:"谁叫他是毛泽东的儿子?他不去,谁还去?"

后来,毛泽东在与老友周世钊的一次谈话中,回答了周世钊提出的"毛岸英为什么要上朝鲜前线"的问题。毛泽东说:"当然,你如果说我不派他去朝鲜战场,他就不会牺牲,这是可能的,也是不错的。但是你想一想,我是极主张派兵出国的,因为这是一场保家卫国的战争。我的这个动议,在中央政治局的会上,最后得到了党中央的赞同,做出了抗美援朝的决定……要抗美援朝,我们不只是物资的援助,金日成同志的告急电报是明写的'急盼中国人民解放军直接出动援助我军作战'。要作战,就要有人,派谁去呢?我作为党中央的主席,作为一个领导人,自己有儿子,不派他去抗美援朝、保家卫国,又派谁的儿子去呢?人心都是肉长的,不管是谁,疼爱儿子的心都是一样。如果我不派我的儿子去,而别人又人人像我一样,自己有儿子也不派他去战场,先派别人的儿子去上前线打仗,这还算是什么领导人呢？这是一个方面。另一方面，岸英是个年轻人，他从苏联留学回国后，去农村劳动锻炼过，但这是很不够的，一个人最好的成长环境就是艰苦！在战斗中成长要比任何其他环境来得更严、更快。基于这些原因，我就派他去朝鲜了。"

10月8日，中国人民革命军事委员会主席毛泽东庄严地发布了抗美援朝的命令，组成中国人民志愿军，正式任命彭德怀为中国人民志愿军司令员兼政治委员，待命出发。10月19日，毛泽东的长子毛岸英作为第一批志愿军战士，随军雄赳赳、气昂昂地跨过了鸭绿江，奔赴了抗美援朝战场。

不幸的是，11月25日，毛岸英壮烈牺牲。从毛岸英报名参加志愿军到不幸牺牲仅有50天！

毛岸英在志愿军司令部担任俄语翻译兼机要秘书。抗美援朝战争的第二次战役打响的头一天，毛岸英正在设在前线的志愿军司令部作战室值班。上午11点左右，4架美军B-26型轰炸机掠过志愿军司令部上空，向东北飞去。防空警报一解除，毛岸英便冲出防空洞，奔向作战室所在的木板房。不料只一会儿工夫，4架敌机折飞回来，再次嗡嗡地掠过志愿军司令部的上空，并且肆无忌惮地对地面目标实施了狂轰滥炸。敌机飞过作战室上空时，扔下了几十颗凝固汽油弹。毛岸英和他的战友还没来得及出来，汽油弹就在房顶及房子周围爆炸了，顿时，房子和周围的松树燃起了大火。木板房浓烟滚滚，火光冲天，门被火焰死死地封住。毛岸英和他的战友高瑞欣倒在熊熊烈火之中，英勇牺牲。

当天下午，同志们将毛岸英、高瑞欣两位烈士安葬在山脚下。彭德怀率志愿军司令部全体人员在墓前脱帽后久久伫立。彭德怀沉痛地说："毛岸英是我们志愿军的第一个志愿兵。党中央、毛主席刚任命我当志愿军司令员，他就找我报了名！"

……

11月26日凌晨，周恩来从机要主任叶子龙手里接到了毛岸英牺牲的电报：

军委并高（岗）、贺（晋年）：

我们今日7时已进入防空洞，毛岸英同3个参谋在房子内。11时敌机4架经过时他们4人已出来。敌机过后他们4人返回房子内，忽又来敌机4架投下近百枚燃烧弹，命中房子，当时有二名参谋跑出，毛岸英及高瑞欣未及跑出被烧死。其他无损失。

志司

25日16时

拿着这份令人震惊的电报，周恩来沉默了——毛泽东已经有包括妻子在内的5位亲人为革命捐躯了，现在，他最喜爱的长子也为国牺牲了，这对毛泽东是多么大的打击啊！想到这些，周恩来不禁潸然泪下。

周恩来不忍心把电报给带病还在通宵达旦工作的毛泽东，他和刘少奇决定暂时把毛岸英牺牲的消息隐瞒下来。直到1951年1月2日，毛泽东病愈后，周恩来才转来志愿军司令部于1950年11月25日发出的电报，并附了一封信给毛泽东："毛岸英同志的牺牲是光荣的。当时因你们都在感冒中，未将此电送阅……"

电报和信由叶子龙与江青呈送了毛泽东。

正坐在沙发上的毛泽东得到这一消息，先是一怔，继而盯着叶子龙和江青一声不响。

江青和叶子龙不知道该说什么劝慰的话才好，不约而同地垂下了头。

许久，毛泽东眨了一下眼睛，目光开始缓缓地移动，又怔怔地盯住了茶几上的烟盒。他伸手去拿烟盒，两次都没将烟从烟盒里抽出来。李银桥忙帮他抽出一支烟，给他点上。

屋里寂静了很长时间，谁也没说一句话，只能听到毛泽东吸烟时发出的声音。

也许是烟雾熏到了毛泽东的眼睛，也许是想起了有关长子的往事，他的眼圈儿陡然一红。

毛泽东又沉默了良久，吸完第二支烟，在烟灰缸里把烟头熄灭，用略带沙哑的声音发出了催人泪下的叹息："唉！谁叫他是毛泽东的儿子呢……"

毛岸英的不幸牺牲深深地震撼了毛泽东。他抬起头，两眼木然地凝望着窗外那已经萧条的柳枝，轻轻地念了一首《枯树赋》："昔年种柳，依依汉南，今看摇落，凄怆江潭。树犹如此，人何以堪！"

面对如此悲怆的场面，一旁的李银桥忍受不住，哭着说："主席，您就哭一场吧！"

毛泽东始终没有落泪。他又沉默了一会儿，轻轻地叹了一口气，交代说："这个不要急着告诉思齐了。"说完，他又点燃一支烟，开始听江青汇报儿子牺牲的经过。

……

不久，彭德怀回国向毛泽东汇报志愿军入朝作战的情况，也谈到了毛岸英牺牲的经过。彭德怀心情无比沉重地说："主席，我没有保护好岸英，我有责任，我请求处分！"

听着彭德怀的诉说，毛泽东点燃了一支烟，大口大口地吸着。彭德怀说完，毛泽东沉默了一会儿，抬起头，悲痛且缓慢地说："岸英积极响应党中央'抗美援朝，保家卫国'的号召，这个行动是可贵的。岸英是1922年生的，刚够28岁。为了中朝两国人民的共同革命事业，为了打败美帝国侵略军，献出了自己年轻的宝贵生命。作为无产阶级战士、共产党员，他尽到了自己的责任。"

毛泽东长长地叹了一口气，又续上了一支烟，深深地吸了几口，昂起头，走了几步，激昂地说："革命战争总是要付出代价的嘛！为了国际共产主义事业，反抗侵略者，中国人民志愿军的英雄儿女，前仆后继，牺牲了成千上万的优秀战士。岸英就是属于牺牲了的成千上万革命烈士中的一员，一个普通的战士。不要因为是我的儿子，就当作是大事。不能因为是我、党的主席的儿子，就不该为中朝两国人民的共同事业而牺牲。世上哪有这样的道理呀！"他既是安慰彭德怀又是自我安慰地说，"战争嘛，总要死人的。朝鲜战场上，我们多少优秀的儿女献出了生命，他们的父母难道就不悲痛吗？为了革命，为了保家卫国，他们死得光荣，我们做父母的也感到光荣啊！"

彭德怀静静地听着，眼里饱含着泪花。他深知，毛岸英的牺牲，对党，特别是对毛泽东是一个永远也无法挽回的巨大损失，毛泽东忍受了老年丧子的巨大悲痛。后来，彭德怀不止一次地谈起毛岸英不幸牺牲的事，并说："国难当头，挺身而出，这不是每个人都能做到的。有些个别高级干部就没有做到，叫他去，他都不去，但毛岸英做到了，他是坚决请求到抗美援朝前线的。"

毛岸英牺牲后，志愿军政治部把他用过的一只皮箱送到了中南海。毛泽东接过皮箱，紧紧地抱在胸前，半天说不出话来。之后，他一直把这只皮箱放在床头，直到生命的最后一刻。每到夏天，他都会把皮箱拿到院子里晒晒，从来不让人帮他做这件事。这说明从毛岸英牺牲到他去世的26年里，他对爱子的深深思念、歉疚和内心的隐痛从来没有磨灭……

毛泽东用工作冲淡哀伤，强忍老年丧子的巨大悲痛，把全部心血倾注到国家的社会主义事业上，可是，儿媳刘思齐每周的探望对他来说，简直成了"感情的灾难"。

毛岸英在出发的前一天晚上专门去医院向病中的妻子告别，并特别叮嘱她每个星期天都要去中南海看望爸爸，还要注意照顾弟弟毛岸青。

毛岸英牺牲后，为了不让刘思齐过度悲伤，毛泽东迟迟没有把这一消息告诉她。儿媳一直被蒙在鼓里，这让毛泽东很不好受。

一天，刘思齐来到中南海，发现毛泽东心不在焉，眼圈儿有些红，便担心地问："爸爸，您不舒服吗？您要保重身体呀！"

毛泽东喃喃地说："我的娃，我很好呢！你也要注意身体。岸英不在，以后就要靠你自己了。"

刘思齐没听出毛泽东的弦外之音，话语中有些怨气："岸英去了这么长时间，也不来个信，真把人急死了！"

毛泽东安慰她说："想必他这次任务很重，要不就是事情太保密……思齐呀，你答应我，岸英不来信，爸爸不着急，你也别着急，行吗？"

懂事的刘思齐点着头说："我听爸爸的。"

毛泽东又劝慰道："娃呀，我也是这么过来的。早年闹革命，我和你开慧妈妈也总是聚少离多。1927年秋天的一个早晨，太阳还没有出山，岸英和岸青还在睡觉。她送了我一程又一程，我说很快就会重逢的，要她回去，可她就是不肯。最后，她站在田埂上，一直看着我一步步走远，直到浓雾遮住了她的视线……这是我们最后一次分别的情景。打这以后，我们谁也没有收到过对方的来信，互不了解对方的情况，而3年后传来的是她不幸牺牲的消息……"

刘思齐毕竟是个才20岁的孩子，没能悟出毛泽东的深意——干革命就会有牺牲。她说："爸爸，我们还年轻，分别几个月没关系。志愿军战士离家别子，有的还在战场上牺牲了，我们夫妻分别一段时间又算得了什么呢？"

为了让刘思齐安心，毛泽东总是忍住悲痛，强作笑颜地宽慰她，这样一直瞒了两年多。两年多，有100多个星期天和几十个节假日啊！毛泽东独自默默地承受了老年丧子之痛。这期间，他有好几次扳着指头，用他那浓重的湖南乡音向儿媳讲述先烈的事迹，讲述他们家有5位亲人为党、为人民壮烈牺牲，讲述5位烈士生前的经历和牺牲时的情景，可是，他始终没有说到第六位烈士，不忍心亲手把这一层裹着巨大噩耗的窗户纸捅破。

两年多时间里，即使对于一个出色的演员，总在饰演这种复杂而又痛苦的角色也是天大的难事，而毛泽东在这撕心裂肺的巨大家庭悲剧里充当的竟是主角！1953年，也就是毛岸英牺牲两年半后的一天，毛泽东又向刘思齐说起了他们家为革命牺牲的杨开慧、毛泽民、毛泽覃等烈士。

刘思齐越听越不对劲：《朝鲜停战协定》都签署了，为何毛岸英还未寄回片言只语？难道他……

刘思齐不敢往下想了。看到花甲之年的毛泽东，她反而安慰起他来。这天，她离开中南海时心慌意乱，很不是滋味。

刘思齐又一次来到中南海。毛泽东终于下定了决心，要让儿媳知道事情的真相。他把周恩来请来一起和刘思齐谈心。

周恩来十分委婉地告诉刘思齐：为了"抗美援朝，保家卫国"，无数战士牺牲了生命，人们永远不会忘记他们。"岸英也是其中之一！"这句话，周恩来说得很轻。

可是，对于刘思齐来说，这句话犹如晴天霹雳！她惊呆了，继而痛不欲生，伏在毛泽东的肩上痛哭起来，如同一棵在狂风中倒伏的小草。这哭声冲垮了她3年受尽煎熬的感情堤坝，这哭声倾泻了她对丈夫累积了3年的思念……

毛泽东木然地坐着，一声不吭，脸色苍白。

周恩来过来扶住刘思齐，想让她躺在沙发上缓缓气。当他的手碰到毛泽东的手时，立刻一惊，急忙低声对刘思齐说："思齐，你要节哀，你爸爸的手都冰凉啦！"

刘思齐听了一愣，又哭着去安慰毛泽东。

毛泽东痛苦地拍着刘思齐的手臂，怆然而言："好女儿，从今后，你就是我的亲女儿！"

新婚刚满一年就与丈夫永诀，这对刘思齐的刺激实在太大了！为了不引起毛泽东悲伤，她躺在屋里独自饮泣，可是在饭桌上，她那又红又肿的眼睛瞒不了毛泽东。毛泽东的眼圈儿也红了，长叹一声，放下筷子，水米未进，起身慢慢地离开了饭桌。

此后，为了不让毛泽东伤心，刘思齐强迫自己把悲伤压在心底，把眼泪咽到肚里。毛泽东当然知道她的心意。看着她日渐消瘦和憔悴，毛泽东像是在安慰儿媳，又像是在安慰自己，不止一次地说："战争嘛，总是要死人的。不能因为岸英是我的孩子，就不应该为中朝人民而牺牲。"

对于安葬问题，刘思齐曾请求毛泽东将毛岸英的遗骨迁回国。对此，彭德怀经过周密考虑，给周恩来写信提出了自己的意见。他在信中写道："……我意即埋在朝鲜，以志司或志愿军司令员刊碑，说明其自愿参军和牺牲经过，不愧为毛泽东的儿子。与其同时牺牲的另一位参谋高瑞欣合埋一处，似此教育意义较好，其他死难烈士家属亦无异议。原电报已送你处，上述意见未写上,特补告,妥否请考虑。"彭德怀的这一建议得到了中央的认可。

彭德怀回国述职时,毛泽东也肯定了他的想法,对他说:"岸英是属于革命烈士中的一员,你回去要讲岸英是志愿军的一名普通战士。至于岸英的遗体没有运回国内,埋在朝鲜的国土上,体现了我们与朝鲜军民同甘苦、共患难的革命精神,也说明我们中朝两国人民的友谊是用烈士的鲜血凝成的。你们做得对,做得很好。"

不但如此,毛泽东还劝慰儿媳刘思齐:"青山处处埋忠骨,何必马革裹尸还。不是还有千千万万志愿军战士安葬在朝鲜吗?"

朝鲜平安道桧仓郡的"中国人民志愿军烈士陵园"坐落在山丘之中,四周环绕着参天的苍松翠柏,山间清溪缓流,显得分外庄严,134名中华儿女就安息在这里。毛岸英的墓在最前排的正中间。

毛泽东的长子毛岸英就这样永远安息在了他生前用生命和鲜血捍卫过的友好邻邦——朝鲜民主主义人民共和国的土地上。他仿佛一座桥梁,架于鸭绿江上;他似一座丰碑,立于中朝两国人民的心中!

1959年,在刘思齐的请求下,毛泽东自己出路费,安排刘思齐的妹妹邵华陪同她去朝鲜为毛岸英扫墓,以尽夫妻之情。临行前,毛泽东嘱咐她们说:"你们去看望岸英,这是我们家的私事,不准用公家的一分钱,不要惊动朝鲜的同志,住在大使馆里,也不要待得太久!"

两姐妹往返只用了几天时间。

刘思齐从朝鲜回来后,毛泽东将她此行问得很仔细,还让她画了"中国人民志愿军烈士陵园"和毛岸英墓的方位图。毛泽东沉思良久,深情地说:"思齐,你有机会时,去看看岸英牺牲的地方。思齐呀,我难为你了。"刘思齐走后,毛泽东的两行热泪滴洒在了儿媳捎回来的儿子坟头的一捧黄土上……

刘思齐从朝鲜扫墓回来后不久,毛泽东把她叫到身边,充满感情地说:"思齐,你对岸英的那份情,爸爸心里清楚,也能理解,所以这次爸爸让你去朝鲜看岸英,就是让你永远地记住他。但我们是唯物主义者,共产党人不主张从一而终。你单身已过了近10年了,我心疼啊!你尚年轻,再组个家庭,对身心健康、对工作、对发展中的建设事业都会有益,也是对岸英最好的纪念与安慰,让爸爸给你介绍个对象吧。"

刘思齐听了,伏在毛泽东的膝上泪水长流……

这以后,陆续有人为刘思齐介绍过对象,可惜她始终难

毛岸英烈士之墓。

以忘怀与毛岸英的深厚感情,接受不了新的爱情。毛泽东知道后,又语重心长地写了一封信劝她:

女儿:

你好!哪有忘记的道理?你要听劝,下决心结婚吧,是时候了。五心不定输得干干净净。高不成低不就,是你们这一类女孩子的通病。是不是呢?信到,回信给我为盼!

问好。

父亲

6月13日(1961年)

毛泽东对刘思齐建立新家庭的事一直挂在心上,常常向老友们提及,拜托大家帮忙张罗。终于,有一位在空军担任领导职务的同志推荐了杨茂之。经过与杨茂之相识、相知到相爱,刘思齐与其于1962年2月结婚。

毛泽东为此很高兴,在刘思齐结婚前,送给刘思齐的母亲张文秋600元钱,要她为女儿添办嫁妆。结婚时,他又送去300元钱,说:"我不上街,

1962年春,毛泽东和家人在中南海家中。左起:毛岸青、张少林、毛泽东、刘思齐、邵华、杨茂之。

不知买什么东西,你们根据需要买一件礼物吧。"还叮嘱刘思齐,"你不是我的儿媳了,可还是我的女儿嘛!一定要经常回来看看我。"并亲笔题写了一幅潇洒俊逸的《卜算子·咏梅》作为贺礼。

刘思齐结婚后,毛泽东了却了一桩心事。后来,他又手书了李白《庐山谣寄卢侍御虚舟》诗中的4句送给刘思齐:

登高壮观天地间,大江茫茫去不还。
黄云万里动风色,白波九道流雪山。

"四不主义"

毛泽东很重感情，但对任人唯亲的腐朽作风特别反感。他经常向全党各级干部强调：权力是人民给的，要全心全意为人民服务。在处理与亲友故交关系的问题上，他有一条原则，那就是亲友故交在生活上确实有困难的，自己就解囊相助；如果他们中有人在社会生活中有所企求，则一律按规矩办事，决不徇私情，决不为其撑腰。

随着解放战争的顺利进行，越来越多的地方回到了人民的怀抱；同时，随着国民党各级地方机关的垮台，人民政权的各级地方机构也迅速建立起来，需要的干部和工作人员是很多的。此时，许多老干部的家属和亲友前来投身革命，经人介绍，历史没有问题的，不少人被安排了工作。

毛泽东的家乡湖南解放后，他的许多亲戚和朋友纷纷来信，有的表示祝贺，有的寻求帮助，有的则提出要到北京来，来信有几十封之多。

接到这些信，毛泽东很为难。他说："我现在当大官了，如果翻脸不认人，人家就会说我毛泽东无情无义，何况有些人过去还帮过我、帮过我们党呢。如果有求必应，那就成了国民党的样子了。我们共产党的章法，决不能像蒋介石他们一样搞裙带关系，一人得道，鸡犬升天，久而久之，就会脱离群众，就会垮台。"

经过再三考虑，毛泽东叫来秘书，对他们说："以后，一般的来信，都由你们处理，过一段时间写个简报给我过目就行了。实在不好解决的，再交给我。天天看信、天天回信，别的事，我就不用干了。"秘书问这类信怎么处理时，毛泽东说："凡是要来北京看我的，一律谢绝。如果不听，偏要来，路费由他自己出，来了，我也不见，公家也不接待；凡是要求我找工作的，我这里是'四不主义'：不介绍、不推荐、不写信、不说话；凡是反映地方部门工作情况的，可以作为材料收集起来，当作参考，但不往下传，不直接处理，免得下面无法工作。"

人总有三亲六故。毛泽东同普通人一样，也是为人亲属、为人朋友的。在如何对待亲友的问题上，毛泽东为我们树立了光辉的榜样，特别是在他成为执政党的领袖、新中国的主席以后，仍然保持了与亲友的密切联系和情谊。他爱亲友，却从不为亲友谋私利，他重感情，但从不拿原则做交易，始终严守共产党人的党性和原则。他给亲友的回信充满了人情味儿，但都阐明了道理，委婉地拒绝了他们的要求。

在对待亲友故交的问题上，毛泽东对自己要求很严，对于其他同志面临类似的情况，则持比较宽容的态度。一天，有一位工作人员告诉毛泽东，说现在不少同志有亲戚和朋友来探望，如果按毛泽东的原则办，大家觉得很为难。毛泽东听了，叹了一口气，说："我这么做也是不得已啊！其他同志家有客人来，当然应当招待，只要合格，也可以参加机关工作。但我毛泽东不能这么干。我一干，就可能成为一种不正常的现象，形成一股不好的作风，危害就大了。千里之堤，溃于蚁穴啊！"

由于毛泽东给自己立下了"四不主义"的规矩，他的家乡解放后，很少有家乡人到北京找他，偶尔因事来信，毛泽东都按自己立下的规矩办，从未违背过原则。

"不分彼此"也须"一切按正常规矩办理"

杨昌济先生是毛泽东的老师,也是毛泽东的岳父。毛泽东非常尊敬杨老先生,杨老先生也很器重毛泽东,不仅从理论上、思想上给予毛泽东许多教诲和指导,而且在其他很多方面都给予毛泽东莫大的关照和支持。毛泽东称杨老先生是"一个道德高尚的人"。他说:"在我的青年时代,杨昌济对我有很深的影响。""成了我的一位知心朋友。"杨老先生去世后,杨开慧和母亲向振熙把杨老先生生前的一些好友送来的奠仪费拿出来,供毛泽东创办文化书社,支持他从事革命活动。

1920年冬,毛泽东与杨开慧结婚,从此,毛泽东便把杨家视为自己的家,杨家也把毛泽东及他的事业与自己的家紧密相连。中国共产党成立后,杨开慧和母亲为支持和掩护毛泽东,悉心照料他的生活,随他吃苦受累、担惊受怕、辗转奔波。

杨开智和李崇德夫妇是杨开慧的兄嫂,也是烈士杨展的父母。1930年,

杨开慧与长子毛岸英(右)、次子毛岸青(左)合影。

杨开慧牺牲后，杨开智夫妇委托族兄杨秀生出面办理棺木，掩埋了杨开慧的遗体。1931年，他们辗转接到毛泽民的手书。毛泽民请他们把毛岸英兄弟送到上海。向振熙和李崇德冒着危险，扮成走亲戚的样子，领着孩子们上了路，历尽艰辛，将毛岸英兄弟送到了毛泽民、钱希钧夫妇的身边。

杨家不仅有恩于毛泽东，而且有功于革命。1938年，杨开智夫妇将女儿杨展送到延安，让她继承姑妈杨开慧的遗志，完成姑妈未竟的事业。不幸的是，杨展在1941年的反"扫荡"斗争中牺牲。

1949年8月4日，湖南长沙解放。杨开智夫妇通过解放军军用电台给毛泽东发了一份电报。8月10日，他们收到了毛泽东的复电。在复电中，毛泽东首先为杨开慧母亲健在而表示欣慰，并向老人家敬致祝贺，接着介绍了毛岸英和毛岸青的情况，并询问了"家中衣食能过得去否"，希望来信将情况告诉他。直到这时，杨开智夫妇才从毛泽东的复电中得知女儿杨展牺牲的消息。

9月，王稼祥的妻子朱仲丽回湖南省亲，行前，毛泽东托她给杨老太太捎去一件皮袄，给杨开智夫妇捎去两块布料。新中国成立后，杨开智夫妇经常与毛泽东互通讯息。

1950年5月，杨老太太八十大寿，毛泽东嘱咐毛岸英回湖南为外祖母祝寿，为母亲扫墓，并给杨老太太捎去两支人参。毛泽东对儿子说："岸英，你回家一趟，代我给你母亲扫墓。带些东西，代我为老太太做寿。你妈妈是个很贤惠的人，又很有气魄，对我帮助很大。她的父亲杨老先生是个进步人士，对我资助不少……"毛泽东停了片刻，眼睛有些湿润，又声音低沉地说，"我很怀念……"

全国实行薪金制后，毛泽东一直给杨老太太寄生活费。有一次，秘书因为疏忽漏寄了生活费，事隔半年，毛泽东知道后，马上让秘书补寄。1960年，杨老太太九十大寿之时，毛泽东给杨开慧的堂妹杨开英寄去了200元钱，请她代为转赠礼金或购买礼物。

因为有这么深厚的情谊，1962年，当毛泽东得知杨老太太病逝的消息时，十分悲痛，立即寄去500元钱以示悼念，并给杨开智写信："得电惊悉杨老夫人逝世，十分哀痛。""寄上500元，以为悼仪。葬仪，可以与杨开慧同志我的亲爱的夫人同穴。我们两家同是一家，是一家，不分彼此。"

虽然与杨开智"是一家，不分彼此"，但在涉及安排杨开智工作的问题上，毛泽东仍然坚持"一切按正常规矩办理"，不准有特殊照顾。

新中国成立前夕，杨开智在湖南某农场工作，虽然干得不错，但他写信给毛泽东，提出希望能到北京工作。毛泽东回信婉言相劝："……兄从事农场生产事业甚好，家中衣食能过得去否，有便望告。"

这封信发出后不久，毛泽东又用严肃而有分寸的语气写了一封信，明确劝阻杨开智：

杨开智先生：

希望你在湘听候中共湖南省委分配合乎你能力的工作，不要有任何奢望，不要来京。湖南省委派你什么工作就做什么工作，一切按正常规矩办理，不要使政府为难。

毛泽东
10月9日

同时，毛泽东还给时任中共湖南省委第一副书记王首道写了一封信：

首道同志：

杨开智等不要来京，在湘按其能力分配适当工作，任何无理要求不应允许。其老母如有困难，可给若干帮助。另电请派人转送。

毛泽东
9日

杨开智是1925年国立北京农业专门学校（今中国农业大学）的毕业生，

后曾多年从事农业、林业和茶叶生产技术工作。1950年，中共湖南省委根据杨开智的专业及特长，安排他在省政府从事农业方面的工作。他担任过湖南省农业厅技师兼研究室主任、省茶叶公司副经理、省茶叶经营管理处副处长等职；曾任湖南省第三、第四届政协委员，第五届全国政协委员，第五届湖南省政协副主席。

念亲、济亲,但不为亲徇私情

新中国成立后,毛泽东的收入除了用于生活开支外,并无富余,他本人的日常生活也过得十分简朴,好在他有一些稿费可以用于接济生活有困难的亲友们,但他绝不给予任何亲友以"金饭碗"。

1949年10月初,开国大典刚刚举行,新中国百废待兴。就在这当口,一位自称毛泽东堂弟的人来到中南海门口,请求见毛泽东。工作人员出去接待。来人声称眼睛坏了,是来京治病的。工作人员将情况报告了毛泽东。毛泽东说:"既然他有病,我就不能不见,不然人家会说我毛泽东不近人情。"于是在住处热情接待了这位堂弟。

毛泽东问:"你来之前为什么不先写封信?"

堂弟答:"我不会写字,家里也没人会写字。知道你不愿让人来,也就没敢告诉旁人。我眼睛一天比一天肿,怕瞎了,就偷偷地跑来了。"

毛泽东详细询问家乡的情况后,吩咐工作人员给他的堂弟找一个住处,联系一个医院治疗眼疾,一切费用由他负担。后来,堂弟住了一个多月的医院,彻底治好了病,花费的100多万元旧币的医药费全由他承担,这在当时是个不小的数目。

堂弟出院后,毛泽东请他吃了一顿饭,送给他一套衣服,并掏钱为他买了回程火车票。

分别前,毛泽东嘱咐堂弟:"成千上万的先烈为革命事业牺牲了宝贵的生命,我们活下来的人想事、办事都要对得起他们才是。你们都是种田人,过不惯城市生活，还是回老家种田、种菜、喂猪稳当。今后，大家会有好日子过的。"毛泽东还一再告诫堂弟，越是毛泽东的亲戚，越要带头遵纪守法，凡事不能搞特殊化，做事更不准打着毛泽东的旗号，并说以后要先经过他批准才能来北京。

毛泽东非常敬重和热爱他的母亲文素勤，而且与文家舅舅、表兄弟们的感情都很深。毛泽东有9个表兄弟，其中有3个姨表兄，其余的都是毛泽东舅舅的孩子。处理与表兄弟们的关系，正确对待他们提出的各种要求，成为新中国成立初期时，毛泽东的一个棘手的问题。家乡解放以后，毛泽东10多次给表兄弟们写信，多次接他们到北京自己的家里做客，并寄钱、赠衣物，但当他们提出要毛泽东推荐到北京参加工作时，毛泽东都未答应，说这样做，"人民会说话的"。

1950年1月初，毛泽东二舅的儿子文南松写信给毛泽东，请求毛泽东出面为其胞兄文运昌介绍一个工作。在此前后，文运昌本人也给毛泽东连写了数封信。

在表兄中，毛泽东与文运昌的感情很深，他们的深厚情谊可以追溯到少年时期。1910年，毛泽东到湘乡县立东山小学堂读书，便是经文运昌引荐。在学校时，文运昌还向毛泽东推荐并借其《新民丛报》和有关康有为等参与变法运动的书刊。后来，毛泽东与美国著名记者斯诺谈及自己的经历时说，文运昌借给他的两本书，他读了又读，几乎到了可以背出来的程度，并称赞文运昌在引导他接触新思想的过程中起过关键作用，因而"非常感谢我的表兄"。

早在全民族抗战初期，毛泽东给文运昌写过一封信。信中写道：

美国著名记者埃德加·斯诺在陕北采访期间，拍摄了《毛主席在陕北》这张珍贵的照片。

念亲、济亲，但不为亲徇私情

  家境艰难，此非一家一人情况，全国大多数人皆然，惟有合群奋斗，驱除日本帝国主义，才有生路。吾兄想来工作甚好，惟我们这里仅有衣穿饭吃，上自总司令，下至火夫，待遇相同，因为我们的党专为国家民族劳苦民众做事，牺牲个人私利，故人人平等，并无薪水。如兄家累甚重，宜在外面谋一大小差事俾资接济，故不宜来此。道路甚远，我亦不能寄旅费。在湘开办军校，计划甚善，亦暂难实行，私心虽想助兄，事实难于做到。前由公家寄了20元旅费给周润芳，因她系（毛）泽覃死难烈士（泽覃前年被杀于江西）之妻，故公家出此，亦非我私人的原（缘）故，敬祈谅之。我为全社会出一些力，是把我十分敬爱的外家及我家乡一切穷苦人包括在内的，我十分眷念我外家诸兄弟子侄，及一切穷苦同乡，但我只能用这种方法帮助你们，大概你们也是已经了解了的。

  对于这么一个表兄提出的介绍工作的请求，在常人看来，给予一点儿关照并不过分，但是，毛泽东觉得这件事不能自己决定，应得到群众的认可。他在给文南松的复信中表明了自己的态度："运昌兄的工作，不宜由我推荐，宜由他自己在人民中有所表现，取得信任，便有机会参加工作。"

  新中国成立后，文运昌任湘乡县第一届人民代表大会代表，后又任湖南省文史馆馆员，并6次进京见到了毛泽东。

  毛泽东大舅的儿子文涧泉也给毛泽东写过信，想让毛泽东把同宗好友文凯介绍到北京参加工作。文涧泉与毛泽东之间也非一般关系，既是表兄弟，又是干兄弟，感情很好。1927年，文涧泉曾陪同毛泽东到湘乡考察，并积极参加了农民运动，大革命失败后，他又积极支持毛泽东干革命，所以，毛泽东对他一向格外尊重。然而，毛泽东认为私人感情是一回事，公事还是要公办，于是请求表兄文涧泉谅解。1950年5月7日，毛泽东在回信中说："文凯先生宜在湖南就近解决工作问题，不宜远游，弟亦未便直接为他作介，尚乞谅之。"

  毛泽东曾多次婉拒文涧泉的请求。在给文涧泉的另一封信中，毛泽东写道:"赵某求学事,我不便介绍,应另想法。"

新中国成立后,毛泽东的堂侄毛远悌在湖南省总工会印刷厂担任经理。他小时候因家境贫穷,没钱念书,参加革命后,感到没有文化,工作很吃力,十分渴望有机会去读书。1950年年初,他两次给毛泽东写信汇报工作、生活和学习的情况以及家乡的变化,同时提出想到北京读书的愿望。

满心期盼好消息的毛远悌不久便收到了毛泽东的亲笔复信。出乎意料,毛泽东婉言拒绝了他的请求,告诉他"不要来北京",并说他的"文字已通顺",鼓励他在当地的工作中"用力学习,当会有更大进益"。

1950年夏,毛岸英到湖南看望外婆以及乡亲们,顺便到长沙看望了毛远悌,带去了毛泽东的口信。毛泽东嘱咐毛远悌要好好工作,好好学习,多为人民做贡献。

1951年,毛泽东的六婶由儿子毛泽连陪同,从韶山到长沙治病,住在毛远悌家。毛远悌和毛泽连联名给毛泽东写了信,提出想送六婶到北京治病,并去看望他。信中还谈到了毛泽连家境困难的情况。

12月11日,毛泽东亲笔复了一信:

泽连、远悌:

　　来信收到。

　　慰生六婶(即毛泽连的母亲。——作者注)及泽连均不要来京,也不宜在长沙住得太久,诊病完了即回韶山为好。现在人民政府决定精简节约,强烈反对浪费,故不要来京,也不要在长沙住得太久。

　　泽连家境困难,待将来再设法略作帮助,目前不靠望。

　　远悌在印厂工作,可在工作余暇进行学习。

　　请你们代我问六婶好!

　　祝你们都好!

毛泽东

12月11日

毛泽东还随信寄了200万元旧币给六婶治病。

毛泽东的六婶是烈属母亲，按规定，完全可以得到照顾，但是，毛泽东为了减轻人民的负担，不给政府添麻烦，自己掏了这笔钱。

1952年，毛泽连给毛泽东写信，诉说家中苦恼：母亲去世了，还没有安葬，自己的脚也没有治好，并提出到北京治疗脚的想法。

收到来信后，10月2日，毛泽东让身边的工作人员从他的稿费中取出500万元（旧币），同时写信给堂兄毛宇居：

> 毛泽连来信叫苦，母尚未葬，脚又未好，兹寄人民币300万元，以100万元为六婶葬费，200万元为泽连治病之费。请告他不要来京，可到长沙湘雅医院诊治，如湘雅诊不好，北京也就诊不好了。另寄200万元给泽荣（逊五）助其家用。

在信的结尾，毛泽东又特别注明了：

> 这些钱均是我自己的稿费，请告他们节用。

即使在生活救济方面，毛泽东也不容许亲戚有任何特殊。

1950年春季青黄不接时，文氏4兄弟曾给毛泽东写信，反映生活困难，要求救济。

5月27日，毛泽东给湘乡县长刘亚南写信，特别吩咐："至于文家（我的舅家）生活困难要求救济一节，只能从减租和土改中照一般农民那样去解决，不能给以特殊救济，以免引起一般人民不满。"

毛泽东虽然对他的表兄弟在政治上要求很严，但他们一旦在生活上真有困难时，总是尽力接济，曾多次拿出自己的生活费和稿费帮助他们。

赵浦珠是毛泽东大舅母的侄儿，他的堂妹赵先桂又与毛泽东的弟弟毛泽覃曾被指腹为婚，因此，毛泽东称他为"姻兄"。辛亥革命后，赵浦珠与毛泽东在湖南新军辎重营一同当过兵，二人亲戚加战友，关系自然非同一般。家乡解放后,赵浦珠多次给毛泽东写信。1950年,赵浦珠因乡政府在减租土改工作中涉及个人利益,并对给他定成地主成分有意见,便写信给毛泽东,请求出面帮助解决问题。

5月7日,毛泽东给赵浦珠回信加以婉拒:

浦珠先生姻兄左右:

惠书及大作收到敬悉,甚为感谢。乡间减租土改等事,弟因不悉具体情形,未便直接干与,请与当地人民政府诸同志妥为接洽,期得持平解决。风便尚祈时示周行。唐家圫诸亲友并致问候之意。

此复,顺颂

健吉

毛泽东

1950年5月7日

但是,当赵浦珠生活真遇到困难时,毛泽东并不因为他是地主成分而嫌弃他。1963年1月18日,毛泽东在接到赵浦珠反映自己的生活困难的信后,给他寄去了300元钱。

至于在思想上的优越感,毛泽东对亲戚约束得更加严格。

新中国成立后的最初几年,常有文家的表兄弟到北京看望当了国家主席的亲戚毛泽东。有的人回家后,不免有骄傲情绪,说话的口气粗了,样子也神气了,摆架子,不把当地政府放在眼里。

毛泽东了解到这一情况后,给石城乡党支部和乡政府的领导写了信。在1954年4月29日写的信中,毛泽东做了特别的申明:"我的亲戚唐家圫文家,过去几年常有人来北京看我。回去之后,有些人骄傲起来,不大服政府管,这是不对的。文家任何人,都要同乡里众人一样,服从党与政府的领导,勤耕守法,不应特殊。请你们不要因为文家是我的亲戚,觉得不好放手管理。"毛泽东还在信中重申,"我的态度是:第一,因为他们是劳动人民,又是我的亲戚，我是爱他们的。第二，因为我爱他们，我就希望他们进步，勤耕守法，参加互助合作组织，完全和众人一样，不能有任何特殊。如有落后行为，应受批评，不要因为他们是我的亲戚就不批评他们的缺点错误。""现有文炳璋（毛泽东的表侄。——作者注）同志的一封信，付给你们看，我是同意文炳璋同志的意见的，请你们加以处理。并请你们将我这信及文炳璋的信给唐家圫的人们看，帮助他们改正缺点错误。我相信，只要我和你们都采取正确的态度，只要他们不固执成见，他们的缺点错误是可以改正，并会进步的。"

做事论理、论法，私交论情

毛泽东处理人际关系有自己的特点，待人接物很有原则，也很有人情味儿。他与同志、朋友、亲人交往，有不同的特色，概括地说就是上下有别，内外有别。他有自己的一套规矩：做事以事论，私交以私交论；做事论理、论法，私交论情。

对于党内的同志，毛泽东似乎有意约束自己，历来主张"五湖四海"，不同某一个或某几个重要的党政军负责人发展超出同志和战友关系的私人情谊。同志关系就是同志关系，他尽量避免在同志关系上夹杂过于浓厚的个人感情。他长期以来与党内同志保持这样的关系，与我党的历史和当时的状况是不无关系的。在长期的武装斗争中，各个根据地域解放区彼此隔绝，不得不各自独立作战，求生存，求发展，"山头"不少，正如毛泽东所说："党内无派，千奇百怪。"回顾我党的历史，毛泽东深知宗派主义的危害，一直坚决反对宗派主义。20世纪40年代，毛泽东曾花很大的力气在全党范围内进行整风，其中主要内容之一便是反对宗派主义。1942年2月1日，毛泽东在中共中央党校的开学典礼上发表了著名的《整顿党的作风》的演说，提到："在他们掌管一部分事业的时候，就要闹独立性。为了这些，就要拉拢一些人，排挤一些人，在同志中吹吹拍拍，拉拉扯扯，把资产阶级政党的庸俗作风也搬进共产党里来了。""我们一定要建设一个集中的统一的党，一切无原则的派别斗争，都要清除干净。要使我们全党的步调整齐一致，为一个共同目标而奋斗，我们一定要反对个人主义和宗派主义。"毛泽东是全党的领袖，不愿从自己身上自觉不自觉地制造派别，认为在对待党内的同志时，自己不该有亲疏，也不能让其他同志感觉到厚此薄彼。也许就是因为这个原因，他和党内同志没有过多、过深的私人交往。

毛泽东和周恩来风风雨雨共事了几十年，超过了马克思和恩格斯的合作时间，堪称史诗般的神圣合作。毛泽东的健康、安危甚至衣食住行都得到了周恩来的直接关心和照料：毛泽东住的房间多数是由周恩来选定的；战争年代和非常时期，毛泽东要走的路，周恩来常常先走一段，看看是否安全；毛泽东吃的饭，周恩来常常过问。他们的情谊应该是非常深厚的，即便如此，毛泽东也从来没有对周恩来说过一句超出同志关系的带有私人感情的话。

毛泽东与党内同志交往，从不搞迎送之礼，也不请客吃饭。对来到他这里的同志，他还是十分客气的。他有躺在床上办公的习惯，有时国家、政府和军队的主要领导同志来向他请示或汇报工作，他虽然不下床，但也会坐起来，很热情地与来者握手，并招呼来者坐下。如果他正坐在沙发上，党内的同志来了，他也基本上不站起来，做个手势让来者也坐下，然后，有什么事就说什么事，闲话不多。对于前来的较长时间没有见面的老同志，他会起身握手迎送，但不会迈出门槛，除非客人来时，他正站在屋外，否则是不出屋的。对于前来的党内的同志，除非久别重逢，他很少表示出亲热，基本上是威严而不拘礼节的。他不掩饰好恶，不曲折违心，言简意赅，直截了当。

有时，毛泽东在他的住处开会。对前来开会的同志，他还是注意照顾的。一般情况下，如果到了吃饭的时间，会还没有开完，他会吩咐身边的工作人员让厨师给每位与会者准备一碗面条。大家吃饭时，他一般不吃，而是在旁边抽烟，因为他习惯于夜间办公和吃饭。

每次去外地视察，毛泽东不许地方领导接送，如果有事需要找他们到自己的住处来，会让身边秘书事先通知。

毛泽东与党内同志除工作关系外，基本上没有来往，如果谈得上有私人交往的，恐怕也只有陈毅了。他和陈毅是以诗词为媒，建立的是一种诗人之间的友谊。陈毅见到毛泽东，常常脚后跟用力一磕，立正敬礼："报告主席，陈毅前来报到！"或者说："主席，我来了。"毛泽东便将手一挥："坐么，坐下说。"于是，陈毅爽朗地哈哈一笑，就"放开了"。他一"放开"，屋子里便热闹起来。

跟随毛泽东多年的卫士长李银桥在回忆毛泽东的人际交往时，谈到了这样的感受：与民主人士多系私交；与党内同志皆属公务，唯一的例外是陈毅——他与毛泽东有诗词交往，这属于私交。陈毅带有诗人那种特有的冲动和热烈的气质，说到高兴处，真是手舞足蹈，伴有激情洋溢的哈哈大笑，特别轻松，特别富于感染力。这两位拥有40余年战友情谊的伟人，也差不多拥有同样长时间的诗交。除了共同的革命信念，诗是使这两位伟人产生心灵感应的又一重要媒介。从他们的诗交中，可以窥见他们作为诗人的真性情。陈毅是毛泽东所喜爱的人。20世纪70年代，毛泽东只参加过一次追悼会，就是陈毅的追悼会。

在私人交往中，毛泽东论情、论礼，是很讲"朋友义气"的。

和毛泽东私人友谊深厚、交往较多的要数与他工作往来不多的党外民主人士。1949年刚进北平城时，毛泽东就让周恩来陪同，登门拜访了张澜、李济深、沈钧儒、郭沫若和陈叔通等知名人士，成为了佳话。毛泽东对党内同志，迎送不出屋门，而对于张澜、李济深、沈钧儒、陈叔通、何香凝、马叙伦和柳亚子等党外人士，不仅迎送出门，而且亲自搀扶他们上下车、上下台阶，与他们携手并肩地漫步。他曾经亲自为程潜操桨，放舟于碧波之上；手拉着手，与柳亚子同游谐趣园；以自己那颗"寸草心"，报老师张干的"三春晖"……

到了20世纪六七十年代，一些党外民主人士先后去世，加上毛泽东年事已高，他与民主人士的直接往来比新中国成立初期要少了很多，但与一些民主人士还保持书信往来。

在这里，尤其值得一提的是毛泽东和国家副主席宋庆龄的交往。1949年，新中国成立前夕，毛泽东写信委托邓颖超前往上海，邀请宋庆龄到北平参加中国人民政治协商会议。当宋庆龄抵达北平时，毛泽东、朱德、周

1949年7月5日，新政治协商会议筹备会常务委员合影。一排左起：谭平山、章伯钧、朱德、毛泽东、沈钧儒、李济深、陈嘉庚、沈雁冰；二排左起：黄炎培、马寅初、陈叔通、郭沫若、蔡廷锴、乌兰夫；三排左起：周恩来、林伯渠、蔡畅、张奚若、马叙伦、李立三。

恩来等中共中央领导人早已在站台上迎候。当晚，毛泽东设宴为宋庆龄洗尘。毛泽东的诚挚和盛情，使宋庆龄深为感动。新中国成立后，毛泽东和宋庆龄都在为党和国家大事日夜操劳，但他们依然保持了诚挚的友谊、亲切的交往。毛泽东到上海视察时，曾到宋庆龄家里探望她。宋庆龄也非常关心毛泽东的身体，每次从上海回到北京都要亲自问候，并送些礼品，每年还要寄贺年片。20世纪60年代，每逢重大节日去天安门参加庆典，毛泽东的车都是先到达天安门，可他下车后总要等一下随后到达的宋庆龄，扶她一起乘坐电梯。对党和国家领导人，毛泽东唯一直接称呼其职务的只有宋庆龄，见面称她"宋主席"。

毛泽东对于亲属和故旧，更是坚持做事论理、论法，私交论情的原则，

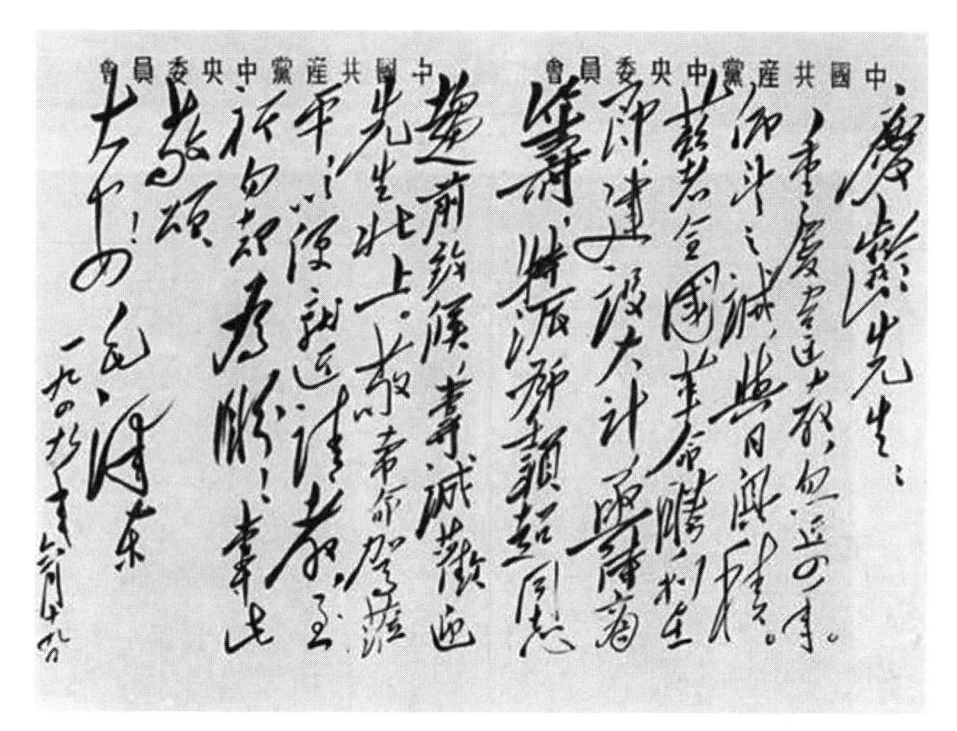

1949年6月19日,毛泽东写信给宋庆龄,邀请她参加中国人民政治协商会议,并特派邓颖超前往迎接。

坚持按党纪国法、组织原则、组织程序办事,公私异常分明。

1957年5月11日,毛泽东写了一首词《蝶恋花·答李淑一》赠故人柳直荀烈士的遗孀李淑一,并广为人知。一句"我失骄杨君失柳",便将他与杨开慧、柳直荀及李淑一的特殊关系、深厚情谊全部表达了出来。毛泽东与李淑一从新中国成立后未断通信,友谊深厚,可是,当李淑一请毛泽东为她说句话,让她到北京学习时,毛泽东没有答应。毛泽东在给她的回信中说:

淑一同志:

来信收到。直荀牺牲,抚孤成立,艰苦备尝,极为佩慰。学习马列主义,可于工作之暇为之,不必远道来京,即可达到目的。

肖聃（即李淑一的父亲。——作者注）午亭（即柳直荀的父亲。——作者注）两位老先生前乞为致候。顺颂

健康。

毛泽东
1950年4月18日

李淑一长年以教书为业，由于"年长课繁""难以为继"，有人求毛泽东将她推荐到文史馆当馆员。对此，毛泽东写信给秘书田家英说："文史馆资格颇严，我荐了几人，没有录取，未便再荐。拟以我的稿费若干为助，解决这个问题，未知她本人愿意接受此种帮助否？她是杨开慧的亲密朋友，给以帮助也说得过去。请函询杨开智先生转询李淑一先生，请她表示意见。"

毛泽东不仅对亲属、故旧不徇私情，不任人唯亲，就是对待自己身边的工作人员也是如此。

凡是在毛泽东身边工作过的人，在经济上或多或少都得到过毛泽东的帮助。在毛泽东身边工作是有严格的组织纪律的，即不允许向毛泽东本人提条件、讲困难，如果个人家庭有困难，可向党小组反映。组织对在毛泽东身边工作的人员要求很严格，从没有因为他们的工作岗位特殊而将他们破格提升，相反，对他们的提升、晋级还都从严掌握，没有丝毫的特殊。毛泽东更不曾帮助他身边的一个工作人员"飞黄腾达"、做"大官"。他们不是一般干部，就是普通工人，工资收入都不高，生活也不富裕。毛泽东曾对他们说："你们到我身边，升不了官，也发不了财，只能多吃一些苦。"正是这个原因，每当身边来了新人，毛泽东总会百般询问："你愿意不愿意到我身边工作啊？"如果工作人员跟随毛泽东外出，不但没有出差补助，而且要向接待方交伙食费，开支比在家时还要高。

毛泽东身边的工作人员遇到困难，都尽量瞒着他，不让他知道，但有时瞒得住，有时瞒不住。只要毛泽东知道了，一定会伸出援助之手。倘若身边的工作人员病了，毛泽东几天没有见到，就会问询，如果需要帮助，就

会主动解囊相助。

由于毛泽东严格要求自己身边的工作人员，要求他们艰苦奋斗、廉洁奉公，为人处事要以人民勤务员的身份出现，因此，在他身边工作久了的人一旦离开，几乎个个都像刚毕业的学生一样天真纯洁，毫无社会经验，很少有自私自利的人，到了新的工作岗位，时常在复杂的社会环境中"碰壁"，甚至有的"碰"得"头破血流"。

毛泽东对社会的复杂情况是知道的，身边的工作人员离开时，他与其谈话，都少不了谈到两项内容：一是要他们谦虚谨慎，"夹着尾巴"做人；二是坚持革命性，不能颓废、泄气，要经得起挫折的考验。他还会叮嘱，如果生活有困难，就给他写信。工作人员离开后，只要来信说生活有困难，他无不解囊相助。

"苟富贵，毋相忘"

1950年9月25日，在北京中南海怀仁堂，毛泽东代表中共中央向全国战斗英雄代表会议与全国工农兵劳动模范代表会议致祝词。他号召全国人民向英雄模范学习，同时号召英雄模范继续向广大人民学习，为经济建设和国防建设做出新的贡献。

当毛泽东与其他领导同志接见出席会议的代表时，一位代表双手握住毛泽东的手，重重地抖了抖，大声地说："老毛，您咯胖呀！"

毛泽东微微一怔，周围的人也都愕然。

1950年9月，毛泽东等会见参加全国战斗英雄代表会议与全国工农兵劳动模范代表会议的代表。

"'罗瞎子',是你呀!"毛泽东很快认出了这位代表,亲热地朝对方的肩头送出一拳,高兴地接上了话。

"老毛,您到底还记得我这个小萝卜头!""罗瞎子"激动得眼泪直往下掉。

毛泽东爽朗地笑了,操着浓重的湖南口音回答:"咯还记不得!'苟富贵,毋相忘'嘛!"

"罗瞎子"听了,也嘿嘿地笑了。

毛泽东与这位"罗瞎子"最早的故事发生在大革命时期。

有一次,毛泽东到一个乡里搞调查,见到乡长时便问乡长的名字。乡长自报家门:"'罗瞎子'。"

毛泽东不禁笑道:"这个名字是绰号,你总还得有个真名呀!"

确实,"罗瞎子"是个绰号。这位乡长因为自幼家贫,没上过学,斗大的字认不得一筐,是个名副其实的"睁眼瞎",这才落下了这个绰号。

听了毛泽东的话,"罗瞎子"连连摇头,说:"不,就叫'罗瞎子',从小就这么叫惯了。如今在乡政府当主席,更不能叫官名,要不,人家会说我摆架子哩!再说了,自家人这样称呼我,无拘无束,怪亲热的。"

"说得好!'苟富贵,毋相忘'!就是日后革命成功了,我们也不能像陈胜那样忘了与自己共过患难的父老兄弟。"毛泽东赞同地说。

"罗瞎子"听了,似懂非懂。于是,毛泽东很风趣地讲了《史记》中记载的陈胜的故事:陈胜称王后,家乡的父老乡亲去找他,只因在殿上直呼了他的小名,他便恼羞成怒。

"罗瞎子"听后哈哈大笑,摇着毛泽东的手说:"要是你以后当了皇帝,不,要是革命成功了,你管天下,我该怎么称呼呢?"

"那你照样喊我老毛就是!"

"我记着你的话了!"

新中国成立后,"罗瞎子"当选为出席全国劳动模范会议的代表,来到了北京。这一天,看到毛泽东快走近时,他抢前一步,说出了自己早就想好的那句话。

"苟富贵，毋相忘"

毛泽东真正做到了"苟富贵，毋相忘"。他不曾忘记休戚与共的父老乡亲，也不曾忘记共过患难的旧日师友。

新中国成立初期，尽管政务繁忙，毛泽东仍惦念自己的老师徐特立，特地邀请徐老到自己家里做客。

徐老来到中南海，毛泽东特意请人为老师备了几样家乡菜：一碗湘笋，一碗青椒，还有一个汤。

"没有好菜吃。"毛泽东抱歉地说。

"人意好，水也甜嘛！"徐老笑着回应。

入座前，徐老对毛泽东说："您是全国人民的主席，应该坐上席。"

毛泽东马上说："您是主席的老师。'一日为师，终身为父'，您更应该坐上席。"

话别时，毛泽东见徐老的穿着还像当年那样简朴，就把自己的一件呢子大衣送给了他，说"以表人子之心"。

徐老接衣在手，激动不已，老泪纵横。

毛泽东拉着老师的手，依依不舍，送了一程又一程。

徐老回家后，把大衣交给老伴儿收藏了起来，只在重要的场合才舍得穿上它。

毛泽东对患难与共的战友和同事念念不忘，把革命的胜利看作集体智慧的结晶。"独龙能下雨吗？"毛泽东用这种形象的比喻来表明自己的观点。

20世纪50年代初期，著名戏剧家、红军老战士李伯钊创作的歌剧《长征》上演后，立即引起了强烈的反响。剧

毛泽东和徐特立在陕北。

中多次出现了描写毛泽东的场面，每到这时，剧场里便会掌声雷动。许多中央领导同志看了这出戏，纷纷给予了好评。

李伯钊是杨尚昆的夫人。杨尚昆时任中共中央办公厅主任。他从延安时期就担任这个职务，因此，与毛泽东的接触特别多。除了工作关系之外，他与毛泽东的私人感情也很好，而他的夫人李伯钊对毛泽东的了解也比较多，所以敢于涉足这样的领域进行创作。

既然是李伯钊创作的作品，其中又有毛泽东的艺术形象，邀请毛泽东本人观看和指导就显得尤为必要。

盛情难却。一天，毛泽东前去观看了这部戏，当场没有发表评论。

回来后，毛泽东一言不发，在院子里踱来踱去。

叶子龙走过来，问："主席，《长征》怎么样啊？不错吧？"

毛泽东苦笑了一声，面上带着余愠说："好，当然好。写革命，写长征，我都赞成，但不能拿我毛泽东当菩萨拜哟。党内有那么多好同志，许多人还牺牲了生命。就拿长征来说，有几个方面军哩，有那么多领导同志哩。应当写朱老总、恩来、弼时同志，写几个方面军的同志。"他停了停，又风趣地说，"没有他们，我毛泽东独龙能下雨吗？下不得的哟。"

事后，他让女儿向李伯钊转达了自己的意见。

"苟富贵，毋相忘"，这就是共和国主席毛泽东的高贵品质的写照。为革命出过力的人，与其共过患难的父老乡亲、师友和同志，他都一一记在心头！

恋旧，但不为旧谋利

毛泽东极重故友、学友之情。他早年在湘乡只读了一年书，新中国成立后，却给10多位在湘乡农村的同窗之友复过信，还给予一些有困难的同学经济上的资助，但对于他们提出的请他出面为其谋取工作或者其他不符合规定的要求时，都会婉言拒绝。

毛森品是毛泽东在湘乡县立东山小学堂读书时的同学，后来，二人一同进入长沙湘乡驻省中学学习，关系很好。毛森品的胞兄毛庚申也是毛泽东的同学，大革命时期的中共党员，同毛泽东一起在湘乡考察过农民运动，后被捕牺牲。新中国成立后，毛森品多次给毛泽东写信，除讲述个人情况外，还反映了当地干部工作中的某些缺点。毛泽东曾多次亲笔给他回信。当毛森品提出家庭生活有困难时，毛泽东3次拿出自己的工资共550元周济了他。当他提出让毛泽东为其推荐工作时，毛泽东却回信委婉地拒绝："吾兄出任工作极为赞成，其步骤似宜就群众利益方面有所赞助表现，为人所重，自然而然参加进去，不宜由弟推荐，反而有累清德，不知以为然否？"

毛泽东在湘乡县立东山小学堂读书时，谭咏春老先生是他的国文教员。毛泽东能在东山小学堂就读以及后来进长沙湘乡驻省中学读书，多赖老先生之力。湖南解放后，谭咏春的儿子、毛泽东的同班同学谭世瑛多次给毛泽东写信，反映个人生活困难。毛泽东给他寄过300元钱。当谭世瑛提出要离开湘乡、请毛泽东安排工作以求生活有依靠时，毛泽东回信说："……于乡里故交获得援手，则以就近解决为上策。"

谭世瑛的两个儿子分别在国民党军队中任过营长和排长，因对人民欠有血债，在镇压反革命运动中被当地政府依法处决了；谭世瑛本人也被剥夺了公民权，管制一年。1955年，因治眼病，谭世瑛来到北京，找到了老同学毛泽东，诉说自己教了几十年的书，未做什么坏事，并详细说了家里的情况。

由于几十年不见，不了解情况，1955年5月17日，毛泽东给谭世瑛的家乡中共湘乡县委及第二区区委、石洞乡党支部写去一封信，查询谭世瑛的历史情况。

中共湘乡县委与石洞乡党支部很快回了信：谭世瑛的两个儿子确实有罪，系依法处理；给谭世瑛本人管制一年的处分，是因他在对待两个儿子的态度上不当，除了旧社会带来的一些缺点外，他没有其他罪行。

了解情况后，毛泽东给在医院中正准备返乡的谭世瑛写了一封信，转述了湘乡县委的说明，并指出："我认为县委对你的评语，是公道的。"至于政府和人民依法处决了谭世瑛的两个儿子，毛泽东认为也"是应该的"。毛泽东还告诫他，要把自己的一些缺点改掉，"最要紧的是服从政府法令，听干部们的话。这样，几年之后，人们对你的态度就会更好些了"。

周容是毛泽东在湖南省第一师范学校的校友。1949年8月，他写信给毛泽东，请毛泽东介绍他加入中国共产党。毛泽东在复信中向他做了说明："组织问题，未便率尔绍介，应就当地有所表现，向当地组织请求，听候解决。"

陈玉英曾在杨开慧家当保姆，1930年，杨开慧被捕时，她也一同被关进了监狱，与杨开慧母子相依为命，坚贞不屈。杨开慧牺牲后，她带毛岸英和毛岸青逃了出来。家乡解放后，毛泽东对陈玉英一直很关心，多次写信询问她的生活状况，经常给她寄钱，并接她到北京居住，还把她的女儿孙燕从乡下送到长沙读书，给其寄学费、买衣物。毛泽东对陈玉英说："你同开慧同甘共苦，今天见到你，就像见到开慧一样。"

行将初中毕业，孙燕对自己能否考取高中，心中没有把握。1957年5月，她写信给毛泽东，请他为其升学问题给学校写封信。毛泽东认为这样做不合适，便在给孙燕的回信中说："我不宜于向学校写信，能否考取，听凭学校。"并安慰她如不能升学，可以在家温习功课，还随信寄了300元钱，又表示以后尚可寄一些。

彭石麟，湖南湘潭人，大革命时期曾任湘潭县清溪乡女子职业学校校长，毛泽东在清溪一带从事革命活动时得到过他的帮助。新中国成立后，毛泽东在给彭石麟的信中坦承："我不大愿意为乡里亲友形诸荐牍，间或也有，但极少。"婉言谢绝了彭石麟要求为之说情之事。

喜爱下雪

毛泽东特别喜欢下雪。1949年12月,他访问苏联时,在莫斯科看到漫天大雪,兴奋异常。入住斯大林的第二别墅后,他站在大厅窗前,边认真地向外观看,边对身边的卫士说:"你看这里的雪下得多厚,真是雪的世界!自然风景是很美的啊!"

1951年冬季的一天,北京下起了大雪。

毛泽东工作了一整夜,批阅了大量文件,天亮时才放下笔。他伸伸腰,搓搓脸,朝门口走去,刚打开门,跨出门槛,便突然停住了脚步,显出惊喜的神情。纷纷扬扬的落雪让他十分激动,他像孩子似的睁大眼睛,凝视

1953年,毛泽东在赴武汉途中恰逢下大雪,喜笑颜开。

着屋外银白色的世界，目光从天空缓缓移向那积雪的树梢和屋顶，又移向铺了白毡一般的庭院，久久地一动不动，像在辨别落雪是否有声，又似陶醉在屋檐处传来的雀叫声中。

卫士张木奇抓起一把扫帚匆匆去扫雪。毛泽东见了，急切地喊："不要扫！"他边说边皱起了眉头，发现砖路上的积雪比别处的薄，又大声问，"这路是你扫过的吗？"

张木奇连忙解释："黎明时，我扫过两次，雪一直下，所以……"

1954年1月，杭州降了大雪。正在杭州的毛泽东高兴地站在雪地里赏雪。

"一次也不能扫！把扫帚扔了！她的'伤口'刚合上，你就忍心又割一刀？"

毛泽东走出廊檐，下了台阶，步子迈得极其缓慢，像怕惊醒甜美的梦。走出几步，他停了下来，回头看自己留在雪地上的脚印，脸上闪现出孩子般新奇而惊喜的神色。转过头来，他竟不忍心再踩向洁白无瑕的雪地，而是把抬起的脚缩了回来，重新踩在留在地上的脚印里。他开始深呼吸——休息时，他喜欢做这种呼吸运动，以畅胸怀。接着，他抬起右手，用手背和衣袖接天上飘落的雪花，入神地凝望着，仿佛是在欣赏宇宙间最伟大的创造和最精彩的表演。

"主席，走一走吧，站久了会感冒的。"李银桥远远地提醒道。他也不敢再迈步向前，怕踏坏了皑皑白雪。

毛泽东手背上的雪花开始融化，一颗晶莹的水珠就要滚落，他连忙用舌尖轻轻一触，水珠便不见了。他轻咂了咂嘴，像饮了甘露一般开心地笑了，然后顺着自己刚踩出的脚印慢慢退回，小心得像是在防止扩大"伤口"，每一步都准确地落在了原来的脚印中。

他松了一口气，开始在没有雪的廊檐下踱步，而后走出后门，沿着中海慢走。他爱雪爱得很"自私"，舍不得踩"自家"的雪，但不怕踩外面的雪。这时，他不走扫干净的路，专拣雪地走，入迷地倾听脚下咯吱咯吱的踩雪声，不时回身望向自己的脚印，又停在松柏旁欣赏枝丫上的积雪……

是啊！生活中的毛泽东就像诗中的傲雪，艰苦、豪迈、淡定、生动。重庆谈判时，毛泽东写于1936年2月的一首《沁园春·雪》刚发表就仿佛下了一场鹅毛大雪，震惊了重庆这座迷蒙阴沉的雾都山城，有人盛赞说："风情独绝，文情并茂，而气魄之大乃不可及。"

"银桥，你贪污了没有？"毛泽东的思想太活跃，别人简直无法追踪。他凝视着枝丫上的雪，忽然问道。

"没有。"李银桥坦然地回答。

"你现在不贪污，以后贪污不贪污？"

"不贪污。"李银桥又干脆地回答。

"那就好，你来的时候像这些雪。"毛泽东指向松枝上洁白无瑕的积雪，说，"以后也要保持，反腐蚀，不要让糖衣炮弹打中。不贪污，还要节约……"

"知道了。"

"家里的支出要有计划，吃饭不许超支，衣服不经我允许，不能做新的。"

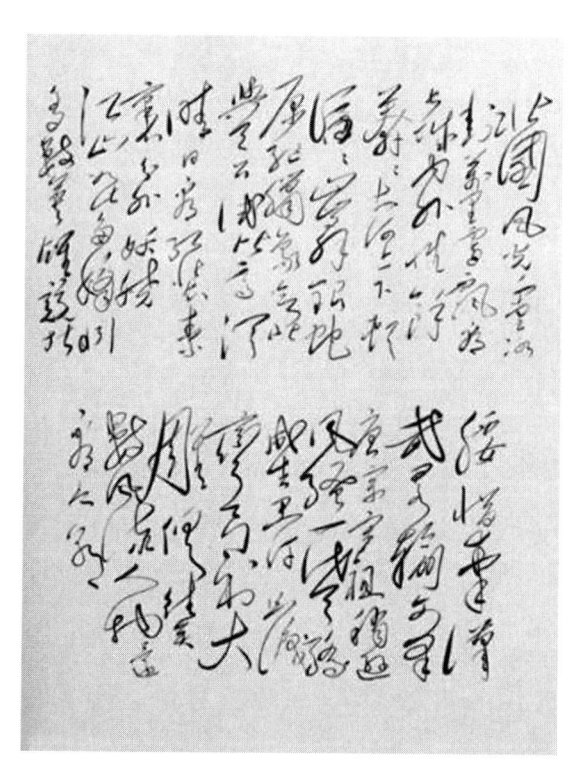

毛泽东手书《沁园春·雪》。

喜爱下雪

"是!"李银桥答道。

毛泽东继续在雪地上走,又问:"你喜欢雪吗?"

"喜欢。"

"农民喜欢雪,瑞雪兆丰年。害虫不喜欢,一下雪,苍蝇就没有了。我也喜欢雪,我们都喜欢雪。"

李银桥听了,若有所思。

卫士们发现,很少有什么能中断毛泽东的工作,唯独下雪例外。只要下雪,毛泽东便精神焕发,平时散步用10分钟,这时散步会花去加倍的时间,有时真是如痴如迷。

1953年冬天的一个晚上,毛泽东在怀仁堂开完会后匆匆往回赶。李银桥抱着厚厚的卷宗紧随其后。毛泽东正要进办公室,一阵风吹过,下起了雪,他立刻停下脚步,望望阴沉的天空,忽然对李银桥说:"我散10分钟的步。"

毛泽东在雪地里走,不知是由于兴奋还是因为心中有事,脚步比平时急促,而且越走越快。雪也越下越欢。毛泽东兴致勃发,不时伸出两手去接雪花。

蓦地,毛泽东问:"几分钟了?"

"8分钟了。"李银桥看着表认真地回答——实际到了11分钟。

往常虚报时间,毛泽东会有所察觉,这次到了17分钟,李银桥才说:"10分钟了。"毛泽东听后,没有说什么,转身回了办公室,不知道他是否明白李银桥"蒙骗"了他。

"我可以同蒋介石握手，也不愿意摸钱"

说到毛泽东讨厌什么，他身边的工作人员都知道，他最讨厌钱。他曾说："我可以同蒋介石握手，也不愿意摸钱。"在延安时，他不摸钱；转战陕北时，他不摸钱；进城后，他更不摸钱。有时候，他会拍着自己的口袋戏说："我是一文不名、囊中羞涩啊！"

毛泽东乐于用自己的工资和稿费帮助急需用钱的人，得知战士家有困难时，他总是解囊相助。在警卫人员为他开列的经济支出表中，专有一项就是用来帮助生活有困难的同志的。

有一次，正在看文件的毛泽东见李银桥递过来一个牛皮纸袋，以为是公文，便伸手接了过来，正准备掏出来看时，听到李银桥说："给老张的钱，主席过过目吧。"毛泽东立刻神色有变，就像无意中抓了一只癞蛤蟆，一下子就把牛皮纸袋扔了。

原来，毛泽东有个卫士叫张瑞歧，因年纪偏大，退伍后回到了陕北老家，在生活上遇到了困难，于是写信告诉了毛泽东。一接到信，毛泽东立即嘱咐李银桥寄些钱，帮助张瑞歧渡过难关。这一天，李银桥从毛泽东的工资节余中取出了几百元钱，装在一个牛皮纸袋里，拿过来请毛泽东过目。

"拿开！交代了，你就办，谁叫你拿来的？"毛泽东皱着眉头直搓手，似乎手指被弄脏了，"我不摸钱！你以后要注意呢！"

李银桥离开毛泽东到天津工作后，时常回北京看望他。在一次交谈中，毛泽东听说李银桥的家乡遭了灾，便吩咐秘书从他的稿费中支出1000元钱帮助李银桥。当秘书把装有钱的牛皮纸袋放到他的桌子上时，他远远地对李银桥比画着说："你拿去，可以解决一些困难。"

"不行，主席，我不缺钱，我不能要！"李银桥连连摇头。毛泽东多次帮助过他，他实在不好意思再收下这些钱。

"怎么，你是要让我摸钱吗？"毛泽东做出了要抓那个牛皮纸袋的样子。

"不，不，我要，我自己拿！"李银桥赶紧拿起了那个装有1000元钱的牛皮纸袋。

毛泽东满意地说："这就对了！你还记得，我不摸钱，我就讨厌钱！"

"大元帅？你靠边站吧！"

实行军衔制是我军实现现代化和正规化的一项重要措施。1953年2月17日，中央军委决定成立"军衔实施委员会"，下设办公室，负责主持全军实行军衔制的具体筹划以及军装制式、军衔标识的设计组织等工作。1954年秋天，军官制服和军衔标识基本确定下来，并特别定做了一批样品军服，佩上不同的军衔标识，分别"穿"在木制的模特儿身上，放在中南海小礼堂，等待毛泽东和中央军委领导的审定。

我军军衔等级的设置依据的是苏联红军的军衔制度。苏联有大元帅衔，斯大林即受此衔。以此作为参考，中央军委决定在中国人民解放军军衔等级之外另设大元帅衔，特别授予毛泽东。这时，军衔办公室精心设计的大元帅服佩上军衔标识，摆放在了中南海小礼堂最显眼的位置。

一天上午，毛泽东、朱德、刘少奇、周恩来和彭德怀等来到小礼堂审定军装样式和军衔标识。彭德怀说："样子嘛，是见过的了。今天就是要看看穿起来怎么样，有没有一点儿威武之师的气派！"

军衔办公室负责人李平引导毛泽东来到穿着大元帅服的模特儿前。毛泽东一边抽烟，一边打量大元帅服。李平向毛泽东介绍："主席，这是大元帅服。"

毛泽东的脸上露出不以为然的样子，诙谐地说："大元帅？你靠边站吧！"一句话逗得旁边的领导同志都哈哈大笑起来。毛泽东仔细看了其他的元帅服和将军服，说："要从节约的原则出发，样式好看、统一、正规，又节约。"

毛泽东以几十年的军事生涯和对军队建设所做出的巨大贡献，在初评方案中，被评为大元帅。同时，周恩来、刘少奇、邓小平等被评为元帅，李先念、谭震林、邓子恢、张鼎承等被评为大将。

毛泽东在听取彭德怀的汇报后说："你们搞评衔，是很大的工作，也是很不好搞的工作。根据国际、国内的经验，我这个大元帅就不要了，让我穿上大元帅的制服，多不舒服啊！到群众中去讲话、活动，也不方便。依我看呀，现在在地方工作的同志，都不评军衔为好！"

1955年，全国人大常委会拟授予毛泽东中华人民共和国大元帅军衔，但毛泽东没有同意。这是为毛泽东准备的大元帅服和肩章。

说到这里，毛泽东问："少奇同志，你在军队里搞过，领导过军队，你也是元帅，这个元帅要不要？"

刘少奇挥了挥手，说："不要评了，我现在不在军队工作了。"

"你们的元帅军衔，还要不要评啊？"毛泽东又问周恩来和邓小平。

周恩来连连摆手，说："不要评了，不要评了。"

邓小平笑了笑，说："当什么元帅哟，早不带兵了。"

毛泽东转身问邓子恢、张鼎承等几位过去长期在军队担任领导工作、后来到地方工作的同志："你们几位的大将军衔还要不要评啊？"

这几位同志也都说："不要评了，不要评了。"

在全国人大常委会上，有些常委提出，应授予毛泽东大元帅衔，就像斯大林大元帅那样，也应授予周恩来和邓小平元帅衔。对此，刘少奇和彭真在会上做了说明：这个建议是合理的、正确的。在酝酿建立军衔制的过程中，就有很多人建议如此做，但是，毛泽东已任党和国家主席，周恩来已任政府总理，邓小平已任党中央秘书长，而此时又是和平时期，他们都表示不要军衔了。党中央和中央军委反复考虑，同意了他们的意见。当然，将来在特殊情况下，例如发生了大规模战争，有了必要，仍可授予他们军衔，比如，毛泽东就可出任大元帅，统率全军战斗。这个说明为全国人大常委会所接受。

毛泽东带头提出不要大元帅军衔，他的崇高风范对全军干部的教育作用是很大的，在当时也大大推动了授衔工作的顺利进行。中央军委最后评出了10位元帅、10位大将、57位上将及一大批中将、少将。

1955年9月27日，盛大的授衔典礼在中南海怀仁堂隆重举行。朱德、彭德怀、贺龙、陈毅、罗荣桓、徐向前、聂荣臻这7位开国元帅身穿元帅礼服，走上主席台，排成一行。毛泽东依次授予他们元帅肩章和"一级八一勋章"及"一级独立自由勋章"，并一一和他们握手。主席台下报以热烈的掌

1955年9月，在中华人民共和国主席授予元帅军衔及勋章典礼上，彭真宣读毛泽东主席授予元帅军衔的命令。

声，向他们致以崇高的敬意。有三位元帅没有到场：林彪因为患病，正在青岛疗养，无法出席授衔仪式；刘伯承身体不好，又忙于军事学院的种种事务，所以没有到场；叶剑英是在辽东半岛举行的大型抗登陆演习的总指挥，在大连分不开身。这三位元帅身着元帅服的标准照都是后来补拍的。

1955年9月27日，毛泽东为朱德等元帅授衔授勋。

10月1日，中国人民解放军正式实行军衔制。毛泽东没有接受为他设置的大元帅衔，那套精心制作的大元帅服成为我军历史上一件"崭新的文物"，放进了博物馆。

只有一次主动提出过生日

毛泽东对自己的生日并不重视，50岁之前，他历年的生日是怎样过的，几乎没有记载。

1943年4月初，时任中央宣传部代理部长的何凯丰为庆祝毛泽东的五十寿辰，拟制了宣传计划，要宣传领袖毛泽东、宣传毛泽东思想。毛泽东审阅这一计划后，于4月22日复函何凯丰："生日决定不做。做生的太多了，会生出不良影响。目前是内外困难的时候，时机也不好。"这一年，许多人都不知道毛泽东50岁了。

一年之后，即1944年4月30日，毛泽东请客人吃饭时，著名抗日爱国将领续范亭问起他的年岁和生日，他如实相告。续老一算，前一年正是毛泽东的五十大寿，延安各界竟无举动，即感为憾事，并当场赋诗一首，敬给毛泽东。诗曰：

半百年华不知老，先生诞日人不晓。
黄龙痛饮炮千鸣，好与先生祝寿考。

毛泽东看后，付之一笑。

1949年，进北平之前，毛泽东就正式提出禁止给党的领导者祝寿。新中国成立后，毛泽东每逢过生日，不过是与身边的工作人员和几个子女聚在一起吃顿家常便饭而已。他曾对身边的工作人员说："大家都不要做寿！

这个封建旧习惯要改革。你知道,做一次寿,这个寿星就长大一岁,其实就是少了一岁,不如让他偷偷地走过去,到了八九十岁时,自己还没发觉……这多好呀!"

1949年12月26日,毛泽东于新中国成立后的第一个生日是在苏联莫斯科郊外的一个别墅里度过的。此时因中苏会谈尚未打开局面,他的心情很不好。叶子龙、汪东兴和师哲经筹划,让他吃了长寿面,陪他看了电影,又陪他打了扑克。

打扑克时,打对家的叶子龙和汪东兴玩儿心计,一圈下来,果然是他俩赢了。毛泽东不甘心,对师哲说:"我们要加把劲,还要注意有人捣鬼!"

师哲附和道:"对,我们要立规矩,不能玩儿赖,否则不算!"

第二圈开始了,毛泽东也开始"作弊":他抓牌时,一下子抓了两张,把好的留下,把不好的借磕烟灰之机"送"了回去,连续这么两次,手上牌的"实力"就强多了。他和师哲扳回了一局。

叶子龙产生了怀疑,也提醒道:"东兴,我们要提高警惕啊!"

毛泽东跟着喊起来:"大家都要提高警惕嘛!"

他们身边的卫士早就发现毛泽东"作弊"了,一时憋不住,笑出了声。叶子龙立刻说:"主席肯定捣鬼了!"

毛泽东也不示弱:"你们才捣鬼了!你说我搞鬼,拿出根据来。"

叶子龙说:"李家骥可以证明。"

"小李只能证明你们捣鬼,对吧?"毛泽东坚决回击,一边说,还一边朝卫士李家骥点头示意。

李家骥明白,在这种场合只能"装傻",于是赶忙说:"大家都没有捣鬼。"在场的人都心照不宣,屋子里又是一阵欢笑声……

1953年8月,在全国财经工作会议上,毛泽东再次向全党和高级干部着重指出:"一不做寿;二不送礼;三要少敬酒;四要少拍掌;五不要以人名为地名;六不要把中国同志与马、恩、列、斯平列。"他还说,"做寿不会使人长寿。主要是把工作做好。"

这年的12月26日,毛泽东的六十大寿也是悄然度过的。

生日的头一天，即12月25日，毛泽东吃过午饭，睡觉了。趁此机会，李银桥召集卫士们到值班室开工作会议。

开会前，马武义好像想起什么似的突然站起来，说了一声："卫士长。"把大家的注意力都吸引到了他的身上。大家等他接着说下去，他却没了下文，卖起了关子。

李银桥有点儿着急地问："什么事？说呀！"

"卫士长，你知道明天是什么日子吗？"马武义问。

"你搞什么紧张空气，谁不知道明天是26号。"说话直率的赵鹤桐不满地说。

李银桥这才明白过来："哎呀，这么大的事，差一点儿忘了！"

"忘了什么大事？"孙勇和张仙鹏都凑了上来。

"明天是主席的六十大寿！"李银桥面带自责的神色说。

"对呀！主席的六十大寿，我们怎么忘了呢？"孙勇拍了一下大腿，说。

李家骥说："我们卫士应该给主席过生日。60岁应大庆啊！范围不能太大，就我们这些卫士。你们看行不行？"

李银桥好像同意，但又有点儿顾虑，最后还是说："好，我同意。"稍停，又说，"我们在主席身边的工作人员，应该让他老人家高高兴兴度过60岁生日，可中央三令五申不让祝寿，不让送礼，不让以个人名字命名，所以，我们不能声张，要保密，不然又得挨批评。"

"我们会保密的！"大家异口同声地说。

"那就定了吧。做长寿面，喝葡萄酒，加几个菜，只要没有重要会议，过生日这件事就能成功。"李银桥拍了板，而后进行了分工。

26日这天，李银桥值正班，李家骥值副班。

上午9时，李家骥对李银桥说："我给主席蒸几个桃子作为寿桃，你看行不行？"

"行啊！正好，我们不会做寿桃，就用熟桃代替寿桃吧！"李银桥高兴地说。

因为毛泽东平时不吃水果，想让他多吃一些，加上我国传统有送桃子代表"吉祥"的意思，所以，李家骥想出了这个主意。

李家骥选了两个又大又好的桃子，洗得干干净净，小心翼翼地把核扒出来，尽量保持原样，放在小锅里，用电炉子蒸，不一会儿，鲜美的桃子味儿就飘了出来。李银桥闻了闻，连声说："好香啊！"

李家骥取出熟桃，分别放在两个碗里，准备等温度降下来，先给毛泽东尝一个。10分钟后，他端着一个熟桃走进了毛泽东的办公室。

毛泽东见了熟桃，高高兴兴地吃了，还连连说："好！这样，我能吃！"

下午，李家骥继续完成"特殊任务"，又挑选了5个鲜桃子，加上那个熟桃，共有6个，摆放在一个大盘中，表示"六十大寿"，算作为毛泽东特制的寿桃。

在制作过程中，其他卫士也都跑到厨房，和李家骥一起干。一个白天，大家都像在干一件大工程，忙着为毛泽东祝寿做准备。

晚上7时，饭菜做好了。大家搞了木耳炒肉、牛肉炖萝卜、苦瓜炒肉片、油菜、米粉肉和鱼这6个热菜，还有雪里蕻和小辣椒等4个小菜，主食是长寿面和花卷。

一切都准备好了，李家骥来到毛泽东的卧室门口，请正在室内活动身体的毛泽东去吃饭。

毛泽东来到桌子旁，发现饭菜比平常的多，而且很丰盛，便奇怪地问："噢，今天怎么搞这么多菜啊？"

李银桥像个小孩子似的说："主席，您忘了今天是什么日子啦？"

"什么日子？"

"今天是您的六十大寿！饭菜准备好了，我们卫士组的同志为您祝寿！"

毛泽东马上就明白了，严肃地说："中央已有决议，不能祝寿。你们为什么还为我祝寿呀？"

李银桥装作若无其事地回答："主席，这是家常便饭，不过分，还是可以的。"

"银桥，这又是你出的点子吧？"

"主席，这回您可说错了，这是大家想到的，我们集体决定的，共同来办的。"李银桥蛮有理地回答。

"哎呀,还是集体决定的事呢,那我就不好办了,我服从。我们就一起来过生日吧。"

李家骥见毛泽东没有再责备的意思,而且提出与大家"一起来过生日",便立刻跑回卫士值班室喊其他同志:"快,主席叫我们和他一起过生日!"卫士们高高兴兴地都跑了过来。

卫士们到齐了,孙勇首先说:"主席,我祝您生日快乐!"大家随即同声祝贺。

毛泽东站起身来,高兴地点点头,说:"好,谢谢同志们!"他以长辈的身份,用手示意大家坐下,然后朝李家骥和李银桥说:"拿酒!"

李银桥去拿酒时,李家骥又一溜小跑到值班室,取来了准备好的寿桃,放在桌子正中间,以显示祝寿的气氛。

李银桥端起酒杯站了起来,其余的卫士也跟着站了起来。李银桥高兴地说:"主席,我们卫士组的同志祝您生日快乐!"

毛泽东点点头,微笑着说:"谢谢大家!我们干杯!"他和卫士们一一碰杯。当与马武义碰杯时,他说:"小马,听说今天的事是你的点子。"

"我们大家都想祝主席健康长寿!"马武义有点儿不好意思地回答。

在场的人都高兴地干了杯。

毛泽东示意大家吃菜。李银桥首先给毛泽东夹了一筷子米粉肉,毛泽东吃了;马武义又送上一勺苦瓜炒肉片。毛泽东说:"好了,我自己来。"毛泽东的情绪越来越好,高举酒杯,说:"谢谢大家,祝你们健康成长。"

李家骥见毛泽东的酒杯又满了,便扯了一下李银桥的衣服,意思是别让主席喝多了。实际上,毛泽东的酒量与他的烟瘾不太相称,一杯白酒下肚,脸就红了。这时,毛泽东喝得已经不少了。他好像猜到了李家骥的心思,便朝马武义说:"小马,继续倒酒。我今天很高兴,你们为我过生日,我也多喝。"

马武义也担心毛泽东喝多了,只给他倒了半杯酒。毛泽东怕酒不够,让李银桥再拿一瓶过来。大家都看出此时的他非常高兴。

是啊，毛泽东也会像平凡人那样渴望享受天伦之乐。平时，他很少处于这样的场面，而60岁生日这一天，这个家庭宴会给他平添了快乐。

酒过三巡，李银桥把蒸熟的桃子送到毛泽东面前，说："主席，请您吃几口蒸熟的桃子。"

毛泽东接过桃子，边吃边幽默地说："你们和我搞'战术'，上午先让我吃一个，现在又让我吃一个，这叫步步深入，引我入圈套，怕突然袭击达不到目的！"说罢，毛泽东和大家都开心地笑了起来。

吃完桃子，毛泽东把碟子轻轻一推，说："我们党在七届二中全会上提出要谦虚谨慎，戒骄戒躁，提出'三不'……"

"今天，我们是过家庭生日，而且，银桥说了，还得保密，这不能算数。"马武义插话解释。由此，生日宴会几乎变成了讨论会，毛泽东说话的时候，卫士们随便插话，进行平等的讨论。

毛泽东见大家的情绪高涨，便对李银桥说："银桥，你不是要加两个菜吗？再加两个怎么样？这两个菜，我负责任，出了毛病，批评我。"毛泽东说着，用手指了指自己的鼻子。

卫士们知道这是毛泽东高兴了，在和大家开玩笑，因为菜基本上够吃，用不着再加了。

毛泽东满面红光，再次提议大家喝酒，希望大家努力工作，为革命做出更大贡献。

李家骥觉得时间很久了，自己的头也有点儿晕，便扯了一下李银桥的衣服，示意酒喝得差不多了，该上长寿面了。

毛泽东明白李家骥的意思，笑着问："是不是该吃长寿面了？"

李银桥马上对李家骥说："快上面吧！"

毛泽东接过一碗热乎乎的长寿面，吃了两口便又联想起来："吃长寿面能长寿吗？祝寿能使人长寿吗？我看不能，如果能的话，那就天天吃长寿面，天天祝寿就行了！这样能调解空气才是真的。"他又微笑着说，"人活百岁就不得了，有几个能活100岁的？"

这时，从毛泽东的起居室里传来了电台播放的京剧声，是他爱听的

《霸王别姬》——不知是哪位同志"请"来了京剧演员给大家唱戏助兴。毛泽东爱听京剧,听到《霸王别姬》,马上用手拍着大腿跟着哼唱起来,完全沉浸在生日的欢乐之中……

1954年,毛泽东61岁。李讷想趁父亲生日之时赶制一件小礼物送给父亲,可她把这份爱心看得太重,小礼物怎么设计也不合心意。眼看父亲的生日到了,小礼物还是没有做成。她不肯罢休,用丝线在圆形的硬纸上编织了一个精致的小书签,一面画上寿桃,一面写了一句话:"送给亲爱的爸爸"。

两个月过去了,毛泽东收到了姗姗来迟的生日礼物和一封充满真情的信:

亲爱的爸爸:

你正在睡觉吗?一定睡得很香吧?

你一定奇怪,我为什么突然要写信给你。事情是这样,在你生日的时候,我想给你送礼,一块手绢还没有绣成,你的生日就过去了。而且也绣得很不好,于是我就没送。因为我知道你不会生气,你是我的好爸爸,对吗?这次妈妈的生日就要到了,就趁此补上吧,我送的东西,也许你不喜欢,但这是我亲手做出来的。东西虽然小,但表示我的心意:我愿我最亲爱的小爸爸永远年青(轻)、慈祥、乐观,你教导我怎样生活,怎样去做人,我爱你呀!小爸爸。我愿你永远活着和我们生活在一起。

吻你

热烈爱着你的女儿

李讷

1955年2月8日

1959年,毛泽东66岁。这一年,国内经济很不好,很多地区传来闹粮荒的消息。

12月26日,毛泽东一大清早起来便愁眉不展,心事重重。

值班卫士问:"主席,给您煮一缸麦片粥吧?"

毛泽东摇了摇头,径直坐到沙发上抽烟。沉默良久,他让卫士通知李银桥等人中午过来和他一起吃饭。

这一次,大家没有像以前那样在欢声笑语中祝贺毛泽东的生日,因为饭桌上的气氛很严肃,毛泽东不断地讲全国形势,并要求大家要下乡调查,调查回来要向他汇报。

晚上,毛泽东给秘书林克和高智写了一封信,要他们去河南信阳调查。在信的结尾,他还附上了几句话:"12月26日,我的生辰。明年我就67岁了,老了,你们大有可为。"

毛泽东在党内提出"不作寿"之约法,是为了革除作寿铺张浪费的陋习。但每到毛泽东生日,党内一些同志和他的故交都赠呈诗词以祝康泰,清新而高雅。从李讷这份平常而珍贵的寿礼,我们可以得到很多启迪。

接下来,在国家经济最困难的3年,毛泽东的3个生日过得很简单,没有酒,也没有寿糕,还不让外人来,看不出有什么喜庆的味道。

后来,国民经济明显好转,毛泽东的心情也渐渐好了起来。

1963年12月26日,是毛泽东七十大寿。晚宴安排在中南海颐年堂举办。来客主要为程潜、章士钊等民主人士。茶过三巡,工作人员摆菜上桌。呈现在宾主面前的是几道很普通的家常菜:青椒炒腊肉、干烧鱼、锅塌豆腐、草菇菜心、荤素拼盘和拳鸡寿面;酒是绍兴花雕、葡萄酒和白酒。大家不免疑惑:毛主席70岁生日,请这样重要的客人吃饭,怎么会如此简单呢?其实,毛泽东的本意不是摆席祝寿,而是举办一个平常的生日聚会,老朋友凑在一起,见见面、聊聊天,吃顿便饭。毛泽东是通过这种最普通、最自然的形式,把对亲朋好友的友谊和思念表达出来,展示了他情感世界的另一面。

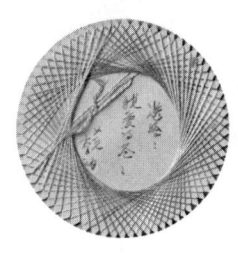

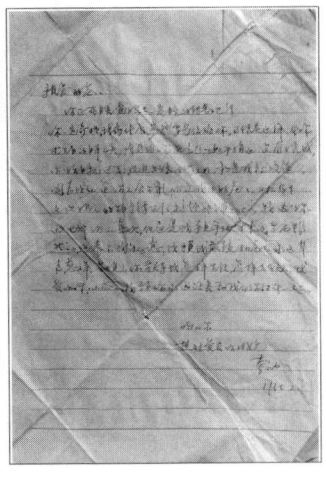

但是第二年，毛泽东主动提出给自己过生日，邀请了包括刘少奇、周恩来、邓小平、余秋里、钱学森、王进喜、陈永贵、邢燕子在内的各界名人、部分大区书记及部长。两个月前，中国的第一颗原子弹爆炸成功，他为此久久不能平静。生日前，工作人员拟定了3桌客人名单，他一一审定，把钱学森的名字从另外一桌"圈"到了自己这一桌的名单上。

宾主落座后，毛泽东说："今天既不是做生日，也不是祝寿，而是实行'三同'。我用稿费请大家吃顿饭，在座的有工人、农民和解放军。今天，我没有叫我的子女们来，因为他们没有资格，对革命没有做什么工作。这里有工人、农民、解放军在一起，不光吃饭，还要谈谈话嘛！"席间，毛泽东说："今天请各位来叙一叙，主要是因为我们的原子弹爆炸了，我们的火箭试验成功了，我们中国人在世界上说话更有底气了！现在，我向在座的诸位介绍一下钱学森同志……"

1973年12月26日，是毛泽东的八十大寿。世界上100多个国家的元首、政府首脑、马列主义政党及领袖人物纷纷向毛泽东致了贺电和贺信，有的还派人送来了寿礼。而在我们国内，由于毛泽东不允许，几乎没有报刊、电台、电视台做公开宣传和报道，仅在新华社的《参考消息》上刊登的外电报道中透露了一点儿消息，但在这一天，很多国人在自己的家里为毛泽东祝寿，衷心祝福他健康长寿……

1975年12月26日，毛泽东82岁生日，他特地请来了以前在自己身边工作过的同志。这天一大早，毛泽东的女儿李敏、李讷等和保健护理人员吴旭君、俞雅菊等都来了，毛泽东的卧室里传出了欢声笑语。临近中午，与毛泽东分居已久的江青也来了，特意带来了她在钓鱼台自己的居所做好的两道菜——胖头鱼汤和肉丝炒辣椒。这是毛泽东很爱吃的两道菜。生日宴上，菜肴比往常丰盛。毛泽东坚持自己用勺舀胖头鱼汤，边喝边高兴地说："胖头鱼汤好香噢！"这就是人民共和国的缔造者在自己的最后生日里发出的感叹，其韵无穷，其味悠远，穿越时空！

生活上也要算大账

毛泽东精于算大账,政治上算大账,军事上算大账,生活上也不例外。

转战陕北时,毛泽东只有一条毛巾,洗脸、擦脚全用它,都没有什么"毛"了,像个麻布片。李银桥建议毛泽东领一条新毛巾,把这条旧的留作擦脚用,并说擦脚、擦脸的毛巾应该分开。

毛泽东听了,说:"分开就不平等了。现在每天行军打仗,脚比脸辛苦多了。我看不要分了,分开,脚会有意见。"

听毛泽东这么说,李银桥扑哧一声笑了,说:"那就用新毛巾擦脚,用旧毛巾擦脸。"

毛泽东摇摇头:"账还不能这么算。我领一条新毛巾好像不值多少钱,如果我们的干部、战士每人节约一条毛巾,这笔钱就够打一个沙家店战役了。"

可能有人不相信,但这是千真万确的事实——从1953年年底到1962年年底,毛泽东没做过一件新衣服;他总是用清水洗脸,从未用过一块香皂,也从未用过"霜""膏""油"之类的护肤品;手染了墨或油污,洗不掉,他就用洗衣服的肥皂洗;刷牙只用廉价的牙粉,而舍不得买牙膏。他说:"我不反对用牙膏,用高级牙膏。生产出来就是为了用,都不用,生产还能发展吗?不过,牙粉也可以用。我在延安就用牙粉,习惯了。"即使使用牙刷,他也要等到牙刷成了"不毛之地"时才肯换新的;他的内衣裤和线袜子补丁摞补丁,当他坐下来时,一不留神伸出腿,就会露出袜子上的补丁。

1950年年初,毛泽东从苏联访问归来后,汪东兴找卫士武象廷谈了一次话。汪东兴说，毛主席离开莫斯科时，斯大林和莫洛托夫再三嘱咐他，一方面要保重毛主席的身体，注重毛主席的生活，另一方面要特别注意特务分子的暗害，因此，组织上决定指派专人负责毛主席的生活。于是，武象廷就从警卫班调整为专门负责管理毛泽东生活的管理员，主要任务是负责给毛泽东采购食品和蔬菜。

武象廷发现毛泽东对子女的要求特别严格，绝不允许他们占公家一点儿便宜。那时，毛泽东的女儿李敏和李讷在北京育英小学上学，每星期都会回来过周末，到了这一天，学校就把学生的伙食费退给学生。李敏和李讷带回来的伙食费从来都是如数交给毛泽东，毛泽东再让卫士把她们的伙食费转交给武象廷，作为她们回到家中的伙食费，并在管理科上了账。武象廷担任毛泽东的生活管理员没多久，一天，毛泽东来到小灶厨房，看见他正在忙碌，便问："武象廷，你在这里干什么？"

"给小灶厨房准备菜哩。"武象廷答。

"你改行了，好啊。我告诉你，只要你们饭菜做得干净卫生就可以了，不必买一些贵重的东西给我吃。比方说，现在是冬天，你就别买那些西红柿、黄瓜之类的新鲜蔬菜，现在买一条黄瓜的钱，到了夏天就能买一筐黄瓜，冬天买一条黄瓜只能吃一顿，夏天买一筐黄瓜能吃几十顿。"

这是武象廷担任毛泽东的生活管理员后，毛泽东给他上的第一堂生活管理课。

到了夏天，武象廷因事请了几天假，卫士王振海就临时替他给毛泽东买菜。王振海头一次上街买菜，尽挑新鲜的有营养价值的买，带回来一些嫩玉米蕊，也就是刚刚开过花、还没有结粒的小玉米笋。王振海满以为这下给毛泽东买回来好吃的了，很高兴，没想到，炊事员做好后，端去给毛泽东吃，毛泽东皱起了眉头，任凭工作人员怎么劝，就是坚决不吃，并且不悦地说："炒这一盘菜需要多少棵玉米？要是这些玉米长熟了，能打多少粮食？叫我吃这样的菜，还不是破坏生产吗？把这个菜端回去，谁买的就叫谁去吃！"

是啊，毛泽东是农民的儿子，处处想着农民，时时过着普通人的生活。

他的八口之家按当时的生活水平计算，只属于一般水平。

毛泽东提倡节俭，费尽心思地将家庭支出压到最低限度。20世纪50年代，毛泽东每个月都要检查家庭的收支账。有一次，李银桥把计划开支的明细表交给毛泽东看，其中包括穿衣、吃饭、房租和支援困难同志等几项。毛泽东对其他项目的开支表示认可，只是对他家里的伙食费这一项目有意见。他问："一天3元高了吧？"

"不高，一家大小，还要招待客人。"李银桥回答。

毛泽东挥笔批示："照办。"

1953年，毛泽东对保健医生、秘书王鹤滨说："伙食费用能不能压下来些？"

王鹤滨左算右算，伙食费仍然压不下来，于是表示为难。

"这么难啊！看样子，你非要下狠心向下压不行啊！"毛泽东的双手手心使劲向下压了两下，示意要用力把伙食开支降下来。

1955年7月实行薪金制后，毛泽东一家的经济收支都由专门的工作人员掌管。李银桥写的《首长薪金使用范围、管理办法及计划》特别注明，因私请客应由自己的薪金开支。毛泽东全家一天的生活费用是3元，其中包括招待私客的支出。保姆生活费、给孩子看病用的汽车费、医疗费，都是毛泽东自己掏，身边的工作人员因外出陪他吃饭，也都是从他的工资里开支。

20世纪60年代初，毛泽东将自己的工资降为3级，即每月404.8元，到他于1976年去世时，一直没有上调过。每月交的党费、房

1954年，毛泽东和女儿李敏、李讷及侄子毛远新在一起。

租、水电费、餐费和李敏、李讷、江青的姐姐这3个人的生活费，就占了毛泽东工资的一大半，加上孩子们的车费和营养费以及招待民主人士、故交亲朋、家乡亲戚的饭费、车费、住宿费、医疗费等，毛泽东常常入不敷出。

毛泽东喜欢穿布鞋或拖鞋，一生中没有穿过几双皮鞋。新中国成立初期至20世纪70年代，毛泽东平时都穿一双缝补过无数次的皮拖鞋。他视察武汉时，身边的工作人员把这双皮拖鞋送去修补，修鞋店的师傅说实在无法修了，工作人员只好找了一块擦车用的皮子，请师傅缝了上去。在长沙，执勤的战士看见这双皮拖鞋实在太破，又不知道是毛泽东的，就随手扔掉了。毛泽东知道后，让人找了回来，继续穿。

逢到重要场合或有外事活动，毛泽东常穿一双棕褐色的皮鞋，也不解鞋带，脚直接往里一伸就行了，活动结束，只要一上车或者一回到住地，就立即换上布鞋或者那双皮拖鞋。

这双棕褐色的皮鞋是特意为毛泽东做的礼鞋，鞋底用有弹性的中硬度的软橡胶制成。1949年10月1日，毛泽东就是穿着这双皮鞋在天安门城楼上主持了开国大典。从1949年到1960年，这双皮鞋，他竟穿了10多年！关于这双皮鞋，还有不少小故事呢。

一天，毛泽东起床后，正在洗漱，准备去接见外宾。李银桥蹲在衣柜前，擦拭着毛泽东的这双皮鞋。这时，王鹤滨走了进来。听到脚步声，李银桥抬起头，说："王秘书，你来看看！"

"看什么？"王鹤滨急忙走过来，俯下了身子。

"你看看毛主席这双皮鞋，穿了多久啦！都磨成啥样子啦！"李银桥把他手中正擦着的一只皮鞋伸到王鹤滨的面前，感慨地说。

这双宽大的棕褐色的皮鞋确实太旧了：鞋面上有很多的细褶纹，就像人老了脸上出现的皱纹。鞋帮内侧近后跟部已经磨得褪了色，那层光亮的皮面已经磨损得不像样子了，李银桥擦了两遍鞋油，也染不深那些磨损后褪色的部位，如同衰老的皮肤，即使涂上再好的护肤品，也掩饰不了岁月的沧桑。再看那双皮鞋的后跟外侧，已经磨去了近一厘米。因为是软橡胶鞋底，没办法打上鞋跟补丁，穿着这种"变形"的鞋走起路来，一定会感到脚跟外侧的地面不平。

"我说给他老人家做双新的吧！可是主席总是说：'还能穿嘛！'"李银桥一边继续费力地擦皮鞋，一边模仿毛泽东的湖南口音说。他越说越激动，把一只脚向前一伸，指着自己的皮鞋说："毛主席的皮鞋，可比咱们的旧多啦！"

真是鲜明的对比——李银桥的那只入时的黑色包头皮鞋刚穿不久，被擦得锃亮，"光彩照人"，而毛泽东的这双皮鞋的鞋面皱巴巴的，颜色深浅不一，鞋底薄厚不匀，"黯然失色"。

王鹤滨见了，沉默不语。

李银桥感慨地说："党和国家的主席啊！……"从他的声调中可以感觉到，他的话只说了一半。

"我们就让主席穿这样的旧鞋？我们不失职吗？这不有损主席的身份吗？！"李银桥顿了顿，又激动地说道。

李银桥这句话是对自己和王鹤滨说的。当时，李银桥分管毛泽东的内务，王鹤滨是具体负责毛泽东生活事项的秘书。李银桥的话似乎在责怪自己和王鹤滨：管主席的日常生活，就让主席穿这样早就该扔进垃圾堆的皮鞋，这个工作是怎么做的？怎么也不去劝劝主席做双新的！但李银桥又太了解毛泽东勤俭节约的品格了，只是发发牢骚而已。

毛泽东很喜欢这双棕褐色的旧皮鞋。他有夜间办公、日间休息的习惯，可要参加的重要活动又多是在白天进行，因此，他必须经常改变自己的日常生活和工作规律。在参加重要活动前，他经常要靠吃安眠药睡上一觉，并让值班卫士准时把他叫醒。他起身后，总是睡眼惺忪地一边扣着衣扣，一边将脚伸到这双棕褐色的旧皮鞋里。这双旧皮鞋虽然是特意做的礼鞋，但除了第一次穿它时将鞋带系上外，以后就变成了一双"皮便鞋"，鞋带在鞋面上松松垮垮地打个结，穿鞋、脱鞋根本用不着解鞋带、系鞋带，如同穿拖鞋那样的随便和自如。而且，这双皮鞋，毛泽东也穿习惯了，非常适合他那双又宽又厚的大脚板。毛泽东曾望着这双旧皮鞋充满感情地对身边的工作人员说："这双鞋穿起来很舒适，虽然很旧了，但我很喜欢它！"

当然，毛泽东坚持穿这双都可以扔进垃圾堆的旧皮鞋，不仅仅是因为自己穿得习惯、舒服，重要的是他在时刻提醒自己要抗击糖衣炮弹的进攻以及注重自身人格的完善。

1956年，毛泽东在中南海勤政殿接见印度尼西亚总统苏加诺。事前，毛泽东穿着这双合心意的棕褐色旧皮鞋走进殿里检查布置的情况，当他看到室内摆放的一台外国收音机时，皱着眉头说："中国也可以生产收音机，为什么摆外国的？"他准备离开时，公安部长罗瑞卿过来说："主席，你还是换一双黑皮鞋吧。"

"为什么？"

"按照国外惯例……"

"为什么要按外国惯例呢？"毛泽东显出了严肃而又不以为然的神色，轻跺了几下脚，"我们中国人要按中国人的习惯穿。"

毛泽东就穿着这双棕褐色的旧皮鞋接待了以奢侈闻名世界的苏加诺。此后，他穿着这双旧皮鞋参加了许多重要活动，照常不把鞋带系紧，只是松松地打个结。

毛泽东永远保持了劳动人民艰苦朴素的本色，尽量减少个人的消耗，为国家建设节省每一分钱。新中国成立后，他穿着旧皮鞋会见外宾如同他在延安的岁月里穿着带补丁的裤子一样，衣着总是保持所处时代的最一般的水平。

"我们做领导的可不能高高在上啊!"

1953年,毛泽东到武汉视察,由于他以前多次去过武汉三镇的武昌和汉口,所以这次特意提出要去汉阳。武汉的负责同志考虑到从汉口到汉阳既没有桥,也没有渡江的轮船,只能坐筏子,而坐筏子很不安全,所以反对毛泽东的汉阳之行。毛泽东没有向武汉的负责同志讲什么大道理,只是淡淡地反问了一句:"你们能坐筏子去,为什么我不能坐呢?"毛泽东话里的含义很明白:党的主席和党的其他干部只是责任不同,政治上和人格上是平等的,没有任何特殊之处。作为下级,除了钦佩,还能说什么呢?

1958年3月,"江峡"号轮船上的工作人员得知毛泽东要到重庆乘坐该轮船视察三峡的消息后十分激动,干劲十足地把毛泽东住的房间彻底地收拾了一遍,安置好弹簧床,换上了新被褥,房间里装饰得很漂亮。他们知道毛泽东爱吃辣,还特意买了一些好吃的川菜,希望毛泽东能够舒舒服服地在船上多住上几天。

3月29日清晨,船长李吉成、莫家瑞穿着崭新的呢制服率领船员们在船头迎接毛泽东的到来,他们的心情都很激动。

没多久,身着一件银灰色半旧大衣的毛泽东便出现在了他们的面前。见到毛泽东,他们拼命地鼓掌。船长李吉成激动地跨步上前,握住毛泽东的手连连问好,并关切地说:"主席,江上风大,您的大衣太薄了,换一件吧。"

毛泽东笑着说:"不换,不换。莫看它薄,它可是一件火龙衣咧!"接着,他向船员们挥手说道,"大家辛苦了!"

毛泽东进休息室后，服务员很快端上来大家精心准备好的一大盘早餐，有稀饭，有各种点心，有荤有素。

毛泽东看了看摆在面前的花样繁多的饭菜和点心，皱了皱眉头，随手拿了一碗稀饭、一块米糕和一碟泡广椒，然后一摆手，说："够了，其余的端回去吧。"

服务员一看毛泽东只选了这点儿早饭，连忙说："这都是给主席的。您吃完了，我来收。"

"多了！吃不完是浪费。中饭和晚饭给我在米饭中掺些红苕、饭豆，再弄点儿咸菜、辣椒就够了。"毛泽东抬头看了看服务员，认真地说。

服务员听了吐了吐舌头，心想主席这么节俭，看来大家是白忙活了。她端起多余的饭菜正要离开，毛泽东叫住了她，说："中午别麻烦你送了，我到餐厅吃。"

李吉成听到毛泽东这样说，忙应道："主席，不麻烦的！"

毛泽东朝李吉成笑了笑，风趣地说："怎么，你想孤立我？"

吃完早饭，两位船长到毛泽东住的房间介绍情况。毛泽东听完介绍，指着床说："我到别的房间看了看，他们都是木板床，我的怎么是弹簧床呢？"

李吉成回答："主席，您已经65岁高龄了，睡这种床舒服些。"

"不舒服，不舒服！"毛泽东连连摇手，说，"我睡不惯弹簧床，还是换木板床吧。"又说，"我又不是来游玩，也不是什么宾客，把房间搞得那么漂亮干什么？请服务员把新的被褥撤换下来吧，我自己带着呢。"

李吉成不好再说什么，只得给毛泽东换成了木板床并换下了新被褥。

第二天，船长莫家瑞正坐在驾驶台的引航椅上值班，航运局的老邹陪着毛泽东来了。莫家瑞忙站起身来让座。引航专用椅的腿脚很高，毛泽东走过去坐了一下，马上站了起来，指着椅子笑着说："这椅子，我不坐，高高在上哟。"

莫家瑞把望远镜递给毛泽东，说："主席，既然您不坐，那就站着看看航道吧。"

毛泽东接过望远镜仔细地看了一阵儿，突然侧过身来，面向老邹问：

"三峡航道整治过没有？"

老邹回答："整治过。滟滪堆、'对我来'这些大礁石都炸了。"

毛泽东点点头，又指着前面江心的一块大石头问："这叫什么石头？"

莫家瑞回答："叫'和尚石'。"又说，"它可撞坏了好多船咧！"

"能炸掉吗？"毛泽东马上关切地问。

"能炸掉！"老邹说，"像这样的石头在三峡航道上还蛮多咧！"

"以后都要炸掉！"毛泽东大手一挥，坚定地说。

过了一会儿，当毛泽东从望远镜里看到一条小船慢慢地靠近一块大礁石、小船上的两个航标员小心翼翼地爬到大礁石上给航标灯加油时，赞叹道："好险呀！真是无名英雄啊！"他稍微沉思了一下，问老邹："航标灯怎么不用电池灯呀？免得天天加油嘛！"

老邹说："做过试验的，不行呀。干电池容易受潮，亮度没有保证。"

毛泽东看着老邹和莫家瑞，语重心长地说："不行可以改进嘛！你们看航标员们多么辛苦，也很危险。我们当领导的可不能坐在船长的引航椅上，高高在上啊！"

这年9月19日，毛泽东入住安徽省芜湖市铁山宾馆，给宾馆工作人员留下了终生难忘的印象。他的那句"我自己来"，在铁山宾馆成了一段佳话。

这天，天空飘着毛毛细雨，空气格外清新。宾馆工作人员接到通知：中央一位负责同志要来宾馆住宿。是哪一位负责同志要来呢？他们不时把目光投向宾馆门口，盼望着，猜测着。

快到下午6点的时候，突然开来了一长串小轿车。车队停下后，从中间的一辆车里走出了一位高大魁梧的人。他们抬头望去，看到的是日夜想念的毛主席！

毛泽东面带微笑，挥动着右手，亲切地和大家打着招呼，不时地发出"你们辛苦了！"的问候。大家都激动不已。

毛泽东走到临时下榻的二楼一个房间的门口，随手脱下雨衣和雨帽，服务员小翟赶忙伸手去接，他却摆摆手，说："我自己来。"他把衣帽挂在进门右侧的衣架上，微笑着对身旁的几个服务员说，"你们辛苦了，眼睛都熬红了！"

"不！毛主席，您老人家辛苦了！"小翟答道。

毛泽东又问服务员小翟和小王叫什么，多大了，还问了她们的工作情况，并且鼓励她们要好好学习。之后，他问："有没有今天的《芜湖日报》？"服务员取来报纸后，毛泽东边看边对服务员说："读书看报，每天都不能少。"

不一会儿，晚饭准备好了。小王请毛泽东到特地布置的小餐厅用餐。

毛泽东问小王："其他同志在哪儿吃饭？"

"在楼下的餐厅里。"小王回答。

"我也到餐厅里去吃！"毛泽东边说边起身朝门外走。

这时，外面还在下小雨，他们走的又是下坡路。小王赶忙撑起一把伞跑着跟了出去。毛泽东身材高大，小王踮起脚，想尽量把伞撑得高一些。

毛泽东回头见了，笑着说："我自己来。"便把伞接过来，大步朝餐厅走去。

餐厅里就餐的人不少，但看样子没有一个人在吃饭——刚刚见到了毛泽东的人在向其他人讲述见到领袖时的情景，没有见到毛泽东的人在叹息错过了这个幸福的时刻。正在这时，毛泽东健步走进了餐厅，微笑着说："你们想见见我，我这不是来了嘛！"顷刻间，整个餐厅沸腾了！

毛泽东在餐厅里走了一圈，然后如同一个普通旅客，随便在一张餐桌旁坐下后，风趣地招呼大家："开饭了！来，坐，坐，坐！"说完，拿起饭碗朝饭桶走去，要自己去盛饭。大家一见，连忙争着去接他的碗。毛泽东笑着说："没关系，我自己来！"他刚要盛饭时，发现饭桶里没有饭勺——服务员只顾望着领袖，竟忘了把饭勺放在饭桶里。这下，大家有点儿慌了，都急着去找饭勺。毛泽东看了一下四周，伸手从餐桌上拿起一把长柄汤勺，笑着说："这个不能盛饭吗？"说得大家都笑了。

吃过晚饭，毛泽东接连出席了两个集会，还接见了芜湖地市1000多名工人、农民和解放军代表。回到卧室时，已是深夜11点多了。

夜深人静，服务员拉好窗帘正准备悄悄退出，毛泽东却要她找来一张桌子。服务员嘴里答应着，心中猜想毛泽东半夜要桌子做什么。服务员小王把放在走廊里的一个很小的两屉条桌搬到门口时，毛泽东见了，便过来与她一起抬到了床前。小王这时才明白，毛泽东还要办公，于是转身要去找椅子。

毛泽东说："不要找椅子了。"就坐在床沿上，自己动手布置起来。他把床头柜上的台灯移到桌上，见台灯太矮，又顺手把一个方形茶叶筒放倒后垫在了台灯的下面。台灯的细纱罩子不聚光，他让小王找东西遮一下。小王一时找不到合适的东西，只好把一条手巾搭在灯罩上，心里很是过意不去，可是，毛泽东看了很满意。就这样，毛泽东坐在床沿上聚精会神地批阅起文件来。

凌晨1点钟，毛泽东叫服务员。服务员以为毛泽东要休息了，可谁知他是要服务员找秘书给周恩来打电话。

炊事员听说毛泽东夜间办公，便张罗给他准备夜餐。他们问毛泽东身边的工作人员："毛主席什么时候吃夜餐？"得到的回答令他们很吃惊："毛主席不吃夜餐。"

炊事员十分不解："毛主席这么大年纪，天天工作到深夜，不吃夜餐怎么行呢？"

工作人员说："毛主席夜间工作，一般是不吃夜餐的。毛主席让我们告诉大家，辛苦一天了，早点儿休息吧！"

服务员小王走进毛泽东的卧室，想问问毛泽东还有什么需要，毛泽东却说："什么也不需要了。你们够辛苦的，早点儿休息吧！"

服务员和炊事员回房休息了，可他们哪能睡得着呢？他们清楚地看到，毛泽东房间里的灯光一直亮到凌晨3点多。

外面的雨下大了，屋檐的流水滴答作响。小王和小翟生怕水滴声惊醒了刚刚入睡的毛泽东，便悄悄找来一些垫子铺在屋檐下的地面上。

天刚亮，雨也停了，不远处传来火车汽笛的长鸣声。服务员担心这声音惊醒毛泽东，便想赶紧到毛泽东的住处看一下，谁知朝外一瞧，毛泽东正神采奕奕地在走廊里散步呢。等到她们去请毛泽东吃早饭时,见毛泽东又在看书了。直到9点多钟要离开宾馆时,毛泽东才把手中的书收起来。

一切行装都打点好了,毛泽东走到车旁,向宾馆的同志们频频挥手告别,然后坐进汽车,开始了新的一天的工作。

"吾人唯有主义之争,而无私人之争"

三国时期的蜀汉丞相诸葛亮在失掉街亭后,深深责备自己用人不明,上书请罪,自贬三级,成为千古佳话。熟读《三国演义》的毛泽东非常推崇这种勇于做自我批评的精神。他曾经深有体会地说:不习惯于自我批评的人,总觉得自我批评可怕;习惯了,就会感到自我批评的好处了。反过来,如果一个人不做自我批评,也不让别人批评自己,迟早是会垮台的,是要唱"霸王别姬"的。他说,让别人批评是批评不倒的,自己做自我批评是垮不了台的。

毛泽东最早倡导批评与自我批评的优良党风是在中国共产党第一次全国代表大会召开前后。在中国共产党成立之前,毛泽东等在湖南创立了共产党早期组织。党的一大以后,毛泽东在湖南创建的党的第一个省委——中共湘南区委员会,严格实行民主集中制,特别强调在党内坚持批评与自我批评。

抗日战争时期,毛泽东结合党内的整风运动,在总结中国革命历史经验的同时,从理论上和实践上对党的批评与自我批评的作风进一步做了全面深刻的论述和说明,使其在全党的整风运动中得以恰当地运用,并为全党所接受,真正形成了中国共产党的一种优良风气。

1941年7月1日,在庆祝中国共产党成立20周年时,根据毛泽东的提议,中共中央发出的《关于增强党性的决定》中强调:"要用自我批评的武器和加强学习的方法,来改造自己使适合于党与革命的需要。"

延安整风到后期的审干阶段时，由于具体负责人康生掀起了所谓的"抢救运动"，大搞"逼、供、信"，错整了一大批干部和青年学生，从而造成了严重的后果，引起了一些同志的强烈不满。对于审干运动，毛泽东曾提出"惩前毖后，治病救人"的方针于前，纠正错误、挽回局面于后，如果当时他推诿，那是完全可以开脱自己的，但他并没有推诿。他勇于解剖自己，勇于为下级承担责任，几次当众向大家致歉，甚至脱帽行礼致歉。他说：我们共产党人是革命者，不是神仙，我们也吃五谷杂粮，也会犯错误。我们的高明之处主要在于犯了错误就检讨，就立即改正。

新中国成立后，毛泽东强调用民主的原则作为社会主义社会防腐反腐的根本组织原则。用民主来防止用错人、滥用职权，防止国家机关出现专制、脱离实际、脱离群众的腐败现象。关于民主方法，就是主张人民对权力实行民主监督的措施。1950年4月，经毛泽东提议，中共中央做出了《关于在报纸刊物上开展批评与自我批评的决定》。《决定》要求党员，特别是领导干部要认识在报刊上开展批评和自我批评的重要意义，正确对待报刊批评，党的各级领导机关和干部必须对反映群众意见的批评采取热烈欢迎和坚决保护的态度，反对对群众批评置之不理，限制发表或对批评者实行打击、报复与嘲笑的官僚主义态度。《决定》还指出：如果我们对于我们党的人民政府的及所有经济机关和群众团体的缺点和错误，不能公开地及时地在全党和广大人民中展开批评与自我批评，我们就要被严重的官僚主义所毒害，不能完成新中国的建设任务。

这个《决定》公布以后，《人民日报》等报刊几乎天天刊登读者来信、来稿，揭露党员干部中贪污浪费以及其他不法行为，并刊登各级政府的处理意见。

1950年6月，在北京召开的党的七届三中全会上，在毛泽东的建议下，决定在全党进行一次大规模的整风运动。毛泽东在会议的报告中提出：巩固和发展党的组织，加强党和群众的联系，开展批评和自我批评，进行全党的整风运动。这次整风是自上而下，有计划、有组织、有准备地进行的，通过思想动员、学习文件、掌握武器、个人反省、总结工作、检查思想作风的主要偏向，着重克服以功臣自居的骄傲自满情绪，克服官僚主义和命令主义，纠正少数人贪污腐化、堕落颓废、违法乱纪等错误，以改善党和人民的关系。在毛泽东的亲自领导下，整风最后达到了预期的目的。

毛泽东从来不认为自己是什么生而知之的"天才"。他常说："我是从农村里生长出来的孩子，开始也是信迷信的，甚至某些思想是落后的。我读过孔夫子的书，也读过资产阶级的书，后来才学习马克思列宁主义。"毛泽东不仅要求我们党要养成并发扬批评与自我批评的作风，更要求他自己身体力行，率先垂范，从不掩饰自己的过失。对于自己认识到的缺点和错误，他一贯勇于做自我批评，勇于在下级面前端出来。

面对在社会主义建设道路的探索过程中出现的曲折、产生急躁冒进的"左"倾错误，1958年，毛泽东在成都会议上提出了警告，说现在大脑发热了，有些人高烧到40度，要降温，要有张有弛、劳逸结合。1958年11月，在第一次郑州会议上，毛泽东开始领导纠"左"。1959年春天的第二次郑州会议也是纠"左"，强调价值法则、等价交换、按劳付酬、多劳多得。庐山会议开始时，毛泽东也是要纠"左"。尽管他已经注意到并领导了纠"左"，但在承担责任时，他说："大跃进的错误，第一位的责任由我负，我一度头脑发热。"他甚至说，"凡是中央犯的错误，直接的归我负责；间接的，我也有份，因为我是中央主席。"

作为领导者，毛泽东一生都力求正确认识真理与权力的关系，并力求正确摆好两者的位置，处理好两者的关系。他深切地认识到权力的大小和掌握真理的多少并不成正比，从来不把权力和真理画等号。他认为上级和下级在真理面前是完全平等的。他甚至鼓励下级为了坚持真理，要有"五不怕"的精神，即一不怕撤职；二不怕开除党籍；三不怕老婆离婚；四不怕坐牢；五不怕杀头。

毛泽东不是神，他具有领导一个伟大国家和亿万民众的领袖魄力，但也不可避免地存在缺点和错误。他的成功，关键在于勇于剖析自己，纠正自己的错误，能够为人民利益坚持好的，为人民利益改正错的。他说："无数革命先烈为了人民的利益牺牲了他们的生命，使我们每个活着的人想起他们就心里难过，难道我们还有什么个人利益不能牺牲，还有什么错误不能抛弃吗？"直到晚年，他还多次表示，自己是"山中无老虎，猴子称大王"，"盛名之下，其实难副"。

"凡是有群众的地方都要停车"

1959年6月，毛泽东回到湖南韶山，住在韶山招待所（今韶山宾馆）。当地群众听说毛主席回来了，都十分激动，云集招待所周围，想见到从家乡走出的共和国领袖。

6月26日下午2点钟左右，韶山公社书记毛继生前来看望毛泽东时，毛泽东问外面怎么这么吵。毛继生解释说："外面有许多群众想见您。主席，愿意见吗？"

毛泽东说："见，怎么不见呢？回韶山来不见乡亲，我回来干什么？今天想在外面洗个澡，现在马上就去看他们。"

从邮电局到毛震公祠，一路上，群众自发地排起了长长的队伍。天气很热，火辣辣的太阳晒得人们满头大汗。毛泽东见此情景，十分感动，向等候的群众频频招手，高声地说："同志们好！同志们好！"并和群众就近握手。

毛泽东在湖南家乡同韶山中学的师生合影。

在韶山水库游泳后，毛泽东又乘车去韶山招待所。沿途站满了人，他们听说毛主席回来的消息，早早地就来到了招待所前等候。坐在车里的毛泽东十分高兴，对司机说："停停，凡是有群众的地方都要停车。"

陪同的罗瑞卿赶紧劝阻："不行，不行！您太累了，该休息了！"罗瑞卿担负保卫中央领导安全的重任，自然总是小心谨慎，难免有时担忧过度，在有些环境和场合下，使毛泽东感到很受拘束，但他并未因此而放松警戒。不过这一次，他让步了。

车子停了下来，毛泽东笑着走下了车。也许因为太激动，欢迎的人群里竟没有人上前与毛泽东握手，直到毛泽东伸出手来，才有人回过神来。

第一个与毛泽东握手的是韶山卫生院的女医生王昌顺。她前一天出差在外，听说毛泽东回来的消息，欣喜万分，赶紧回到了韶山。她听同事们说已经见到了毛主席，就急忙跑到了这里。保卫人员不让她进，她恳求说，自己一定不惊动主席，只在窗口望一望他老人家就行，保卫人员这才放行。没想到，毛泽东下车后，主动和她第一个握了手。

王昌顺握着毛泽东又厚又大又温暖的手，激动得不知道说什么才好。毛泽东问了她的姓名，又问了她是什么地方的人。她是湘潭人，但一紧张，她竟回答自己是韶山人。毛泽东笑着纠正道："你不是韶山人，你的口音不像。你像是湘潭城里的妹子。不要着慌，慢慢讲。"她用手指着对面山坡上的一幢房子，说："我是在韶山卫生院工作的。"毛泽东顺着她指的方向望了望，说："噢，是韶山人，是韶山人。"周围的人听了，都不禁笑了起来。

这时，王昌顺才想起为毛泽东准备的礼物，连忙从口袋里摸出一支钢笔送给毛泽东。当时十分流行赠送钢笔。毛泽东接过钢笔，仔细瞧了瞧，问："你把钢笔送我，那你呢？"王昌顺说自己还有。毛泽东说："我也有，那我就转送给你吧。"王昌顺当然不肯收。正在这时，很多人挤了过来，抢着要和毛泽东握手。人越来越多，毛泽东被团团围住了。欢乐的人群簇拥着毛泽东前往毛氏宗祠。

负责安全保卫的工作人员费了很大的劲才开出了一条路，让毛泽东乘坐的车能够移动。毛泽东对意犹未尽的群众说："同志们，时间不早了，你们还要去搞晚饭吃，还要喂猪，还要给细伢子洗澡，我也要休息，明天再来好不好？"

"好！"群众这才陆续散去。

这一天，毛泽东同两三千名群众握了手。回到住处，他一边甩手，一边感叹："今天怕是我握手握得最多的一次了。我的手都握累了。"秘书劝他下次见群众时戴上手套，涂上药水，或者干脆不与群众握手了，由工作人员去跟群众打个招呼，说明情况。毛泽东听了很生气，严肃地制止了秘书的想法。他担心有人背地里去和群众打招呼，神情严肃地说："要握就握到底。人家跟我握手，是看得起我，尊重我。他们那样平等地对待我，伸出手来，我好意思不握？他们对我有什么说什么，不遮掩，不隐瞒，我到哪里去找这样了解情况的机会？现在好多人就遮遮掩掩，不讲真话。——多好的乡亲啊！"

在中南海搞"小整风"

1958年3月,毛泽东要汪东兴到江西工作。汪东兴临走时,与毛泽东订了一个"君子协定":下去工作3年,然后回到毛泽东身边工作。

1960年9月底,在江西担任副省长的汪东兴接到省委办公厅的电话,说北京公安部来电话要他回一趟北京,中央负责同志有事与他商谈。

9月28日,汪东兴回到北京,被告知直接与毛泽东联系。毛泽东得知汪东兴到了北京,便通知他马上来中南海。

汪东兴在中南海中海室外游泳池旁见到了毛泽东。毛泽东正在看书。汪东兴走上前去,轻声说:"主席,还没有休息呀!"

毛泽东抬起头,见是汪东兴,高兴地说:"睡不着,出来晒晒太阳。你坐吧。"

汪东兴坐下后,毛泽东问:"你什么时候到的呀?"

"今天早晨6点左右。"汪东兴答。

"住在什么地方?"

"住在中直招待所。"

"是谁通知你来的?"

"公安部徐子荣同志。"

毛泽东听了点了点头,若有所思地说:"'君子协定','下放'3年,现在多久了?"

汪东兴答:"我是1958年3月10日到达江西的,至今两年半,到1961年

3月满3年。"

"嗯,"毛泽东笑着说,"还差半年时间,怎么办呀?"

"听中央和主席的。"汪东兴痛快地回答。

毛泽东笑着点点头,表示满意,然后缓缓地说:"有的同志向我建议要你提前回来。"说完,他看着汪东兴,像是要听汪东兴的意见。

汪东兴明确回答:"工作上需要,可以提前回来。"

见汪东兴做了肯定的回答,毛泽东便说有3件事要交代他去办:一是由于现在和北边的关系紧张,超级大国威胁我们,要准备打仗,还可能打原子弹。目前,我们还没有原子弹,将来会有的。现在,中央决定要搞国防工程,防原子弹工程。有关首脑机关的工程,你要过问和参加。二是有人揭发中央警卫团外围警卫部队中有一个反动组织,是真是假,你回来后,抓紧调查处理。三是我身边工作人员中有些作风不正,存在一些不健康的思想,需要进行教育,进行一次"小整风",开展批评和自我批评,搞好团结,做好工作,遵守《三大纪律 八项注意》。

说起第三件事,起因主要是毛泽东得知自己身边的个别工作人员到地方时,不遵守纪律,耀武扬威,很神气,摆架子,有的收了地方的礼物,还有的多吃多占地方的东西不付钱。毛泽东知道这些情况后很生气,决定要在自己身边的工作人员中开展一次"小整风"。

1960年10月2日,汪东兴搬进中南海的一层房子住下。10月3日下午,他向毛泽东汇报了自己对办这3件事的想法和对毛泽东身边工作人员进行"小整风"的安排。他说:"进行'小整风',首先,学习主席《党委会的工作方法》《三大纪律 八项注意》《在中共七届二中全会的报告》等文件,从思想上提高认识;其次,坚持正面教育,采取漫谈的方法,互相谈心,互相启发;然后,从团结的愿望出发,和风细雨地进行批评和自我批评,不戴帽子,不打棍子,把思想作风整顿好。每天搞半天,照顾到工作。时间安排:50天(实际上搞了25天),争取完成'小整风'任务。"

毛泽东听了,对这样的安排表示满意,并且说:"这样做,方向明确,办法对头。你召集他们开一个会,宣布做法。"

10月6日，在召开毛泽东身边工作人员参加的会上，汪东兴宣布了开展"小整风"的安排，希望除了值班人员外，其余同志每次都能按时到会。在这次会上，汪东兴传达了毛泽东的讲话。他说："毛主席曾说：'你们没有犯什么路线错误，只是生活作风、思想意识上的缺点，只要认真进行批评和自我批评，检查一下就完了嘛。如果有人对你批评尖锐一些，也没有什么不好。就是让你不舒服几天、几十天，将来你会感觉到对自己有帮助。'毛主席还说：'我在井冈山时，被撤销中央临时政治局候补委员职务，还传说开除了党籍，后来说我是狭隘经验论、右倾机会主义、指责枪杆里会出什么政权、不懂马列主义，等等。这对我很有教育，使我看了很多书，后来还写了《中国革命战争的战略问题》《实践论》《矛盾论》等书。'"大家听了汪东兴转述的毛泽东亲切、诚恳和富有哲理的讲话，都积极地参加了"小整风"。

在毛泽东的关怀和指导下，这次"小整风"不但使大家达到了团结的目的，而且精神面貌有了较大改观。毛泽东对这次"小整风"的成果是满意的。为了巩固这个成果，进一步提高大家的认识，12月25日中午，也就是毛泽东生日的前一天，他请了身边工作人员聚餐。参加聚餐的除了毛泽东的女儿李敏、李讷和侄子毛远新以及江青的侄子王博文外，还有汪东兴、叶子龙、王敬先、吴旭君等工作人员。

大家兴高采烈地提前祝贺毛泽东的六十七寿辰。吃饭时，毛泽东从这次"小整风"说起，要求大家从严要求自己，正确对待批评与自我批评。他引经据典，联系自己的亲身经历，说明"人没有压力是不会进步的"，鼓励大家认真改进思想作风，积极做好本职工作。毛泽东真挚的话语使大家很感动，深受教育。

这次"小整风"后，毛泽东以身作则，仍旧坚持不吃肉，他说："我们欠人家（指苏联。——作者注）的债要还给人家的。我看有米饭、有青菜和油、盐就可以了。"

毛泽东从自身做起，不仅要求大家吸取经验教训，而且要求大家以实际行动改正错误。他强调："买东西一定要给人家钱，一张纸、一支笔也是如此，千万不能向地方要东西。""过去向各省市要的东西，照价付款，钱由我稿费内开支。"工作人员认真地履行了毛泽东的要求，有关负责同志从天津开始，经河南、山东、上海、杭州、江西、湖北、湖南，一路退赔了两万多元，而这一切都是从毛泽东的稿费里开支。

"不是为了吃世界，而是为了改造世界"

毛泽东的日常饮食很随便，也很节俭，好时不过是简简单单的四菜一汤，而且量都很少；差时也就一碗面条，大多时候是在电炉子上烧一搪瓷缸子麦片粥，就着霉豆腐喝下去，就算是一顿饭了。他从不追求吃什么山珍海味，尤其厌烦宴会。对于接待外宾，他曾做过指示："不能总是山珍海味，既浪费，又不实惠。"他对身边的工作人员说："我们生活在这个世界上，不是为了吃世界，而是为了改造世界。这才是人，人跟其他动物就有这个区别。"

对于厨师，毛泽东没有特殊要求，如果说有，那就是最好是穷人出身，政治思想好。刚进北平时，给他上灶的是在延安时期就给他做饭的高金文，接着是刘景峰，一直服务到1953年。1951年，又增加了厨师廖炳福，为毛泽东服务的年头也很长。这些厨师都是很普通的人。新中国成立后，给毛泽东做饭的还有两位厨师，一位姓侯，一位姓黄，没干多长时间就被调走了。再以后是韩阿福和田树彬。有时候，毛泽东着急吃饭或者突然要吃东西，厨师忙不过来，卫士们也会上手帮厨，做些简单的饭菜。

毛泽东很少有吃上一顿正经饭的时候。一天24小时，他吃两餐的时候居多，也有吃三餐或一餐的时候。他常说："做多了，吃不完也是浪费。"如果菜里多了一碗红烧肉，对他而言就算改善生活了。

平时，毛泽东吃的饭菜做好了，就装在一个提盒里，由卫士从厨房提到他的书房或卧室。他吃饭时，常常手不释卷。

"不是为了吃世界，而是为了改造世界"

一天，毛泽东斜坐在木椅上，两眼紧紧盯着左手拿着的一张报纸，嘴巴单调地重复着咀嚼的动作，拿着筷子的右手机械地在盘子和嘴之间来回运动，筷子始终落在盛着空心菜的盘子的一个位置上。眼看他的筷子快夹不着菜了，卫士悄悄地转动了一下菜盘，好让筷子落在有菜的位置上。毛泽东聚精会神地看报，全然不觉菜盘变动了方向。一会儿，卫士又将荤素两盘菜调了一下位置。毛泽东依然没有觉察到饭桌上的变化。嚼了几口，毛泽东突然一怔，目光转向饭桌，露出了警惕之色："嗯？味道不对呀！"

"是我把两盘菜调了个个儿。"卫士连忙解释道。

"嗯！"毛泽东松了口气，咽下嘴里的菜，笑了起来，笑得那么天真，仿佛小孩儿发现了什么秘密一样，"我说不对劲嘛，刚才还咯吱咯吱的，一下子怎么就变得那么软绵绵的呢！"他边说边把目光又转向了报纸。

毛泽东对饭菜从不挑剔。他工作起来没有规律，有时直到深夜才想起吃饭。每当这时，他一般不让惊动炊事员，而是用卫士烤的馒头片或窝头充饥，这是他在陕北时就开始养成的习惯。

1957年2月，毛泽东准备在最高国务会议上作《如何处理人民内部的矛盾》（后改为《关于正确处理人民内部矛盾的问题》）的讲话，有两天没有睡觉，其间只吃了一顿正经饭，喝了两缸麦片粥。凌晨两点钟，疲倦至极的他吩咐卫士封耀松给他烤几个芋头，说罢，又低头写东西。

封耀松赶紧烤熟了6个小芋头，放在一个碟子里端过来，刚一进门，就听到了响亮的鼾声。此时，毛泽东斜靠在床上的靠垫上，左手拿着文件，右手拿着笔，就那么睡着了。这种情形，封耀松不知道见到过多少次。他知道，毛泽东睡觉极少、极轻，一旦入睡，被叫醒后必定发脾气。为了不打扰毛泽东的睡眠，他把碟子放在暖气上保温，轻轻退到了门口等候。

十几分钟后，毛泽东醒了。封耀松连忙进屋，双手捧着装着芋头的碟子，小声说："主席，芋头烤好了。"

毛泽东放下笔和文件，双手搓搓脸，说："噢，想吃了。拿来吧。"

封耀松将碟子放在办公桌上。

毛泽东走过来，坐好，拿起一个芋头，一边认真地剥皮，一边摇晃着身子吟诵："东方欲晓，莫道君行早……"

封耀松朝窗外望望，可不是嘛，天快亮了。

毛泽东剥出半个芋头，咬下一口，边嚼边继续剥皮，嘴里还在吟诵。见毛泽东自得其乐，封耀松便悄悄退出了屋子。

又过了10多分钟，屋里再次响起了呼噜声。封耀松轻手轻脚地进屋收拾碟子。碟子里只剩下了一个芋头。当他端起碟子准备退出时，忽然觉得毛泽东的呼噜声与往常不同，忙探过头去仔细打量。天哪！正在鼾睡的毛泽东的嘴里衔着半个芋头，芋头正随着呼噜声微微抖动，而另外半个芋头还在毛泽东的手里。封耀松看了，鼻子一酸，眼睛立刻模糊了，忙放下碟子，踮着脚走过去，轻轻地、轻轻地去抠毛泽东嘴里的芋头。

芋头是抠出来了，但毛泽东也被惊醒了。毛泽东睁着一双熬得通红的眼睛瞪着封耀松，气冲冲地大声问："怎么回事？"

"主席！"封耀松叫了一声就哭了，手里捧着那半个抠出来的芋头，一句话也说不出来。

"唉！"毛泽东叹了一口气，说，"我不该跟你发火。"

"不，不是的。主席，不是因为您……这芋头是从您嘴里抠出来的。您必须睡觉，必须休息了！我求求您了！……"

毛泽东勉强笑了笑，抬起右手，手指在头上画了两个圈，说："天翻地覆，天翻地覆。"又说，"好吧，小封，我休息吧。"

毛泽东的工作量极大，而睡眠很少，这必然影响胃口，但他有自己的办法调整，那就是吃辣椒。毛泽东不喝酒，喝一盅葡萄酒就会面红耳赤，可是，他很能吃辣椒。毛泽东爱吃辣是出名的，有人说，他曾"就着辣椒吃西瓜"。他不仅爱吃辣椒，还总结出吃辣椒与革命之间的联系的"理论"。

美国著名记者埃德加·斯诺访问延安时，曾和毛泽东共进晚餐。在饭桌上，记者们看到毛泽东吃的饭菜和普通战士吃的没什么两样，只是辣椒多了些。毛泽东说爱吃辣椒的人就是革命者，先列举了湖南省，因为湖南省以革命家众多而闻名，接着列举了西班牙、墨西哥和法国等来证明自己的观点。

毛泽东刚说完，立刻就有人反对。有人以意大利为例，说意大利人也因爱吃红辣椒和大蒜而出名。毛泽东听罢无言以对，只好笑着认输了。

那时，毛泽东最爱唱的歌是《红辣椒》。这是一首官兵们很喜欢，也很有趣的"红色流行歌曲"，描述的是辣椒对自己活着只是供人食用、没有生活意义感到不满，嘲笑白菜、菠菜、青豆的浑浑噩噩、没有骨气的生活，终于领导了一场蔬菜起义。

战争年代，毛泽东吃辣椒不讲究，多半用干辣椒就馒头吃；条件允许的话，厨师会用油把辣椒炝一下，他吃起来就更加有滋有味。住进中南海后，他尤其喜欢吃用盐腌制的鲜红椒。

20世纪60年代，有一次，秘鲁哲学家门德斯专程来华拜访毛泽东。在中南海进餐时，门德斯见毛泽东不停地吃辣椒，言语中充满了钦佩之情："就我所接触过的各国领导人当中，您最能吃辣椒，一点儿也不怕辣！"

毛泽东笑了笑，说："你说得对。四川人吃辣椒，不怕辣；江西人吃辣椒，辣不怕；我们湖南人吃辣椒，怕不辣！"他又说，"吃辣椒3种态度，表现3种不同的性格。一般说来，寒带和热带的人喜欢吃辣椒。但我要补充一句，凡是喜欢吃辣椒的人，可以说，基本上是革命的。就我们共产党和红军来说，当然也包括八路军在内，四川人、湖南人、江西人最多，现在的高级干部也大半是这3个省的人。所以，我说，喜欢吃辣椒的人，大半是革命的。"说到这儿，他自己也笑了，似乎感到这番话有些勉强。

毛泽东在弥留之际，吞咽已很困难，但还是割舍不下辣椒，只能让人在小碟子里蘸一点儿，用嘴抿一抿，然后高兴地说："好香啊，一直辣到脚尖了！"

毛泽东的膳食简朴，即便请客人吃饭也是如此，一般准备四菜一汤：一个菜由他点，一个菜由客人点，还有两个素菜和一碗汤。1962年1月31日，毛泽东请溥仪来家吃饭，请4位湖南老友章士钊、程潜、仇鳌和王季范作陪。溥仪是清朝末代皇帝，章士钊等4人则是著名的社会贤达，都是很有身份的人。毛泽东这次设家宴既没有"燕窝席"和"鱼翅宴"的排场,也没有溥仪当皇帝时常见的"满汉全席"和奢华的"御宴",桌面上只有几碟富有湘味儿的辣椒、苦瓜和豆豉等小菜。

1961年10月,周恩来率代表团赴苏联参加苏共二十二大。在阿尔巴尼亚问题上,中苏两国意见发生分歧。根据毛泽东的指示,周恩来义正辞严地谴责了苏联领导集团,中途退出了会场。为了表示中国举国上下团结一致,周恩来回国时,毛泽东和刘少奇、朱德、邓小平等都去机场迎接。

当周恩来乘坐的飞机到达机场时,已是中午11点多了。新中国成立以来,在中国的高层领导中形成了一条不成文的"纪律":每次有领导人出国访问或是参加会议回来,大家都先到中南海颐年堂聚一聚,交流一下情况。这次,周恩来愤然提前回国,大家自然先奔向了颐年堂。

在返回的车上,秘书高智提醒毛泽东:"主席,大家还没有吃饭呢。"

"那好哇,我请客,一人准备一碗面。不过,只一碗,既不能让他们饿着,也不能让他们吃得太饱。"毛泽东的话既风趣,又语重心长。

"可是,总理也没吃呢。"高智又提醒道。

"总理没吃饭,也准备一碗面,不过,要有点儿油水。"

在颐年堂,不知是谁出于好心,准备了一桌还算丰盛的酒席给周恩来接风洗尘。毛泽东和其他领导开完会,走进了饭厅。当毛泽东看见桌上摆的是一盘盘菜肴,而不是他所要求的一碗碗面条时,很生气,一句话也没说,拂袖而去。

毛泽东不吃,大家自然不能吃,呼啦啦地都跟着他出去了……

毛泽东对饮食没有过高的要求,在他看来,个人追求吃喝享乐,是格调很低、很庸俗的;用吃喝等福利标准去描述未来的社会理想目标,则属"放屁"。

1964年4月,苏联领导人赫鲁晓夫在一次演说中说到,"福利共产主义"是"一盘土豆烧牛肉的好菜"。毛泽东得知后,颇不以为然。他在1965年秋天所作《念奴娇·鸟儿问答》中,写下了这样几句:

"不是为了吃世界,而是为了改造世界"

雀儿答道:
有仙山琼阁。
……
还有吃的,
土豆烧熟了,
再加牛肉。
不须放屁,
试看天地翻覆。

"我是农民的儿子"

苦菜是北方地里很普通的一种野菜,春天生长得比较早,虽然味道苦,但能食用,老百姓又叫它"曲麻菜"。特别在农村,当遇到灾荒、粮食不够吃时,苦菜可算是一种重要的代食品。不知道从什么时候开始,苦菜就在毛泽东的脑海里留下了深刻的记忆。战争年代,无论是在井冈山、长征路上还是在陕北,毛泽东吃苦菜的时候是很多的。入住中南海后,他就很少有机会享这个"口福"了,但他有时也会主动提出要重新尝尝苦菜的滋味。

1950年初春,毛泽东到北京郊区视察。卫士王振海挖了不少苦菜。毛泽东看了便问:"你手里拿的是什么啊?"

"是苦菜。"王振海回答。

"你吃过吗?"

"我小时候吃过。"

"弄点儿给我吃,好吗?"

"这些都可以给您!"

"这么多,我一个人吃不了。你带回去给大伙儿都尝尝。"

毛泽东平时很忙,作息时间又与别人不一样,所以,他的家人总是各吃各的,全家碰在一起吃饭很不容易。这天恰好是星期天,毛泽东提出要与孩子们一起吃饭。由于吃饭的人多了,工作人员就多加了苦瓜、木耳炒肉等几个菜,还特别多加了带回来的苦菜。与毛泽东一起吃饭的有李敏、李讷,还有叶子龙的两个女儿燕燕和二娃。

开晚饭了，毛泽东高兴地指着桌子上的苦菜问孩子们："你们能不能吃苦？"

"爸爸，在延安、西柏坡苦不苦？我都过来了，我不怕苦！"李讷未加考虑，脱口而出。

"在莫斯科，我们有时连饭都吃不上……"李敏不甘示弱，潜台词是连饭都吃不上，她都能克服，就别说这小小的苦菜了。接着，她说起了自己在苏联卫国战争时期的艰苦生活。

李敏还没说完，二娃插话说："毛伯伯，我不怕吃苦！"

这时，燕燕似乎明白了毛泽东的用意，便问："毛伯伯，你今天是不是在考我们呀？"李敏和李讷也回过神来，说："爸爸在考我们。"

"说考也行，不说考也行。来吧，我们先吃这个菜。"毛泽东笑着，用筷子夹了苦菜就往嘴里送，边吃边说，"哎呀，多好的菜！好吃得很呐！"

见毛泽东吃了苦菜，孩子们也都跟着吃了起来，但没嚼几下，就吧嗒着嘴，咽不下去了。心直口快的李讷皱着眉头大叫："爸爸，好苦啊！"其他孩子也附和说："真苦啊！"

毛泽东边笑边说："我问你们怕不怕苦，你们说不怕苦，叫你们吃，又说苦。"

"爸爸，你真坏，你嘲弄我们！"李讷撒娇地说。

毛泽东笑容可掬地答："爸爸怎么能嘲弄自己的大娃娃呢。你们太小了！解放（新中国成立）前，农民在'三座大山'压榨下，有的为了活命，就是靠苦菜维持生命的。老百姓嫌苦能行吗？现在，我们条件好了一些，常吃点儿苦菜、苦瓜有好处，它可以使我们不忘记过去，不忘记人民群众，还可以起到调胃口的作用。你们的医生叔叔就建议我吃点儿苦瓜、苦菜，用这种办法调胃。"说着，他又夹了苦菜送到了嘴里。

"爸爸，苦瓜好像比苦菜有味道，苦菜还有刺呢。"李敏似乎有了新发现。

"对啊，但苦菜比苦瓜的贡献大。"接着，毛泽东讲起了在极其艰苦的战争岁月里、有时连苦菜都吃不上的往事。他说，我们就是靠这种不怕苦、不怕死的艰苦奋斗的精神战胜了国民党反动派的，现在还是要靠这种精神来建设一个新中国。

由于毛泽东把能不能吃苦和能不能革命联系了起来，孩子们便都好强地争先恐后地吃起苦菜来。

毛泽东看到天真的孩子们接受了自己的教诲，高兴地说："好，我们多吃一点儿！"大家都吃得有滋有味，仿佛苦菜的味道一下子由苦的变成了甜的。这顿饭，大家都吃得很香，吃得很多，有的菜盘还见了底。毛泽东拿起一个盘子，风趣地说："来，我们也来个'三光'政策。"边说边把盘子里的一点儿菜汤倒到了自己的碗里。几个孩子也学着把盘底的剩菜、剩汤倒到了汤内或碗里……

在3年经济困难时期，毛泽东又尝到了苦菜的味道。那是1961年春的一天下午，毛泽东到北京郊区视察。看到田里的麦子长势喜人，他紧锁的眉头慢慢地舒展了。当他看见随行的护士小朱采了一大把野菜时，便问："你采的是什么东西呀？"

"苦菜呀。"小朱回答。

毛泽东凝视着青嫩的苦菜，许久没有说话。苦菜勾起了他的许多回忆，他仿佛又回到了那戎马倥偬的战争岁月……

忽然，他回过神来，对小朱说："再多采一些，拿回去给我吃。"看到

1961年2月23日，毛泽东在中南海住地同李敏及身边工作人员合影。前排左一为杨颖；后排右起：李银桥、兰芳、吴旭君、胡秀云、封耀松。

小朱迟疑而惊奇的神色，他又说，"苦菜可救过我们不少人哩！不能忘记它，不能忘本哩！"他的话是在说给小朱这样的年轻人听，也是在说给自己听。

小朱和其他工作人员在田垄里采了满满的一挎包苦菜，带回了中南海。厨师和服务人员怕苦菜太苦，就将其用开水烫过，加上各种调料，当晚就端给毛泽东品尝。

第二天一早，卫士来找小朱："主席说苦菜的味道不对，不应该是那样的吃法，让你再去采一些回来。"

"味道怎么不对？"小朱问。

"主席说，他吃苦菜，不用开水烫，一烫，味道就变了。也不要用那么多调料，只要加盐拌就行了。"

"那怎么吃呀，太苦啦！"

"主席说他当年就是那么吃的。"

小朱和卫士们又去采了一些鲜嫩的苦菜来，当晚便按照毛泽东的要求，用盐拌了，端上了毛泽东的餐桌。

"来，大家一起尝尝这苦菜的味道。"毛泽东饶有兴致地招呼大家说。

大家一边吃，毛泽东一边说："过去，我们吃野菜，打败了国民党反动派，打败了侵略我们的帝国主义。今天，我们能让困难挡住吗？"他大手一挥，做了一个坚定的手势，"吃么——我自信嚼得菜根，百事可做！"说着，他又夹起苦菜送到了嘴里，津津有味地吃了起来。

无论在哪个时期，毛泽东始终保持了俭朴的习惯：吃的都是十分普通的百姓菜，日常用的都是粗茶淡饭，以红糙米、小米、芋头、黑豆为主食，一般一顿饭有四菜一汤，而四菜中少不了一碟干辣子、一碟霉豆腐，一汤有时就是涮盘子水。毛泽东有个说法："我想吃什么，就是我的身体里缺什么，吃下去能吸收好，你们谁也不要限制我。"

保健医生多次劝毛泽东要注意营养，改变饮食习惯，多吃点儿有营养的东西。每次听了保健医生的话，毛泽东都会摇头，有时会说："你们说的那些山珍海味，我不喜欢吃，我不想吃的东西，你们就不要勉强我，我吃了不舒服，就说明吸收不了。再说，我们国家还不富裕，人民群众生活还有一些困难，我吃那么好，心里不安呀。我吃的饭菜很好了。什么时候，中国的老百姓都能吃上四菜一汤，那该多好呀！"有时，他边用筷子敲着碗里的二米饭，边望着保健医生说："全国农民要是都能吃上我这样的饭，那就很不错了，你就可以跟我提你的那些建议了。"他的固执是任何人无法改变的，而他说出的道理又是轻易不好反驳的。

有一次，他看着保健医生徐涛说："就你懂得饮食科学？你到我这个年纪未必有我这个身体。我看小地主就比大资本家活得长。"他转向李银桥，但话仍是说给医生的，"医生的话不可不听，也不可全听。不听要吃亏，全听呢，我也要完蛋！"有时，他被"逼"急了，就会皱着眉头朝喋喋不休的保健医生挥手说："你不要说了。我是农民的儿子，自小过的就是农民的生活。我习惯了，你不要勉强我改变，不要勉强嘛！"

毛泽东的主食基本是粗粮。他是南方人，喜欢吃大米，进北平后，他仍保持了吃湖南红糙米的习惯，米饭里总要加点儿小米、赤豆、红薯和芋头，很少吃小站米或东北好大米。他常说："我就是这个命，喜欢吃粗粮。"他对农民有特殊的感情。有时，他拿起筷子，边敲碗盘边感叹："谁知盘中餐，粒粒皆辛苦。"有时，他说："什么时候，农民都能吃上我这样的饭，那就不得了啦！那就太好啦！"每到这时，工作人员就会劝道：主席，这算什么呀？好东西有的是，您又不是没有条件，吃不起。一次，毛泽东听到这样的话，便很认真地说："好大的口气！这还不够，还想吃什么？想当资本家了？"当工作人员说出一些名贵菜肴、建议他吃一点儿时，他就会皱着眉头说："要开国宴呀？你那些菜贵了，贵了不见得就好，不见得就有营养。依我说，人还是五谷杂粮什么都吃的好，小米就是能养人。小地主、富裕农民都比大资本家活得长，你信不信？"

1965年5月，毛泽东南巡到了湖南长沙，住进了湖南省委9所的3号楼。他在这里的饮食是很有特点的，据当时的服务人员回忆，通常给他一顿饭准备四菜一汤，外加一块烤红薯和一个苞谷，有时在饭里放一些蚕豆、川豆等杂粮。刚来9所为毛泽东服务的工作人员有些不解：毛主席回家乡，怎么能用粗粮招待他？有一次开饭时，一个服务人员问："主席，您为什么老是吃杂粮？"

毛泽东放下筷子，说："吃杂粮，我习惯了。"

服务人员说："到了湖南，还能少了您吃的粮食吗？这些东西，我们都不爱吃。"

毛泽东笑了，说："全国粮食现在还紧张，大家都在吃杂粮，我怎么能不吃呢？"

毛泽东历来十分珍惜农民的辛勤劳动成果，从不让浪费一个饭粒，偶尔掉到饭桌上的饭粒和菜叶，他看到了，也总是捡起来放到嘴里，即使是一粒小米，他也要用筷子夹起来吃了。

说到筷子，还有故事呢。

1949年9月的一天，毛泽东吩咐卫士："我今天要在家招待客人，是国民党的起义将领，中午就在这里吃饭，你们准备一下。"

不一会儿，中共中央办公厅主任杨尚昆前来做具体安排，对卫士李家骥说："你叫厨房多加几个菜，让招待科帮助搞好一点儿，再到招待科弄些好点儿的餐具来。"

李家骥一听，忙说："主任，主席反对摆阔呢！"

杨尚昆说："这次例外嘛，不然，人家会笑话我们的。"

杨尚昆这么说自然有道理，因为毛泽东家的餐具实在难登大雅之堂，几双竹筷子霉变后黑乎乎的，怎么也洗不干净。李家骥感到事关重大，便向卫士长李银桥做了汇报。李银桥也很为难，说："既然杨主任这么说，我们还是服从吧。"于是，他俩去招待科借了一些包括象牙筷子在内的餐具。

开饭前，毛泽东来到餐厅，见布置得井然有序，微微点头，表示满意，但一见到象牙筷子，马上脸色一沉，大声说："谁让你们摆象牙筷子？赶快给我拿下去！"

李家骥在毛泽东走进餐厅时，心中便一直七上八下，此时见毛泽东生气，更是紧张，硬着头皮解释说："主席，这是从招待科借来的……"

毛泽东没等他说完，马上大声打断了他的话："我叫你撤，你就撤！"

说完，拂袖而去。

李银桥得知毛泽东发脾气后，蹑手蹑脚地去见毛泽东，做了自我批评："主席，象牙筷子是我让借的，您要批评，就批评我吧！我考虑主席很少在家里招待客人，不搞好一点儿会让客人笑话，再说，来客也不一般呢！"

毛泽东见李银桥来赔不是，心中火气消了一大半，口气缓和了一些，说："这件事嘛，我也有责任，怪我没有交代清楚。不过，我今天重申一次，今后不管来客是谁，都要讲节约，不能摆阔气，不能大吃大喝。而且，今后无论是待客还是自家吃饭，要一律用竹筷子！"

后来，李银桥与毛泽东闲聊时，又说起象牙筷子的事。李银桥说："竹筷子容易长霉，主席用的竹筷子就长了霉，黑乎乎、脏兮兮的，也很难看。要是改用象牙筷子，就没有这个问题了。"

毛泽东听罢，很不以为然，一语双关地说："我从小到大用的就是竹筷子，已经习惯了。象牙筷子嘛，那是有钱人用的，太贵重了，我毛泽东拿不起！"打这以后，谁也不再跟他提金筷子、银筷子、象牙筷子的事了，否则就是自找没趣。

毛泽东外出，他身边的工作人员总要为他带上竹筷子。有一次去广东，工作人员忘了带竹筷子，而他住的宾馆里使用的全是象牙筷子。临近吃饭时，卫士封耀松跑到厨房要竹筷子。服务员笑道："竹筷子？我们大饭店哪能用竹筷子？用的全是象牙筷子。"吃饭时，毛泽东见使用的是象牙筷子，便不高兴地说："我们不用这么高级的筷子。"封耀松忙又找服务员，最后从服务员家里弄来了一双竹筷子，还一长一短、一粗一细，根本不配套。封耀松不安地将竹筷子交给了毛泽东。毛泽东一边用，一边说："不错，用着很好。象牙筷子太重，还是竹筷子好。"

毛泽东特别喜欢吃玉米和红薯，说用火烧的玉米棒才好吃。工作人员在煤火上烧了玉米棒给他吃，他说味儿不对，后来才知道，他是说用柴烧的才好吃。

到了晚年，毛泽东喜欢吃他的家乡饭，喜欢吃他小时候吃的那些东西，比如泥鳅、河沟里的小鱼和小虾等。这些上不了台面的小东西，做起来很麻烦，有时，工作人员都不知道怎么个做法，还要向毛泽东请教。有一次，毛泽东提出要吃泥鳅蛋羹或泥鳅豆腐，工作人员试着做了一次，毛泽东说做法不对，应当把泥鳅放在清水里养着，等泥鳅把肚子里的脏东西排出来，再和豆腐一块儿做，这叫"泥鳅钻豆腐"。工作人员后来按照毛泽东说的方法做了，毛泽东吃得可高兴了，说这是进城以后第一次吃到他小时候喜欢吃的菜。

"我是土包子,她是洋包子"

因为毛泽东在饮食上的那些浓厚的"农民习气",江青还与他有过冲突呢。

抗美援朝战争结束后,一次,毛泽东又是夜以继日地工作了几十个小时。李银桥一再提醒道:"主席,您已经两三天没吃一顿正经饭了。"

"是吗?"毛泽东喝了一口茶,说,"嗯,有些饿了。好吧,吃一顿饭吧。"

"徐医生早定好了食谱,就是没机会做……"

毛泽东立刻打断了李银桥的话:"我不要什么食谱。你给我搞一碗红烧肉来吧。"

"可是……"

"你去吧。"毛泽东将大手一挥,又低头抓笔,"弄好了叫我。"

李银桥出门后正准备去伙房交代,恰巧江青从她的房间里走出来。她的手里拿着一本书,大概是看书看累了,想在院子里散步。

江青向李银桥招了一下手。李银桥走过来。江青小声问:"主席要吃饭了吗?"

"想吃了。他要红烧肉。"

"不要弄,吃什么东西不比红烧肉好?又不是没有!弄些鸡肉或者鱼都是可以的嘛,都比那个红烧肉强嘛。"江青说话的时候,眼里流露出了不满的神色,"几天了,主席没正经吃顿饭!他昨天吃的什么?"

"昨天……小封说搞了两茶缸麦片粥。"

"前天呢?"

"张仙朋说煮过挂面，还煮……"

"你们就是不办事！看我什么时候把你们那个电炉子和茶缸扔到外边去！"江青生气地说，"徐涛医生不是搞了食谱了吗？你去厨房，要他们照医生定的食谱做。徐医生说了，他定一个礼拜的食谱，你们连3次都保证不了！"

"主席说不要嘛，他点名要红烧肉。"

"不要啰嗦了，照我说的办！红烧肉，不要弄！什么好东西？土包子！改不了的农民习气！"

早在转战陕北的时候，江青就说过毛泽东"土"，还惹得毛泽东发了脾气。

毛泽东爱吃肥肉，与其说是农民习气，倒不如说与南方人爱吃腊肉、熏肉有关。瘦肉一风干，就会变成麻丝子一样的东西，枯燥无味，因此，用肥点儿的肉做熏肉、腊肉，味道更好。

江青对营养学和保健有一些研究，特别是进北平城后长了不少知识，讲究也越来越多。她每天早上7点起床，先由护士按摩一遍，然后下地；一日三餐很准时，饭前、饭后一定要散步；四季都睡午觉。她吃饭又讲营养、又讲口味，算得上当时的"美食家"了，饭菜基本保持了精细、清淡，不像毛泽东喜辣、喜苦、喜荤。尽管在如今看来，江青的饮食更科学一些，但对于在战争环境中成长起来的那一代人来说，是看不惯江青的。

开饭了，李银桥心里忐忑不安，但想到一切有江青兜着，便稍放宽了心。

毛泽东没有注意桌上的饭菜，一边看报，一边伸手在老位置上抓起了一双竹筷子，在桌子上敲了一下。江青立刻夹了一块鱼放到了毛泽东的碗里。

毛泽东将报纸移开，看向了桌子上的饭菜。"嗯？"他眉头一皱，"红烧肉呢？"见没人作声，他把目光转向了李银桥，重复了一句，"红烧肉呢？"

李银桥不敢看江青，更不能说没做红烧肉是她的决定，但心里盼望能听到她的发声。但是，江青一直默不作声。于是，李银桥嗫嚅道："没、没弄。"

"为什么没弄？"毛泽东大声问，"交代过的事情为什么不办？"他历来坚持"交代了就要办"的原则。

李银桥垂下头，无言以对。

江青始终保持了沉默。

"说话，交代了的事，为什么不办？"毛泽东发脾气了，"我只要求一碗红烧肉，过分了吗？"

很明显，江青躲了。失望、委屈一下子涌上了李银桥的心头。他站着一动不动，眼泪却流了下来。

毛泽东见不得别人流眼泪，这时见李银桥流了眼泪，便不安起来，嘟哝着："算了算了，以后注意嘛！交代了的事嘛……"说完，草草吃了几口饭，便放下了筷子。

毛泽东准备睡觉时，让李银桥坐在了他的身边，自己倚在床栏上，小声问："说说吧，这是怎么回事？"

李银桥一听这话，眼泪马上涌了上来，在眼眶里打转，却一言不发。在毛泽东的一再追问下，他说："您全明白了，为什么一定要我说？"

"我明白什么？我要你自己说。"

"她不让我弄，她说……"

就在这时，江青进来了。毛泽东皱着眉头白了她一眼。

"你们谈，你们谈，我走！"江青一脸愠色，转身就走。

李银桥忙站起来准备跟上去送江青，身后却传来了毛泽东的怒声："别理她，接着谈你的！"于是，李银桥吭吭哧哧地讲述了事情的全部经过。

"这就对了嘛！你不哭了，这就好。心里有不痛快就要找人吐，吐出来就痛快了。"毛泽东安慰地拍了拍李银桥的手。李银桥咧咧嘴，模样不知是哭还是笑。

"不错，她说对了！"毛泽东忽然沉下脸，愠怒道，"我就是土包子。我是农民的儿子，有农民的生活习性。她是洋包子，吃不到一起就分开。今后，我住的房子、穿的衣服、吃的饭菜，按我的习惯办。江青住的房子、穿什么衣服、吃什么饭菜，按她的习惯办。我的事不要她管，就这样定了！"

大凡毛泽东交代的事，不论大小，"交代了就要办"，说了就要算数，"不办就要追究"，除非他自己又说了否定的话。他说："不能开这个头。"

从那以后，毛泽东和江青就分开吃饭了，即使在同一个饭桌，也是各吃各的饭、各吃各的菜。毛泽东从不动江青的菜，但江青会经常吃几片毛泽东的菜。毛泽东爱吃辣，说能吃辣的人革命性强，所以，江青要时常夹几片毛泽东的菜辣辣嘴。

毛泽东时刻关注劳动人民的疾苦，对农民感情至深，看到农民生活困苦时，会禁不住流下热泪。

有一次，毛泽东身边的一个卫士回农村探亲，临行前，毛泽东叫他把农民吃的饭带回来一些。那个卫士带回了一些糠窝头。工作人员把糠窝头加热后端给了毛泽东。毛泽东刚吃了一口，眼圈儿就红了，然后把身边的工作人员全叫了过来，要求大家都要吃。那糠窝头一路被捂得都馊了，糠皮粗糙得直划嘴，嚼半天也难以下咽。毛泽东咽下几口，对大家说："吃！你们每人都吃一块儿。这就是我们农民的口粮，这就是种粮的人吃的粮食啊！你们比比你们吃的饭，要将心比心！"毛泽东最后一句话说得很重，声音有些颤抖，拖得很长，很长。

毛泽东的言行感染了在场的每一名工作人员，因为他们都知道，毛泽东平时是不爱掉眼泪的。在陕北时，他自己就总结过："我这个人平时不爱落泪，只有3种情况下流过泪：一是我听不得穷苦老百姓的哭声，看到他们受苦，我忍不住要掉泪。二是跟过我的通讯员，我舍不得他们离开。（三是）有的通讯员牺牲了，我难过得落泪。"

毛泽东不仅在饮食上保持了劳动人民的本色，即使在日常用具上，也处处体现了农民朴实无华的特点。他原先在中南海丰泽园卧室里的床边上有一张藤桌，桌腿向中间收拢后，又向四周展开，他坐在这张藤桌旁办公和用餐，腿脚没处放，感觉很不舒服。1964年，工作人员设计制作了一张90厘米高、80厘米见方、下面有一个木制踏板的高脚小方桌。以后，毛泽东就经常在这张小方桌旁看书、用餐和批阅文件，时间久了，桌面上留下了斑斑印记。一次，工作人员提议铺上桌布。毛泽东不同意，说："那是浪费。就现在这样，吃完饭，用抹布一擦，干干净净的，不是很好吗？"毛泽东进晚餐前要先吃安眠药，而后坐在床上，用双脚蹬踏小方桌下的木制踏板，而且踏出节奏，踏出鼓点儿，以活动筋骨，并称其为"擂鼓"，然后吃晚餐，再上床睡觉。

毛泽东喜爱爬山，青年时代曾在一个雷雨交加的黑夜爬上了岳麓山，说是体会《书经》中"纳于大麓，烈风雷雨弗迷"的情味。新中国成立后，他外出视察时，仍喜攀险峰去眺望无限风光。

20世纪60年代初，毛泽东在杭州爬丁家山时，工作人员在住地附近砍了竹子，给他做了一根小拐杖。回到住处，有工作人员请示："主席，您这么大年纪了，也该置一根拐杖了。我明天上街去给您买一根。"毛泽东举起用过的那根小竹竿，笑着说："这不就很好嘛！"看到工作人员还想说什么，他收起了笑容，转而严肃地说，"现在，国家经济还很困难，人民的生活还不富裕，我们还要发扬艰苦奋斗的精神啊！"于是，工作人员把这根小竹竿上的小竹刺、不光的地方都仔仔细细地打磨好，还在底部绑上了一块胶皮，以免用时发出响声，还可以防止打滑。自此以后，毛泽东就一直使用这根小拐杖，经常拄着它散步、爬山，并拄着它重上了井冈山。他说："三条腿总比两条腿稳当。"

1965年，毛泽东在长沙会见了越南社会主义共和国主席胡志明。分别时，胡志明看到毛泽东竟用这样的拐杖，很受感动，便举起自己使用的漂亮拐杖要和毛泽东做交换，说留作纪念。毛泽东对胡志明的关心表示了感谢，并风趣地婉言谢绝道："不用了。你的太漂亮了，还是你用你的'文明棍'，我用我的'讨饭棍'吧。"

与全国人民共渡难关

1959年至1961年，国家遇到了前所未有的经济困难，人民生活十分艰苦。中国有句古话，叫作"福无双降，祸不单行"。就在3年经济困难时期，反复无常的苏联领导人赫鲁晓夫背信弃义，撤走了在华的近万名苏联专家，撕毁了343个专家合同，废除了257个科技合作项目，还大量减少了对中国的成套设备中的关键部件的供应，严重地影响了中国经济建设的正常进行。更为恶劣的是，赫鲁晓夫翻开旧账，要求中国在3年内还清苏联在抗美援朝战争中给予中国人民志愿军的武器、物资及其他贷款。这无疑是雪上加霜。显然，赫鲁晓夫想乘人之危，以此压垮中国、压服中国。

在天灾人祸面前，毛泽东郑重地向全党、全国人民发出号召："赫鲁晓夫越压，我们越要顶。"为了战胜困难，挫败赫鲁晓夫的阴谋，毛泽东决定亲自下去调查研究，摸清情况，运筹对策。

国庆节后，毛泽东乘坐专列驶离了北京。列车驶入山东境内时，土地干旱龟裂、白花花的盐碱地透过车窗映入了毛泽东的眼帘；进入安徽后，土地更加荒凉，几乎看不到像样的庄稼。列车到达合肥是晚上，整座城市都笼罩在黑漆漆的夜色中，不见灯光，不闻笑语，原来，长江水流枯竭，已不能发电了。毛泽东凝视着黑沉沉的城市，心事重重，一支接着一支地吸烟，喃喃自语："天灾人祸啊！有人趁火打劫，想逼我们屈服。"一路沉默不语的毛泽东吐出了几句心里话，精神似乎轻松了一些，又若有所思地说，"没有骨气的国家是不敢顶的。你们敢不敢顶？""敢顶！"工作人员异口同声地回答。这是人民的意志，这是强者的声音。毛泽东的脸上露出了欣慰的笑容。

10月31日，毛泽东来到了杭州。

在杭州西湖东南侧是临湖依山的刘庄。这里绿波掩映，回廊曲折，环境幽雅，空气新鲜，是毛泽东工作、生活过的地方。

毛泽东一到刘庄，全国各地的文件、电报接踵而至，办公桌上堆了厚厚的一堆。毛泽东神情凝重地批阅着各地报来的材料：山东发来的电报说，全省灾情严重，有的地区的粮食颗粒不收；安徽上交的材料反映，前一年的产量报多了，现在存粮很少，老百姓用粮食掺和杂草吃；河南提交的信息说，有的地区连树皮、树叶都吃光了，许多人全身浮肿，出现了饿死人的现象……毛泽东的心在颤抖，眼泪顺着脸庞流了下来。工作人员也都扭过脸去，偷偷地擦眼泪。毛泽东看看大家，声音哽咽地说："全国不少地方遭了灾，许多老百姓在挨饿，我们是不是不吃肉、不喝茶了？我们带个头好吗？"说完，他用期盼的目光看着大家。

工作人员你看着我，我看着你，不知该如何回答。他们跟随毛泽东多年，太熟悉毛泽东的生活习惯了。对人参、鹿茸之类的补品，毛泽东从来不用，他吃过的最高级的营养品就是葡萄糖，这还是保健医护人员提出的建议，说在喝红茶时放上一点儿葡萄糖，可以调调味儿；如果再说他吃过滋补品，那就是红烧肉了。毛泽东的茶瘾很大，对西湖龙井更是情有独钟。他喜欢喝浓茶，还时常津津有味地把残茶吃掉。他的工作量大得惊人，睡眠也没有规律，如果把一周吃两次红烧肉和喝茶的习惯改变了，那怎么行？

毛泽东见大家面有难色，便进一步说："人家逼债，我们少吃一点儿肉，争取3年内把债还清。"工作人员们收住了眼泪，目光不约而同地集中在毛泽东的身上，看到了信心和力量。接着，毛泽东提高了嗓音坚定地说："我们中国人是有志气的，谁也休想让我们低头弯腰！"这是他在艰苦复杂的斗争中磨炼而成的面临挑战时充分表现出来的英雄本色！

新中国成立以来，毛泽东曾多次到杭州，而这次在杭州住的时间比较长。几天过后，毛泽东明显瘦了。卫士和服务人员看在眼里，疼在心上。

他们想出了一个主意：把自己饲养的一头猪杀了，做了一锅红烧肉。开饭时，毛泽东还没走进餐厅就闻到了香喷喷的红烧肉的味道，不停地说："好香哟！好香哟！……"

看到餐桌上放着一碗红烧肉，毛泽东劈头就问："这肉是哪里来的？"卫士们互相交换了一下眼神，没有回答。毛泽东严厉的目光在每个卫士的脸上移动着，气氛一下子紧张起来。

"主席，这是我们警卫班的同志自己饲养的，您吃点儿吧。"卫士们恳切地说。

毛泽东的态度缓和了下来："可不能破了我们定的规矩嘛！拿回去吧。"

"就这么一小碗，您就吃了吧！"大家的眼里闪着泪花，请求道。

"不吃！拿回去！"毛泽东的态度很坚决。

"主席，这猪可是咱们自己饲养的，不是买来的。就一小碗，尝尝吧。"

毛泽东和卫士们你来我往地争执着。望着这些真诚可爱的小战士，毛泽东慈祥地笑了。他意味深长地说："到全国人民都吃上猪肉的时候，再吃吧。"

回到北京后，毛泽东说："我们的出路有两条，即自力更生和艰苦奋斗。"当时，全国城市人口每天的粮、油等食品都是按严格控制的标准供应的，几乎人人都吃不饱。毛泽东对身边的工作人员说："全国人民都在定量，我也应该定量。是不是肉不吃了？你们愿意不愿意和我一起带这个头啊？"

大家爽快地回答："愿意！"

毛泽东听后，高兴地宣布："那好。我们就实行'三不'：不吃肉，不吃蛋，吃粮不超定量！"

1960年是最困难的一年。毛泽东心情十分沉重，话少了，笑容也少了。这一年，毛泽东一连7个月没有吃一口肉，青黄不接的时候，他竟20多天不吃一粒粮，常常以一盘马齿苋或一盘菠菜支撑他工作一天。由于长期缺乏营养，他和很多人一样得了浮肿病，脚背和小腿的肌肉都失去了弹性，一按一个坑，久久不能复原。周恩来见状忧心如焚，一次次地劝说："主席，吃口肉吧。为了全党、全国人民，吃一口吧！"毛泽东摇摇头，说："你不是也不吃吗？大家都不吃，共渡难关。"

宋庆龄闻讯特意从上海赶到北京，亲自给毛泽东送来一网兜螃蟹。毛泽东说："谢谢你，我不能收。我跟工作人员讲了实行'三不'：不吃肉，不吃蛋，吃粮不超定量。"宋庆龄很受感动，坚持说："螃蟹不是肉，也不是蛋，螃蟹就是螃蟹，你非收下不可！"毛泽东对宋庆龄始终保持着特殊的尊敬，推辞不掉，只好收下了，可是，宋庆龄一走，他就把螃蟹送给了警卫战士，自己仍然一口不吃。最终，谁也无法改变他不吃肉的决定。

毛泽东不仅自己单独进餐时不吃肉，即使有客人来时也不破例。一次，毛泽东在颐年堂会见几位客人，让秘书高智准备饭菜。高智和炊事员十分高兴，以为这下总可以给毛泽东改善一下伙食、让他吃点儿肉了。炊事员做了两个素菜、两个荤菜，其中一个是毛泽东喜欢吃的红烧肉。

吃饭时，高智坐在毛泽东身边招呼客人，为客人夹菜。他看到毛泽东只吃素菜，不碰荤菜，便灵机一动，一边劝客人吃菜、为客人夹肉，一边趁机夹起一块红烧肉放在毛泽东的碗里。毛泽东吃了一些米饭，把碗里的这块肉也吃了，之后还是不去夹肉。高智又悄悄地给毛泽东夹了一块肉，但这一回，毛泽东转过脸来，严肃地看了他一眼。高智意识到这是在批评他，再也不敢给毛泽东夹第三块肉了。

又有一次，毛泽东会见客人，要留客人吃饭。事前，毛泽东坚持让高智把和做饭的师傅商量的菜单拿给他看，结果他们把两个荤菜改成了一个。

那时，会客毕竟是毛泽东改善生活、沾点儿荤腥的唯一机会，所以，他身边的工作人员最希望的就是毛泽东总能接待中外客人，并且留客人吃饭，这样才可以趁机让他吃一块肉。

领袖如此和全国人民忍饥挨饿、共渡难关，全国人民深深为之感动。大家勒紧了裤腰带，自力更生，艰苦奋斗，奋发图强，不但度过了3年经济困难时期，而且在这一最困难时期开始了"两弹一箭"的设计和制造，并于1964年10月16日成功地爆炸了第一颗原子弹。与此同时，中国人建起了自己最大的石油基地——大庆油田，终于在1965年把"贫油"的帽子扔进了太平洋——中国人靠"洋油"过日子的时代一去不复返了！

屡戒不掉的烟茶嗜好

吸烟与喝茶是毛泽东日常生活中的两大嗜好，但在这两个方面，他也丝毫不放松对自己的要求，时刻注意节俭，避免浪费。

众所周知，毛泽东嗜烟如命，他从18岁抽到81岁，一抽就是63年，以其烟龄之长、烟瘾之大、烟量之多，算得上国内的"头号烟民"。

毛泽东从何时开始有烟瘾的，至今无从考证，不过，他于1927年上井冈山时，烟瘾就已经很大了。在延安窑洞里撰写《论持久战》，他是一支接一支地抽烟，一天要抽五六十支。别人早就劝他戒烟，他总是不以为然地说："还是等革命成功了再说吧。"后来，革命成功了，可他还是没有戒烟，烟瘾还是很大，很多时候，他依然保持了一天抽一听（50支）的水平。

在戎马倥偬的战争年代，毛泽东抽烟没有太多的保障，烟的主要来源是"战利品"，抽的牌子也是五花八门，为此，他戏称自己"吃百家饭，抽百家烟"。要是"战利品"断顿了，他也抽农民自种自晒的"旱烟"。他说，抽旱烟，也不失为一种接近群众的方式。长征时期，遇到没有烟的时候，他还拿枯干的树枝代烟过过瘾。

1949年，刚进北平城时，毛泽东抽过"中华"烟，也抽过"三五"烟，还抽过云南的"云烟"、山东的"大公鸡"、陕西的"金丝猴"、河南的"散花"和上海的"熊猫"，后来就抽"熊猫"了。有时，周围的人劝他少抽烟，他就笑着说："谈起话来、考虑问题时已经成了习惯，随便就拿起烟来，积习难改了，而且每次都要吸完一支才行。"他还开玩笑地说："吸烟是爱国，给国家交税。"

毛泽东曾笑称吸烟者是自成一派。一次，毛泽东在上海接见外国记者，一进门就被围住了。他一边走向自己的座位，一边说："我已经认识你们的好几位了，但大多数人是新的。"并把认识的人一一指了出来。坐在沙发上，他点了一支烟，开玩笑地说："我，一个吸烟者，是一派，而斯特朗同志（著名美国女记者。——作者注），"他笑着看了斯特朗一眼，说，"则是反对派，不吸烟的一派。"

听了毛泽东的话，斯特朗一时不知如何对答，医生马海德却直接向毛泽东发起了"挑战"："你把这一问题看成派别问题吗？"

"当然。"毛泽东"反击"道，"在我和医生之间，医生说我不应该抽烟，我说应该。"

由于受到了"鼓励"，有几个在场的人也点上了香烟，气氛因此变得随和起来。

如果好友来访，碰上毛泽东的手头只剩一支烟时，他会左右为难：假若让给客人吸，客人自然会谢绝；假若作为主人的他吸了，又显得有些失礼。在两难选择中，他只好将烟一分为二，宾主各吸一半。这反映了他对人以诚相待、尽心尽意的作风，也印证了他的烟瘾之大，非同一般。

为了毛泽东的健康，有一段时期，他身边的工作人员发动了一次促使他戒烟的"人民战争"，"参战"的有医护人员、卫士和他的两个女儿，有时，叶子龙的两位千金也来助威"参战"。尤其是这4位女娃娃兵，执行任务坚决、果敢，可以从毛泽东的口中把烟卷拔出来，让他少吸几口，或把糖块塞到他的嘴里，代替吸烟。遇到这种情况，毛泽东只好笑着任由女孩儿们摆布。

提起戒烟，还有一个小故事。

1945年8月，日本帝国主义无条件投降后，毛泽东应邀飞往重庆与蒋介石谈判。他深知蒋介石不嗜烟酒，对烟味儿反应也很强烈，所以，他吩咐身边的工作人员："凡由我方举行的有蒋介石出场的活动，一律不摆放香烟，我也不吸。"事后，蒋介石对陈布雷说："毛泽东此人不可轻视，他嗜烟如命，手执一缕绵绵不断，据说一天要抽50支烟。他知道我不吸烟后，在同我会谈的时候，竟然绝不吸一支烟，对他的决心和精神不可小视啊！"

实际上，毛泽东对吸烟的危害是清楚的，从思想和行动上也愿意把烟戒掉，所以，他同意大家所采取的戒烟措施——在他的衣袋里放瓜子和糖块儿，当他想吸烟时，就以嗑瓜子或含糖块儿来代替。经过一段时间的戒烟实践，毛泽东对大家说："烟，我吸进去的并不多，大半是在手中燃烧掉的。没有香烟在手，或吸上几口，在思考问题时，总觉得少了点儿什么；有了香烟在手，就好像补充了这个不足，糖和瓜子都起不到这种作用。"这是毛泽东的肺腑之言。

用瓜子和糖块儿为毛泽东戒烟的手段失败后，他身边的工作人员不得不在一起商量采取另外的办法。毛泽东没有专用的烟盒，工作人员便找来"前门""恒大""中华"等有锡纸的空烟盒，把盒的两边一折，口一叠，做成自制烟盒，里边一次只放5支烟给他。有一段时间，为了让毛泽东少吸烟，卫士们干脆把一支烟分成两截，用刮脸刀片把烟的边缘刮得非常整齐，然后装进叠好的烟盒，再放到他的口袋里。毛泽东思考问题时，常常取出烟来就吸，并不注意烟的长短，半支也当一支吸，吸完为止，这样，一包烟就当成了两包吸，毛泽东一天能少吸好多烟。见这个办法十分有效，并且维持了很久，卫士们都非常高兴。后来，因为给毛泽东加了一个过滤烟嘴，他装烟时，才偶然发现烟短了。在他的问询下，卫士说明了原因。毛泽东听后笑了，想了一下，说："这样见了外宾恐怕不妥。"卫士回答："您每次见外宾，我们都提前把短的烟换成长的了。"毛泽东点了点头，算是认可了他们的做法。

毛泽东开会前，工作人员就在他右边口袋里装上几支烟和一盒火柴。一般客人来见毛泽东，工作人员都不招待烟。有时，毛泽东手头上的烟抽完了，会向卫士要，因为卫士身上都带烟。碰到这种情况，哪个卫士能不给他？不过，大家为了减少他要烟的次数，会变着法儿地适时提醒他："主席，烟抽得过量啦！"

虽然多人、多次、多种方法帮助毛泽东戒烟，他自己也愿意配合，但收效不大，能坚持下来的只有把一支烟截成两半、从而使吸烟的量下降一些的方法，而因为半截烟，还引发了毛泽东的一番妙论。

20世纪60年代初的一天，毛泽东为缓解疲劳，来到中南海紫光阁参加舞会。一曲终了，毛泽东坐到沙发上，拿起茶几上的香烟，习惯性地将烟一折两截，把半截烟插进了烟嘴。坐在旁边的女同志好奇地问："主席，你为什么要把烟折成两半呢？"毛泽东神秘地笑了笑，说："事物都是一分为二的嘛。"那位女同志想了一会儿，还是没有想通将烟一折两截与哲学上的"一分为二"有什么联系，就忍不住又问。毛泽东只是笑，神秘地摇了摇头。烟抽得只剩下小小的烟头了，在毛泽东那褐色的烟嘴里一明一暗地闪着暗淡的红光，他赶紧深深地吸了一口，然后将剩下的烟头摁在了烟灰缸里。看着烟蒂有气无力地冒着残烟，烟雾袅袅地向空中飘去，毛泽东深出了一口气，说："帝国主义气息奄奄啰！"周围的人都被毛泽东的幽默逗笑了。把烟比作帝国主义，让人不得不佩服毛泽东想象力的丰富和奇特。

韩瑾行是毛泽东的侄子毛华初的妻子。1960年秋的一天，她来到中南海游泳池边看望伯伯毛泽东。寒暄一番后，毛泽东在茶几上拿起一支烟，递给韩瑾行。韩瑾行推辞说不会吸烟。"呵，不吸烟好。"毛泽东边说边把那支烟放回茶几上，又拿起一个烟头，随后在自己的衣袋里摸来摸去。韩瑾行见伯伯很久没有取出东西来，以为他在找火柴，便拿起桌上的火柴问："伯伯，您是要火柴点烟吗？""嗯，要。"毛泽东答道，可仍在找着什么。韩瑾行觉得奇怪：既有烟，又有火，伯伯还在找什么呢？这时，毛泽东找到了要找的东西，原来是一根一寸长的烟嘴。他把那截快要吸完的烟头套上了烟嘴。韩瑾行这才明白，作为党的主席的伯伯连一根吸剩的烟头都舍不得丢掉！她连忙划燃火柴，给伯伯点上。也许因为面对的是家人，毛泽东没有太多的顾忌，而发生在国家最困难时期的这个小故事，使我们看到了毛泽东与全国人民共渡难关的一个侧面，也反映了一代伟人朴素节俭的生活习性。

应该说明的是，毛泽东在吸烟方面的花费都是从他的工资和稿费中开支的，他每个月的烟钱要100多元，占他工资的四分之一，的确是一项不低的消费，可他常常嘱咐工作人员："不得揩公家分毫的油水！"外交部曾为毛泽东从日内瓦购回两打可装过滤药物的烟嘴，他的生活管理员想在招待费中报销，但他坚决反对，坚持自掏腰包。他每次外出，工作人员总是要帮他备足香烟。在对待公与私的问题上，毛泽东一向处理得泾渭分明，有时甚至显得"不近人情"。

1959年6月25日，毛泽东回到了阔别32年的韶山。当晚，毛泽东请当地的负责同志到他住的韶山招待所开会。大家入座后，毛泽东指着茶几上摆着的"中华"烟说："莫客气，要抽烟的，自己拿。"他却在自己的口袋里摸来摸去。公社书记毛继生见状，忙撕开一包烟递上，并问："主席，您要烟？"毛泽东答："我自己有。"终于，他从口袋里摸出了半截烟，高兴地插进了烟嘴，然后深深地吸了一口，打趣道："饭后一口烟，赛过当神仙。"他环顾了一下周围的人，接着说，"你们会抽的就抽。这烟是招待所招待你们这些客人的，我可揩不得油啰。"说话间，那包"中华"烟在与会者的手中传递着，但谁也没有抽。大家瞧着毛泽东手里的那半截烟，深受感动。

毛泽东抽烟一直用火柴引火。他划火柴的习惯也与众不同，不像一般人那样在火柴盒两侧磷皮上随意擦划，而是有意从磷皮两端擦起，这样，一盒火柴棍儿用完，磷皮的中间部分还是完好的。他要求工作人员，火柴用完了，不许扔火柴盒，买来散装的火柴棍儿放进盒里接着用，直到火柴盒实在划不着火了，他才会依依不舍地和火柴盒"告别"。有一次，一位新来的工作人员不知道毛泽东有这个习惯和要求，随手把一个空火柴盒扔进了垃圾桶。毛泽东发现后，叫他把火柴盒捡回来。这位工作人员有些疑惑地问："主席，空盒子还要啊？"毛泽东说："凡是还可以用的，就不能丢掉！"后来，这位工作人员与人闲聊时又说起这件事："一盒火柴，一分钱。空盒子留下来干什么？扔了就扔了呗！"可巧，这话让毛泽东听到了，他很生气地把这位工作人员叫了过来，严肃地批评说："你这么说是错误的。我们国家还很穷，凡事都要讲节约，浪费不起哟。火柴盒确实不值钱，但它是用木材做的，丢掉它不就是丢掉木材吗？"

喝茶，是毛泽东除吸烟以外的又一大嗜好。

一觉醒来，先点一支烟，再喝一杯浓茶，接下来是读报，读完报起床、洗漱和吃饭，然后开始一天紧张忙碌的工作——这是毛泽东的老习惯。他读书、办公，案头总有一杯热热的酽茶。每天，他会喝很多茶，要换两三次茶叶，喝光一到两瓶开水。每隔一段时间，工作人员就会走进他的房间，主要是来清扫烟灰和添沏茶水。

毛泽东主要喝杭州西湖龙井茶，喜欢它的清香和甘醇，可又偏向于喝浓茶，而龙井茶放再多似乎也不够浓酽，所以，他曾尝试喝毛尖、毛峰、梅家坞、铁观音、碧螺春和汉阳峰，还有云川沱茶，但不理想，最终还是以喝龙井茶为主。每个月下来，他要喝掉三四斤茶叶。

喝茶与抽烟一样，这方面的花费也是毛泽东自己掏腰包，从来不揩公家的油。对于地方提供的茶，只要毛泽东喝过，也几乎都付钱。中央有规定，在怀仁堂、钓鱼台、人民大会堂的公务活动中喝茶，要按一毛钱一杯茶付款，每月结算一次。对此，毛泽东很注意以身作则，从来不破坏规定。

毛泽东不仅喜欢喝茶，而且养成了吃残茶的习惯。

1957年初春的一天，毛泽东正伏在办公桌上批阅文件，值夜班的卫士封耀松轻轻走进房间，准备给毛泽东的茶杯里续水。照往常的经验，间隔一个小时左右要给毛泽东续一次水。就在这时，毛泽东伸出左手端起了茶杯。糟糕，杯里没水了！毛泽东往杯子里看去，右手放下了红蓝铅笔，忽将3个手指头插入茶杯，把茶叶抠了出来，送到嘴里后嚼了起来。这一连串的动作是那么自然、熟练，直看得封耀松目瞪口呆，赶紧拿起空茶杯出去换新茶叶。

"主席吃茶叶了，是不是嫌茶水不浓？"封耀松小声报告后，问卫士长李银桥。

跟随毛泽东多年的李银桥对此已司空见惯，根本不当一回事，说："吃茶叶怎么了？在陕北就吃。既然能提神，扔掉了不是浪费？"

吃茶叶是毛泽东的一个习惯。他认为茶叶像青菜一样有营养，全吃下去是理所当然的事，所以，每天不论换几次茶叶，都会把残茶吃掉。他喝茶还有一个习惯，就是睡前喝的那杯茶不倒掉，起床后，往里面加点儿开水，再喝了。人们常说喝隔夜茶有害，可毛泽东不管那么多，照喝不误。

毛泽东对生于斯、长于斯的故乡怀有深厚的感情。新中国成立后，他在日理万机之余，多次回家乡视察。每次在长沙住下后，他喝的第一杯茶都是家乡的君山毛尖。在家乡喝上家乡茶，毛泽东一定别有一番感受。

家乡人当然记得毛泽东对茶的喜好。"桑木扁担轻又轻，千里送茶情意深，香茶献给毛主席，贫下中农一片心。"可以想象，当毛泽东看到家乡人民千里迢迢送来的茶叶时，一定会欣然接受的，当然，他同样不会忘记让工作人员付上茶钱和路费。一片茶叶，一片心。他接受的是家乡人民那如同香茶一般浓酽的情谊！

"家丑不可外扬"

毛泽东对衣着有自己的标准：一是"不露肉"，二是"宽松、随便"。他时常对周围的工作人员说："你们年轻人穿新的精神。我岁数大了，穿旧的舒服。"

毛泽东对旧衣服特别有感情，破了就补，补了就穿，旧得没法补了，衣服也就变成了补丁布。虽然补丁多，但他要求补丁要"内外有别"：他身上的补丁主要集中在内衣、内裤和粗线袜子上，这些补丁可谓"千姿百态""不成方圆"，蓝布头、黄布头、灰布头……有什么布头就用来补什么补丁。有时候找不到布头，就拿用过的医药纱布当补丁用。对此，毛泽东说："没关系，穿在里边，别人看不见，我不嫌就行。"战争年代，他还说："我节约一件衣服，前方战士就能多一发子弹。"新中国成立后，他的衣服仍然有不少补丁。他说："现在，国家还穷，不能开浪费的头。""没条件讲究的时候不讲究，这一条好做到。经济发展了，有条件讲究，仍然约束自己不讲究，这一条难做到。共产党人就是要做难做到的事。"

丰泽园里的餐桌、茶几和办公桌上摆放有几块小面巾，以便毛泽东擦汗、擦嘴用。面巾破旧了，他不让扔掉，而是吩咐用来补毛巾和毛巾被。他使用的毛巾被上的补丁全是这种用旧了的面巾，到他去世时，上面竟打了几十个补丁！

毛泽东有两件极为普通的用毛巾布做成的睡衣，一件是黄色的，一件是白色的。这两件睡衣，他穿了好多年，线开了，缝一缝，再穿，哪里破了，就用旧布补一补，也不知缝补了多少次。工作人员劝他换件新的，他却说："我们国家还很穷，发的布票很少。你不也穿着补丁衣服吗？我为什么就不能穿？因为我是主席？我看还是应该节省点儿，不要做新的，破了再补嘛！"劝他次数多了，他就不说话了，一笑置之。

有一天，工作人员给他换了一件新睡衣。他准备穿睡衣时，发现旧睡衣被人换了，很不高兴，一再追问旧睡衣去哪儿了。工作人员看他不高兴，赶紧把洗好、叠平的旧睡衣拿了过来。毛泽东接过旧睡衣，边穿边说："习惯了，还是这件补了补丁的睡衣好穿。"直到20世纪70年代，毛泽东一直穿这两件睡衣。在他逝世时，这两件睡衣中的一件上有67个补丁，另一件上有73个补丁！

毛泽东对外衣上的补丁还是有"讲究"的。他要求尽量选用同衣服本色相同或相近的布做补丁，补丁的形状也要尽量规整。他说："找块好布，帮我配合适了。外衣要给外人看，太刺眼了，对人不礼貌。"

进北平不久，毛泽东在香山双清别墅接待各民主党派负责人和各界代表、知名人士。当毛泽东得知张澜已经到京时，便打算次日就去看望，觉得应该穿一件像样的衣服以示尊重。毛泽东素来生活很俭朴，加上长期处于战争年代，生活用品很紧张，身上的外衣还打着补丁。于是，他吩咐李银桥："张澜先生为中国人民的解放事业做了不少的贡献，在民主人士当中享有很高的威望，我们要尊重老先生。你帮我找一件好些的衣服换换。"

李银桥在毛泽东所有的"存货"里翻了又翻，选了又选，竟挑不出一件不破或者没有补

这是毛泽东在新中国成立以后春秋两季一直穿的睡衣，上面补了很多补丁，领子被换过，袖子面目全非。

丁的衣服——这就是毛泽东进城时的全部家当。李银桥只好向毛泽东报告："主席，咱们真是穷秀才进京赶考了，一件好衣服都没有。"

毛泽东听了，说："历来纨绔子弟考不出好成绩。安贫者能成事，嚼得菜根，百事可做。我们会考出好成绩。"

"现在做衣服也来不及了，要不去借一件？"

"不要借了，补丁不要紧，整齐、干净就行。张老先生是贤达之士，不会怪我们的。"就这样，毛泽东不无歉意地穿着补丁衣服来到北京饭店看望了张澜。后来，毛泽东同样穿着带补丁的衣服会见了沈钧儒、李济深、郭沫若……

毛泽东从未主动提出为自己增添衣服，相反，多次批示凡为他增添衣服或废弃衣服，都必须经过他本人同意。他增添的衣服相对集中在新中国成立前后。

新中国成立前夕，因为要建立新中国了，接待民主人士和外国人也多了，还要参加开国大典，作为领袖，毛泽东总该有一件像样的新衣服。据他的卫士马武义回忆，朱德在常委会上专门提出讨论给毛泽东等领导同志增添新衣服的问题，理由是，新中国的领导人穿得破破烂烂，影响国家的形象。此前，毛泽东是没有新衣服的。第二次为他增添新衣服是首次访问苏联之前，由周恩来亲自指示为他做礼服，随行的工作人员也做了礼服。在访问苏联期间，毛泽东偶尔在外交场合穿穿礼服，平时还是穿他那套旧衣服。第三次为他增添新衣服是1953年，理由有两条，一是抗美援朝战争结束了，他不穿军装了，衣服就少了；二是这时候，他渐渐发福了。新中国成立前夕，毛泽东的体重是160多斤，到1953年，他的体重有180多斤，以前穿的上衣基本上都系不上扣子、无法再穿了，只好做了两套新衣服。1953年年底至1962年年底，毛泽东再没增添一件新衣服，旧制服的袖子被磨破了两次，都是织补好后继续穿。

毛泽东生性"恋旧"，很"重视"换掉的旧衣服，从没扔过一件旧衣服。

毛泽东的衬衣向来补了又补。他有一件旧衬衣，因为穿的时间长，洗的次数多，变得很薄，卫士李家骥帮他穿衣服时，一不小心，在衬衣后面撕开了一条一尺长的口子。李家骥不好意思地对毛泽东说："主席，衬衣张大嘴了!"

毛泽东看了看被撕破了的衬衣,笑着说:"那就把大嘴缝上。以后再穿吧。"

李家骥用一尺多长的一条白布,把那个大口子补上了。

几天后,毛泽东在换衣服的时候看到了这件补好的衬衣,高兴地夸奖李家骥:"你的针线活还不错呢!"

"当兵,啥都得会啊!"李家骥说。

毛泽东满意地点点头。他很喜欢这件衬衣,拿起来看了又看,并叮嘱李家骥:"没有我的同意,不能给我丢掉。"

毛泽东第一次出访苏联回国以后,李家骥和李银桥给毛泽东清理过一次衣服。他们觉得这件旧衬衣实在太破了,就送给警卫班李风华的孩子当尿布了。

一天,毛泽东接待客人,坚持要穿这件补过的衬衣。李家骥忽然想起了毛泽东叮嘱过他的话,吓坏了——他就是有天大的胆子,也不敢说把旧衬衣拿去给小孩儿当尿布了,只好搪塞说:"找不到了。"

毛泽东偏偏对这件旧衬衣特别喜爱,非要不可,并且不解地问:"难道这中南海还有人偷我的衬衣?"

毛泽东坚持要,李家骥无处找,只好如实向李银桥做了汇报。李银桥给李家骥出主意说:"不吭声就行。"

李家骥躲开了,并让卫士赵鹤桐给毛泽东找了一件新一点儿的衬衣。

毛泽东见李家骥溜了,很不高兴,命令赵鹤桐:"你把李家骥给我叫来!"

赵鹤桐感到情况严重,向李银桥做了汇报。李银桥只好带着李家骥去见毛泽东。

毛泽东一脸严肃地问李家骥:"你是不是把我的那件衬衣丢掉了?我不是说没有我的同意,谁也不能给我丢掉吗?"

李家骥急得满头冒汗,心里盘算该如何做检讨。他急中生智地撒了一个谎,说:"主席,我哪敢随便给您丢掉。我见李风华的孩子没衣服穿,又见那件衬衣确实不能修补了,就想,用这件衬衣给孩子改一件小衣服不是挺好吗？这也不算浪费呀，所以，我未经请示，就把这件旧衬衣给李凤华爱人改做孩子衣服了。"

毛泽东一听，觉得不是随便丢掉了旧衬衣，没有浪费，心里的气也就消了，脸上露出了笑容，连声说："好，很好！"

李家骥耍了个小聪明，总算蒙混过关了。后来，他和李凤华说起这件事时，才知道李凤华并没有把毛泽东的这件旧衬衣给孩子当尿布，而是私自珍藏了起来。这样，李家骥心里才踏实了下来。

随着年龄的增长，毛泽东的身体发胖，许多旧衣服显小，不能穿了，便送给儿子毛岸英穿，所以，毛岸英身上也总是补丁摞补丁，没有光鲜的时候。江青也是照此办理，旧衣服能补的就补，变小、不能穿的就给李讷穿。到20世纪60年代，江青变了，开始注意穿戴，毛泽东却仍然不变，外面的制服破了，便送去织补，内衣和内裤依旧是补丁摞补丁。

简朴是毛泽东一贯的生活作风，不仅体现在衣着方面，甚至穿的袜子也是如此。

1932年，曾志在福建漳州见到毛泽东，一眼就看见他脚上穿的黑线袜子被洗得又薄又稀。毛泽东见曾志盯着他的袜子看，把脚一伸，说："这双袜子，还是1929年下井冈山后，你替我买的。（贺）子珍把袜底从中间剪开，翻到两边，又缝了袜底。已经换过两次袜底了，你看还是好的。不过，再不能换底了，袜面也太稀薄了，经不起洗了。"后来，曾志回忆起这件事时深有感触地说："主席这样简朴，有些人不相信，可我是亲眼所见，事实就是事实。毛主席的廉洁，在当时也是少有的。"

在延安时，毛泽东的服务员李晋用自己纺的纱为他织了一双袜子，他舍不得穿，让李晋纳了一双布袜底，然后把织的袜子从底下剪开，翻起来缝上，再把布袜底缝到下面。毛泽东说："这样经磨、耐穿。"大家知道毛泽东这样改造了袜子，也都跟着学开了。

无论春夏秋冬，毛泽东总穿袜子，冬天穿厚袜，夏天穿单纱薄袜，几乎不光脚穿鞋，穿拖鞋也是如此，而且，他的袜子是清一色的长筒袜。他的袜子数量不少，可大部分都是破了洞或重新织补过的。

"家丑不可外扬"

毛泽东专列上的服务员姚淑贤第一次见到毛泽东的长筒线袜上的那块醒目的大补丁时,产生了惊讶和感动:"他坐在沙发上和卫士们聊天,漫不经心地伸出两腿,于是,长筒线袜露出来,脚腕处一块针线很粗的大补丁,似乎和脚跟处一块补丁连起来了。我望着那双粗线袜出神,连他们聊天的内容也没听进。"

对于一些破旧的袜子,毛泽东是不允许随意换掉的。

有一次,毛泽东把袜子刚穿到脚上,卫士封耀松就发现袜子脚背上又磨破了一个洞。封耀松帮毛泽东脱下袜子,缝补时,劲儿用大了些,一个洞变成了3个洞。

"主席,换双新的吧?"封耀松问。

"嫌补着麻烦了?"

"这袜子都糟了。"

"我穿几天就磨破一个洞,你动一动手就弄破两个洞,看来不能全怪我的袜子糟。"

封耀松没有办法,只好用针线将破洞补了补,重新帮毛泽东穿好,还半认真、半开玩笑地提醒道:"主席,接见外宾时,坐就坐,别老往前伸脚。"

"为什么?"

"一伸脚,就露出袜子了。家丑不能外扬啊。"

毛泽东笑了:"小鬼,就数你聪明!"

封耀松把毛泽东的圆口黑布鞋拿过来,说:"走路也要小心,这鞋底磨得不比纸厚,踩了钉子就糟了!"

毛泽东不笑了,认真地说:"讲吧,都是老话;不讲吧,还真不行。这比红军时期强多了,也比延安时期强多了。艰难时期节约,可以说是逼的;富了还讲节约,没有逼,就要靠自觉了,要靠思想觉悟呢。"

从此,当毛泽东接待外宾时,卫士总要事先提醒:"主席,坐沙发上要收回腿,一伸腿就露馅了。"因为毛泽东穿的粗线袜子上总是带着补丁,脚往外一伸,裤脚向上一缩,补丁就会赫然露出。久而久之,卫士们便把提醒毛泽东的这一动作精炼成了一句话,叫作"家丑不可外扬"。

礼品交公

作为大国领袖，毛泽东受到了国内外友人的尊敬，也收到了不计其数的礼品。一般情况下，他看到的只是白纸黑字的礼品单，并不见实物，实物直接由负责礼品的部门交公。有时，他甚至连礼品单也不看一眼，只说一句"都上交"就算完事。遇到面见他时送礼的，礼物由他看后便交公。他处置礼品既有原则，又有分寸。对于没法保存的土特产品，如果是水果，基本上送给幼儿园；如果是茶叶，则一般送给身边的工作人员。他从来没有将这些礼品留给自己的孩子们。遇到送的土特产品的数量大时，他就让工作人员拿到中南海食堂卖掉，将钱退给送礼的单位或个人，再附上一封

毛泽东享有崇高的威望，不少国家的领导人赠送他珍贵礼品。毛泽东让身边的工作人员将全部礼品登记造册，如数上交。

讲明我党关于不准送礼的规定的信。

每年前来拜访毛泽东的外国政要和友人有很多。他们来了，当然会带些礼品，有的礼品很珍贵。对于外宾送来的礼品，有时，工作人员会劝毛泽东："主席，这些礼品是送给您的，吃了、用了都是应该的。"这时候，毛泽东就会耐心解释："这个问题不是那么简单。党有纪律，这些礼物不是送给我个人的，是送给中国人民的。如果说，你在我这个位置上，人家也会送给你的。""中国不缺我毛泽东一个人吃的、花的，可是，我要是生活上不检点，随随便便吃了、拿了，那些部长们、省长们、市长们、县长们都可以这样了，那么，这个国家还怎么治理呢？"

朝鲜停战后的第二年，朝鲜民主主义人民共和国领导人金日成赠送了毛泽东24箱苹果。这一次因为是金日成所赠，又是不宜保存的物品，毛泽东看了礼品单后，吩咐工作人员把苹果转赠给警卫部队。

此时恰好是春节前夕，警卫战士们非常高兴，七手八脚地打开纸箱，忽然都傻眼了：那红得发紫的国光苹果全是一般大小，令人惊奇的是每个苹果上都有一行字——"毛主席万岁"，而字是擦不掉的。后来，大家才明白，那是在苹果长成个头后贴上纸字，被太阳晒出来的。

"毛主席万岁"怎么能吃掉呢？大家束手无策。有人说："这样也好，干脆别吃，保存下来，天天可以闻到苹果的香味儿。"

毛泽东知道这个情况后大不以为然，皱着眉头说："我就不喜欢这个口号。哪有人能活到一万岁的？活不到，那就吃掉。"于是，24箱带有"毛主席万岁"字样的苹果全被战士们吃掉了。

金日成一向对毛泽东怀有特殊的感情，几乎每年都给他送来几十箱乃至上百箱的苹果、梨和无籽西瓜，大的西瓜重达五六十斤。退回去，肯定不合适，毛泽东就让秘书开列一个名单，将水果分送给中央领导人。这时，毛泽东身边的工作人员就会想到他的那几个仅靠干巴巴的二三十元穿衣吃饭的孩子。孩子们太清苦了！工作人员不敢向毛泽东请示，只能向汪东兴建议给孩子们留点儿水果，也只有这时，毛泽东的孩子们才可以饱尝一顿瓜果的香甜美味。

各类补品是礼品中很引人注目的一部分，可毛泽东从来不用人参、鹿茸、灵芝之类的补品，对送来的这些东西也要求一律交公。一次，护士孟锦云问他为什么不吃点儿高级补品，他回答："有些所谓高级的东西，并没有什么特殊之处，只不过物以稀为贵罢了。有些人有一种很特殊的心理：如果这种食品，皇帝、皇后吃过，什么名人、大官吃过，它的名望也就高贵起来，甚至高不可攀，神乎其神，所以，那些有了权、有了钱的人是绝不肯放过它的，仿佛吃了皇帝吃的东西，自己便成了皇帝，吃了名人吃过的东西，自己便成了名人，这叫沾光吧。"说到兴致渐浓时，他还开了一句玩笑，"本人生来不高贵，故高贵之物，不敢问津啊。"他还强调，"补品能少吃便少吃，当然最好不吃。战胜疾病，保持健康，主要还得靠自己身体的力量，这叫自力更生为主，争取外援为辅。"

20世纪60年代，印度尼西亚政府掀起了迫害华侨的浪潮。我国政府保护了华侨。有一位侨胞出于感激之情，送给毛泽东一份重达31.5公斤的燕窝。毛泽东毫不犹豫地指示："把这些燕窝全部送给人民大会堂招待外国友人。"秘书徐业夫试探地问："主席，是不是给家里留一点儿？"毛泽东摆摆手："不用留，一点儿都不用留，全部送去招待外国友人，也可为国家节省点儿开支。"于是，这31.5公斤的燕窝一两不少地送到了人民大会堂。9年后的1975年，年迈的毛泽东已经行动不便，咳嗽、哮喘，身体日渐衰弱。他的生活管理员吴连登向中共中央办公厅副主任张耀祠提出要给他增加营养，最好能弄点儿燕窝炖汤。张耀祠找到人民大会堂党委书记刘剑，发现当年的燕窝尚剩7两。后经汪东兴批准，由吴连登打了收条，将7两燕窝取回了中南海，瞒着毛泽东，每次在汤里加一点儿。这位伟人直到离世，也不知道那31.5公斤燕窝，被他吃掉了7两。

除了柬埔寨亲王西哈努克赠送的一个法国造文件包外，毛泽东再没留用过外宾赠送给他的礼品。这个文件包还是在工作人员的再三请求下，他才勉强同意留下的，用于外出视察时装睡衣、拖鞋、文件、放大镜和铅笔等物品。

新中国成立后，除了外国政要和友人，全国各省、市、自治区也常有

礼品交公

这是柬埔寨亲王西哈努克赠送毛泽东的法国造文件包。毛泽东一生几乎没留用过外宾赠送的礼品,只此一件例外。

人给毛泽东送礼,其中有他的战友,过去的熟人、同乡和同学,也有从未见过面的普通百姓。

那时的送礼与今天的某些请客送礼等不正之风完全是两码事。正像歌中所唱的那样,湖南农民要挑担茶叶到北京,新疆库尔班大叔要骑毛驴来看毛主席,表达的是广大人民群众对党和人民领袖的感激之情。对于他们送的礼品,毛泽东有的收,有的则不收。延安人民送来的一点儿小米、红枣和花生等,毛泽东从不拒绝,一律照收。他喝延安的小米粥,脸上往往流露出欣慰的笑容。有时候,他又一言不发,看着老区送来的杂粮一动不动。对于有些老百姓和地方送来的礼品,毛泽东偶尔有选择地收下后,也决不忘把礼品折成钱交还对方。

1960年,一位东北老人挖到了一棵硕大的老山参,亲自送到北京,献给毛主席。毛泽东知道后,指示:"先把老人安排在招待所住下。把人参拿来先让我看一下,然后送到同仁堂药店,请他们按质论价收购,把人参钱交给采参老人。"他还派人陪老人在北京玩儿了几天,又买了车票送老人回家,老人在京的费用也是从他的工资里支出。

福建武夷山的"大红袍"算得上茶中上品。新中国成立不久,武安县委县政府把一盒"大红袍"送到了中南海。毛泽东是很喜欢喝茶的,这次,他破例把茶叶收下了,又委托中央办公厅寄去100元作为茶款。第二年,武安县的领导又寄了一盒"大红袍",可不久,这盒茶原封不动地从北京退了回去。很快,在毛泽东的提议下,中央明确做出了国家机关工作人员不准接受礼物的决定。

1953年,毛泽东60岁,各地送来了很多祝寿贺礼,小到一束甘草,大到虎皮、牛黄,班禅额尔德尼·确吉坚赞、西藏军区第一副司令员阿沛·阿旺晋美和云南碧土活佛还分别赠送了麝香、藏红花和鹿茸,可他一件也没有留下,并指示把这些礼物送到故宫博物院保管和展览。后经中央办公厅主任批准,药材类礼品交保健局、皮毛类礼品交中央特别会计室(简称"中央特会室",专为中央领导管理经济,也管理礼品。——作者注)、工艺类礼品交有关博物馆处理。

对于某些贵重的礼品,毛泽东偶尔也收,但往往另作他用。

一天,秘书给毛泽东送来一大一小两个熊掌,说是在新疆的王震特意派人带给他的。

毛泽东抬头看了秘书一眼,道了一声:"哦。"就算收下了。看来还是战友比外国人的面子大!但他又说:"把大的那个给国母送去。"

毛泽东对宋庆龄是很敬重的,两个人常有往来,互赠礼物,互祝康吉。过一段时间,毛泽东就会对身边的工作人员说:"去看看国母。"工作人员便奉命前往,并带上毛泽东让带的礼物。宋庆龄对毛泽东也十分敬重。有一次,她在位于北京东单的寓所里请毛泽东身边的部分工作人员吃了一顿便饭。饭前,她专门看望了大家;吃饭时,她让秘书做她的"全权代表"招待大家。宋庆龄得知毛泽东平时有躺靠床栏办公的习惯,特制了一个又大又软的靠

毛泽东、周恩来和张治中在北平火车站迎候宋庆龄。

枕送给毛泽东。毛泽东没有收礼的习惯，所以没有收，但当来人走后，他忽然觉得不收不好，马上派工作人员追了上去，把靠枕收了下来。这个靠枕用了没几天，就被细心地收藏了起来。

1957年冬，在我国北方贮菜的季节，毛泽东派人给宋庆龄送去了一些山东大白菜。宋庆龄非常高兴，并复信致谢。

敬爱的毛主席：
　　承惠赠山东大白菜已收领。这样大的白菜是我出生后头一次看到的。十分感谢！
　　您回来后一定很忙，希望您好好休息。
　　致以
敬礼

宋庆龄
1957年12月1日

党和共和国的主席，送给一位国家重要领导人的礼品竟然是大白菜，这在古今中外国家领导人的赠礼之中绝无仅有，淡泊清风，令人感奋，发人深思。

宋庆龄每年都要给毛泽东寄贺年片。1956年，毛泽东收到宋庆龄的贺年片后写了一封生动有趣、热情洋溢的回信。信中，毛泽东亲切地称宋庆龄为"亲爱的大姐"，对她送来贺年片深表感谢。他以幽默而关心的口气写道："你好吗？睡眠尚好吧。我仍如旧，十分能吃，七分能睡。最近几年大概还不至于要见上帝，然而甚矣吾衰矣。望你好生宝（保）养身体。"这封信既表达了毛泽东的革命乐观主义精神，又体现了他和宋庆龄的诚挚友情。

毛泽东处理礼品的实际行动也感染了他周围的工作人员。一次，西藏的某位头面人物托人送来了一块金表。那表看上去金光闪闪，拿在手上沉甸甸的，含金量肯定很高。秘书送给毛泽东看，建议毛泽东把金表戴上，把

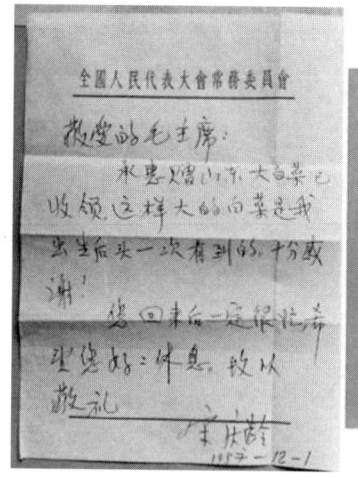

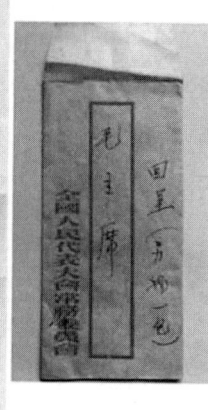

1957年12月1日，宋庆龄致毛泽东的信。

正用着的旧表淘汰掉。毛泽东戴的那块表是1945年在重庆和蒋介石谈判时，郭沫若看到毛泽东没有戴表，便将自己戴的送给他的。经过这么多年，说真的，这块表实在太旧了，表蒙子模模糊糊的，表盘上的数字也看不太清楚，早该淘汰了。

毛泽东看了金表一眼，没有表现出丝毫的兴趣，说："不换，明天就去上交特会室。"毛泽东一直十分珍惜地戴着这块旧表，直到去世，表盘、表蒙子和表带都更换过。

毛泽东朴素，他身边的工作人员也跟着朴素。俗话说："喊破嗓子，不如做出样子。"在毛泽东身边工作过的很多同志起初都没有手表，仅靠办公室墙上挂着的一个电子表知晓时间，后来，随着条件的好转，才陆续地买了手表。

还债10年

1963年年初的一天，还是严冬季节，天气寒冷，风飕飕地刮着。

毛泽东读完英文，毫无倦意，要英文老师章含之陪他到室外散步。年近70岁的毛泽东身体很健壮，不围围巾，不戴帽子，精神饱满，意气盎然；章含之则"包"得严严实实，"全副武装"地跟着毛泽东。他们边走边聊。

突然，毛泽东问章含之："行老（章含之的父亲章士钊字'行严'，人们习惯称他为'章行老'或'行老'。——作者注）有没有告诉过你，我还欠了他一笔债没有还呢？"章含之以为毛泽东在和她开玩笑，也就笑哈哈地答道："父亲从未提及此事。要是主席真欠了父亲的债，父亲是必定不会催债的。"听了章含之的话，毛泽东沉默了一会儿，满怀深情地说："也许行老忘了。这笔债，我见到你，想起来了，早该还了！"

毛泽东是怎样向章士钊借的债呢？这事还得从毛泽东与章士钊的早期交往说起。

章士钊，湖南长沙人，是毛泽东的岳父杨昌济的至交。1919年，经杨昌济介绍，毛泽东认识了章士钊，从此开始了他们数十年的交往和友谊。1920年，毛泽东为开展湖南革命运动以及组织一批青年赴欧洲勤工俭学，急需一笔数量很大的钱款，便去上海找到乐于帮助年轻人的章士钊，请求帮助。本来，毛泽东抱着碰碰运气的想法，只对章士钊说是筹款资助一批有志青年去欧洲勤工俭学，而没有提及要用筹款来成立中共党组织和帮助家乡开展革命运动两件大事，不料，章士钊一听有志青年因为无钱而难以赴欧洲求学，便当即答应帮忙。因自己手头没有这么多钱款，章士钊亲自出马，多方奔波，发动社会各界名流捐款，以其影响和努力，筹集了20000银元，并将这笔钱全部交给了毛泽东。

1945年8月，毛泽东到重庆同蒋介石和平谈判。他广泛接触了各界爱国民主人士，听取了他们对时局的分析。有一次，毛泽东找章士钊叙谈，问章士钊对时局有何看法。章士钊深思片刻，在纸上写下了一个"走"字，并说："三十六计，走为上计。"接着，章士钊谈了对当时形势的分析，并直言不讳地说，蒋介石对和谈并无诚意，正在准备内战，趁蒋介石尚未准备就绪，"主席应速速离开重庆，防止突变"。毛泽东很重视章士钊的意见，认为章士钊是共产党真正的朋友。

1949年4月，章士钊作为国民党和平谈判代表团非正式代表参加了北平和平谈判，谈判破裂后，留在了北平。新中国成立后，章士钊在政务院、全国人大、全国政协、中央文史研究馆任过职。

章士钊是一个性格耿直的人，遇到不平之事，总要出来说话，因此也有"引火烧身"的时候。每当这时，毛泽东都会替他说话，保他"过关"。1957年，"整风运动"刚开始，章士钊在一次座谈会上发言说，希望共产党永远保持廉洁奉公、不谋私利的优良传统，并引用"物必先腐也而后虫生之"的古语，比喻只要共产党这根柱石不腐烂，其他社会毛病就容易纠正，社会主义国家这座大厦就不会倾倒。这本是他的一句肺腑之言，却遭到了批判，他多次做检讨，但都没通过。他不听女儿章含之的劝阻，给毛泽东写信反映情况。毛泽东看了章士钊的信，知道老先生受了委屈，马上给有关负责人写信，阻止了对章士钊的批判。

1962年12月26日，是毛泽东六十九寿辰，他决定举办一个小小的家宴。他特意邀请4位好友章士钊、程潜、王季范和叶恭绰各携带一名子女前来赴宴。毛泽东和4位老人谈笑风生，谈古论今，还问到他们儿孙辈的情况。当毛泽东得知章士钊的女儿章含之在北京外国语学院英语系任教时，很感兴趣，并要求章含之教他学习英文。这次家宴之后，章含之就走马上任，当了毛泽东的英文老师，定期到中南海帮助毛泽东学习英语，和毛泽东的接触多了起来。

毛泽东边散步,边对章含之说:"行老哪里晓得他募捐来的这笔钱帮了共产党的大忙。当时,一部分钱确实供一批同志去了欧洲;另一部分,我们回湖南用来造反、闹革命了!"毛泽东笑着说,"你回去告诉行老,我从现在开始要还他这笔欠了近50年的债,一年还2000元,10年还完20000元。"

章含之回家以后,就把毛泽东讲述的事情告诉了父亲。章士钊听了哈哈大笑,说:"确有其事,主席竟还记得!"

章士钊父女都没有把这事放在心上,说过也就完了,可是,没过几天,毛泽东果真派秘书送来了2000元,并说今后每年春节都要送来2000元。

毛泽东还债,令章士钊很不安,急得在屋里来回踱步,边走边像是对女儿、又像自言自语地说:当年的银元是他募集来的,并非他本人所有,更何况那钱是用来资助有志青年赴欧洲求学的,怎么能由主席还这笔债呢!最后,他让女儿给毛泽东捎话:这债无论如何都不能还,他不能收此厚赠。

毛泽东知道章士钊是一个赠必固辞、求无不应的人,听了章含之捎来的话,微笑地说:"你也不懂,我这是用我的稿费给行老一点儿生活补助啊!他给我们共产党的帮助哪里是我能用人民币偿还的呢?你们那位老人家,我知道,他一生无钱,又爱管闲事,散钱去帮助许多人。他写给我的信多半是替别人解决问题。有的事,政府解决不了,他自己掏腰包帮助了。我要是明说给他补助,他这位老先生的脾气,我知道,是不会收的,所以,我说'还债'。你就告诉他,我毛泽东说的,欠的账是无论如何要还的。这个钱是从我的稿费中支付的。"

从1963年开始,每年大年初二这天,毛泽东都会派秘书给章士钊送去2000元,到1972年满10年,累计20000元。

若按毛泽东当年所讲,这笔历史的债还了10年,也该告一段落了,可是,1973年春节刚过,毛泽东从章含之那里得知这年的2000元没有送时,忙问原因。章含之说:"主席怎么忘了,当初说定10年分期偿还,还足20000元。这钱到去年就已经够数了,再送可就多了。"

毛泽东笑了,赶紧解释说:"怪我没说清,这个钱是给你们那位老人家的补助,哪里能真的10年就停!我告诉他们马上补送。"

章含之说,当初说好只收10年,再送,父亲是不会收的。

毛泽东想了想,又找到了新的"理由":"你回去告诉行老,从今年开始还利息。50年的利息,我也算不清应该是多少,就这样还下去,行老只要健在,这个利息是要还下去的。"他停了停,又认真而严肃地说,"这个钱一直送到你父亲不在为止。他去世了,就停了。你们这一代要靠自己,不要靠父亲的遗产。"

章含之连连点头称是。看到年轻一代有决心开创自己的未来、有信心建立自己的幸福生活,毛泽东欣慰地笑了。

1973年,章士钊于92岁高龄去世,而这笔"利息"也"还"到这一年为止。毛泽东"还"给章士钊的这笔钱,确实让享有"古义士"和"社会活动家"美誉的章士钊缓解了家庭生活的困难。毛泽东这段10余年还"债"的趣事,不仅体现了他与章士钊的淳厚友谊,表现了他对爱国党外民主人士的深切关怀,而且鲜明地展现了他的高风亮节。

工资和稿费的用途

除工资外,毛泽东拥有大笔稿费。他的著作,国内外出版了上亿册。20世纪50年代,他的稿费数额就达100多万元人民币,但他没有拿这些钱来改善生活,而是把这笔巨款全部交到了中央办公厅特别会计室保管,自己动用的稿费每年不到10000元。

毛泽东一生很少花钱,每个月的工资却总是所剩无几,除了用来支付家庭生活的费用外,大部分还要用来接待湖南老家的亲友和老师等。亲友来访时,毛泽东既承担他们在京的各种花销,还为他们准备回去的路费;亲友临行时,毛泽东会为他们买土特产品,还会为每一个人做一身衣服。对于有功于革命的人和烈士家属,毛泽东特别关心,多次寄钱资助他们。中共早期党员罗哲曾随毛泽东搞农民运动,1928年不幸牺牲。毛泽东一直打听他的家属的下落。后来,毛泽东收到了罗哲妻子曹云芳的信,连忙回信,并寄去300元供她急用。这一切,都要从他的工资和稿费里支出。

1950年,烈士的后代、年仅15岁的李静随中国人民志愿军奔赴了抗美援朝战场。回国后,毛泽东接见了她,还询问了她的姓名和身世。李静说:"我叫李胜利。在我很小的时候,母亲被敌人杀害了。"毛泽东听后,半晌儿没有说话,然后挥了挥大手,说:"你妈妈是革命烈士,我的妻子也是革命烈士,她们是有功之臣,我们不能忘记她们。你姓李,叫李胜利;我也姓李,叫李德胜(毛泽东在转战陕北时的化名。——作者注)。我的孩子也姓李。你也是我的女儿。"毛泽东的这一席话,感染了在场的所有的人,也使李静激动得泪流满面。

有一次,李静要给远在江苏老家的父亲寄钱,恰巧,毛泽东看到了填好的汇款单。毛泽东半开玩笑地说:"李静呀,每月就给父亲寄20元,未免太小气了吧?"李静解释道:"我每月工资60元,要吃饭,要买书,寄20元不算少了,也应该算是孝顺的了!"毛泽东笑了笑,拿起笔在汇款单上的钱额后面添了一个"0"。不用说,那次汇款短缺的180元,是毛泽东从自己的稿费中支出的。

载涛曾为清朝宣统皇帝的军咨府大臣,是末代皇帝溥仪的叔父。新中国成立后,毛泽东签署命令,任命他为中国人民解放军炮兵司令部马政局顾问。载涛思绪万千——新中国蓬勃发展,连自己这样的老朽也有了枯木逢春的机会。在日常的工作学习中,他勤勤恳恳,兢兢业业,并高兴地说:"新中国诞生了,我载涛也新生了!"他还给毛泽东写了一封信,倾吐了对毛泽东的感激之情。

一天,载涛正在开会,突然接到家里打来的电话:"北房东南角上塌了个大窟窿。你赶快回来设法修修吧!"载涛放下电话,回到会议桌旁。同志们关切地问他出了什么事,他风趣地说:"天不作美,房子塌了,我怎能修得起啊!"他向主持人请了假,回家去张罗修房了。

这件事很快被毛泽东知道了。在一次有教育界人士参加的座谈会上,毛泽东说:"听说载涛生活不宽裕,房子坏了,没有钱修。从我的稿费中拿出2000元,给先生修房。"座谈会结束后,毛泽东的这笔稿费即由章士钊专程送到了载涛的家中。载涛收到这笔钱,感动得说不出话来。他对家人说:"我一定要在有生之年,为人民做一点儿事,报答毛主席的恩情!"

毛泽东很少请客,偶尔为之,请的也几乎是清一色的民主人士及同窗好友。但也有例外。毛泽东经常召集有关领导到自己的住处丰泽园开会,会议时间有时很长。一天,会议持续到深夜时,毛泽东说:"今天会开晚了,我请大家吃饭,面条(每人)一碗。"工作人员忙里忙外,很快将一碗碗炸酱面和打卤面端了上来。毛泽东说:"你们吃你们的,不影响开会。"他一边望着大家吃面条,一边继续讲话。不用说,这顿面条的钱又会从他的工资和稿费里支出。

1953年,毛泽东有时住中南海,有时住玉泉山。世人皆知,毛泽东喜欢游泳,但当他发现在玉泉山新修了一个室内小游泳池时,马上沉下脸问:"怎么回事,哪里来的这么个池子?"听说这是专为他个人游泳修的,他立刻大发脾气:"给我个人修?为什么不报告?我们抗美援朝、搞第一个五年计划,要节约每一分钱,我说过多少次?为什么给我个人修?"他让卫士长问清费用是多少,从他的工资和稿费中拿出这笔钱交了公。此后,这个室内小游泳池便被封闭了,一次也没有用过。

1954年至1957年,为了提高身边警卫人员的文化水平,毛泽东创办了一所由他任校长的业余学校。他还规定警卫战士的3项任务:一是保卫工作,二是学习任务,三是调查工作。参加学习的有70多名学员,每名学员的学习用品,包括课本、笔墨、作业本、字典和地图,还有请来上课的老师的报酬,都是从他的稿费中支出。

1958年,毛泽东畅游湘江后,在农家门口小憩。

毛泽东十分喜爱游泳。他常说到大风大浪中去搏击才有乐趣。

"大跃进"以后,毛泽东外出调查研究时,不少人只给他看好的,不给他看差的。为了了解到真实情况,他建议从县、专区调一些干部到北京,组成一个"干部队",一方面担负一定的警卫任务,另一方面到各地搞调查研究,把调查的结果直接交给他。他还叮嘱说:"这些人的路费由我来出。"

江青是个搞特殊化的"专家"。20世纪50年代,她差不多每年都要到广州住几个月。她要照相,买了一架3000多元的进口相机,却没有付钱,广东省委替她付了账;她洗印相片,也没有付钱;她做衣服,衣服穿走了,但没有提付钱的事。毛泽东知道后十分气愤,批评了她,并用稿费把钱还了。

毛泽东一生爱书,也买了很多书。他的近10万册藏书除了他人赠送的,大部分是他自己掏钱买的。晚年时,他的视力不行了,所以,给他看的书都要特意印成大字线装本。买书、印书都需要花大笔的钱,而这都是从他的稿费里支出的。他曾决定用自己的稿费印一批书,给每个政治局委员发一套。后来,政治局委员们觉得这样做不合适——怎能用毛泽东的私人稿费给大家印书呢?此后,政治局便没有再用毛泽东的稿费印发过书籍。

"丰厚"的遗产

"文化大革命"期间，尽管出版的《毛泽东选集》《毛泽东语录》《毛泽东诗词》等数以亿册计，毛泽东却没有拿过国内一分钱稿费。国际上是有稿费制度的。那时的社会主义国家，尤其是第三世界，翻译出版了很多毛泽东的著作，经常给毛泽东汇来稿费。对于这些稿费，毛泽东大多让中共中央办公厅汇了回去。

对于中共中央办公厅特别会计室保管的自己的100多万元稿费，毛泽东觉得太多太多。有一次，毛泽东问中共中央办公厅主任汪东兴："这个稿费，你怎么越搞越多呀？"汪东兴回答："不是我搞多了，是您没有怎么开支，每年又有利息，当然就越来越多了。"1972年，为了便于毛泽东日常开支，机要秘书张玉凤经汪东兴、中共中央办公厅副主任张耀祠批准，从中央特别会计室取了30000元作为备用金。然而，这笔备用金一直没有用过，两年后，张玉凤将这30000元原封不动地退回了中央特别会计室。

毛泽东早立下了规矩：孩子们参加工作，拿到工资，就自食其力，不再补贴。他的理由是："人民给了你待遇，你就自己安排自己的生活。"但是在1974年，经毛泽东批准，分别给贺子珍、江青、李敏和李讷各8000元，作为她们的生活补贴之用。这4个8000元的开支是因李讷于1972年生了儿子效芝后、生活发生困难而引起的。那时，李讷的工资仅有几十元，要买柴、米、油、盐，要买奶粉，还要请保姆，再怎么省都不够用。从来没有向父亲伸手要过钱的李讷束手无策了。

负责管理毛泽东工资和伙食的吴连登得知了这件事,只好找张耀祠求助。张耀祠觉得给李讷一点儿补助合情合理,就写了一张纸条请毛泽东批准。毛泽东阅后,不禁动了情,对张耀祠说:"不要批了。你说该给多少钱?"张耀祠哪能说出一个准数?于是提议:"这回,李讷的开销小不了,给个几千块吧。"毛泽东同意从自己的稿费中支出8000元解决这一问题。

吴连登没有将这8000元全部给李讷,因为担心李讷万一用过头,再开口要就难了。他以李讷的名义存进银行5000元,只交给了李讷3000元。

之后,毛泽东出于对亲属的关怀,又批准从稿费中给贺子珍、江青和李敏各8000元,作为她们的生活补贴之用。

当时,贺子珍在北京301医院住院,工作人员把8000元送给她时,她非常感动,说:"这钱就放在那里,我需要开支的时候再取。"后来,工作人员给她买了半导体收音机、录音机、录音带和生活必需品。

毛泽东晚年时,江青曾伸手向他要过钱。毛泽东从稿费中批了30000元给她。这事是由工作人员经办的。

毛泽东去世后的几年里,没有任何人提起他的遗产问题。直到1981年,中共中央办公厅派人找李敏,了解她的生活和要求。

李敏说自己没有什么奢求,如果可能,只想要她父亲原来要给她的那一份——父亲当年批给她的8000元还没有落实。

就这样,1981年,李敏得到了中共中央办公厅送来的8000元现金、一台电视机和一台冰箱。

中共中央办公厅也给李讷送

毛泽东诞辰纪念日,李敏、李讷姐妹俩在家中纪念父亲。

去了一台电视机和一台冰箱，但没有给现金，因为毛泽东在世时已经给了她8000元。

毛岸青也得到了同样的一份。

1984年，贺子珍去世后，上海市委老干部处将她留下的3000元交给了李敏。李敏把父母留给她的钱放到了一起，不打算花掉，而是要把这笔遗产作为永久的纪念。

除此之外，毛泽东其他的稿费都交给了国家。毛泽东在世时一再声明："我参加革命，就是解放老百姓，建立新中国，使全国人民过上好日子。我的东西，包括这个稿费都是从老百姓那里来的，做事情来的，总有一天要取之于民，用之于民。"毛泽东的子女毛岸青、李敏和李讷都是依靠自己的工资生活。

毛泽东留给孩子的遗产不是金钱，不是房产，而是他那高尚的情操和自强自立的精神！

主要参考文献

1.《毛泽东选集》(1—4)，中共中央文献编辑委员会编，人民出版社1991年版。

2.《中国共产党历史》第一卷（1921—1949）(上、下)，中共中央党史研究室著，中共党史出版社2011年版。

3.《中国共产党历史》第二卷（1949—1978）(上、下)，中共中央党史研究室著，中共党史出版社2011年版。

4.《中国共产党的九十年》，中共中央党史研究室著，中共党史出版社、党建读物出版社2016年版。

5.《中国共产党一百年大事记：1921年7月—2021年6月》，中共中央党史和文献研究院编，人民出版社2021年版。

6.《毛泽东传》，中共中央文献研究室编，中央文献出版社2010年版。

7.《毛泽东年谱（1893—1949）》，中共中央文献研究室编，中央文献出版社2013年版。

8.《毛泽东年谱（1949—1976）》，中共中央文献研究室编，中央文献出版社2013年版。

9.《毛泽东》（画册），中共中央文献研究室、新华通讯社编，中央文献出版社1993年版。

10.《毛泽东书信选集》，中共中央文献研究室编，人民出版社2003年版。

11.《毛泽东诗词集》，中共中央文献研究室编，中央文献出版社2003年版。

12.《跟随毛主席长征》，陈昌奉著，作家出版社1958年版。

13.《在毛主席身边》，翟作军著，湖北人民出版社1959年版。

14.《在毛主席身边》，陈伯钧、贺清华等著，解放军文艺社1962年版。

15.《何长工回忆录》，何长工著，解放军出版社1987年版。

16.《在历史巨人身边——师哲回忆录》，师哲著，中央文献出版社1991年版。

17.《警卫毛泽东纪事》，阎长林著，吉林人民出版社1992年版。

18.《缅怀毛泽东》，《缅怀毛泽东》编辑组编，中央文献出版社1993年版。

19.《踏遍青山——毛泽东的亲家张文秋回忆录》，张文秋著，广东教育出版社1993年版。

20.《毛泽东的爱国情怀》，张鹏等主编，中央文献出版社1998年版。

21.《杨尚昆日记》（上、下），杨尚昆著，中央文献出版社2001年版。

22.《追忆领袖战友同志》，杨尚昆著，中央文献出版社2001年版。

23.《毛泽东和他的卫士长》，李银桥、韩桂馨著，解放军出版社2002年版。

24.《紫云轩主人》（上、下），王鹤滨著，红旗出版社2004年版。

25.《在毛主席身边的日子里》，吴吉清著，中央文献出版社2007年版。

26.《在毛主席身边二十年》，孙勇著，中央文献出版社2009年版。

27.《毛泽东珍闻》，黄允升主编，中央文献出版社2009年版。

28.《毛泽东生平实录》，黄允升主编，红旗出版社2010年版。

29.《走近伟人——毛泽东的保健医生兼秘书的难忘回忆》，王鹤滨著，长征出版社2011年版。

30.《毛泽东的故事》，石仲泉、陈登才主编，中共党史出版社2011年版。

31.《毛泽东自传》，（美）埃德加·斯诺笔录，汪衡译，丁晓平编校，中国青年出版社2013年版。

32.《毛泽东的故事》，贾章旺著，中国文史出版社2013年版。

33.《我做毛泽东卫士十三年》，李家骥、杨庆旺著，中央文献出版社2013年版。

34.《清廉勤俭毛泽东》（上、下），史全伟编著，中央文献出版社2013年版。

35.《我们的父亲毛泽东》，毛岸青著，中国工人出版社2014年版。

36.《实录毛泽东》，李捷、于俊道主编，北京联合出版有限公司2018年版。

37.《为了初心和使命：中国共产党一路走来的故事》，陈晋等著，人民出版社2019年版。

38.《垂范——引燃真理之火的共和国领袖》，史全伟著，长江文艺出版社2019年版。

39.《文献中的百年党史》，李颖著，学林出版社2020年版。

40.《毛泽东真情实录》，于俊道主编，天地出版社2020年版。